从零开始
学炒股

实战操练图解版

老 牛◎编著

人民邮电出版社

北 京

图书在版编目（CIP）数据

从零开始学炒股：实战操练图解版 / 老牛编著. --
北京：人民邮电出版社，2017.2（2021.9重印）
ISBN 978-7-115-44730-2

Ⅰ. ①从… Ⅱ. ①老… Ⅲ. ①股票交易-图解 Ⅳ.
①F830.91-64

中国版本图书馆CIP数据核字(2017)第005116号

内 容 提 要

作为投资成本相对较低、变现灵活的一种投资方式，股票投资深受广大投资者喜爱；但也由于其投资方式的特殊性，操作技巧不易为新股民所掌握。本书作为一本炒股入门级百科全书，将为跃跃欲试的新股民们解决这个问题。

本书作者为纵横股市二十余年的民间炒股高手，他依据自己丰富的盈亏经验，从炒股的基础理论、看盘的初级技巧、基本面分析、K线应用、技术指标、选股、跟庄等方面，向众位散户讲解了如何研判大势与个股的走向以及如何选股并预防交易风险。由于股市中总是布满"陷阱"，作者结合最近几年的实战案例，详细介绍了选股与盯盘策略，以帮助新股民避免盲目投资。

本书内容基础、实用，对于刚接触炒股的新股民来说，本书可谓是为其量身定做的，希望大家能快速掌握股票投资的精髓，形成自己特有的炒股技巧，在股市搏杀中掌握迅速获利的制胜绝招。

◆ 编　著　老牛
责任编辑　姜　珊
责任印制　焦志炜

◆ 人民邮电出版社出版发行　　　　　北京市丰台区成寿寺路 11 号
邮编 100164　电子邮件 315@ptpress.com.cn
网址 http://www.ptpress.com.cn
北京九州迅驰传媒文化有限公司印刷

◆ 开本：787×1092　1/16
印张：16　　　　　　　　　　　2017 年 2 月第 1 版
字数：300 千字　　　　　　　　2021 年 9 月北京第 11 次印刷

定　价：39.00 元

读者服务热线：（010）81055656　印装质量热线：（010）81055316
反盗版热线：（010）81055315

广告经营许可证：京东市监广登字 20170147 号

前　言

央行降息、降准，股价不断攀升，成交量也如井喷般放大，这些财经政策和资本市场上的显著变化，使得沪深两市的新股民开户数连续创出历史新高。然而，在市场火爆、大众蜂拥入市的时候，作为散户，我们首先需要做的就是系统地学习有关股票的基础知识，掌握股市的基本规律和常识。做好了这些准备之后再入市交易，我们才能在赔钱的时候学到教训，在赚钱的时候总结经验。

股票市场经历了400多年的发展，有其独特的理论基础、操作方法和实战技巧。现在很多新入市的投资者连股市的一些常用术语都没搞懂就盲目交易，这样做的结果只能是亏钱。即使有些人运气好赶上牛市暂时赚到一些钱，最终也会因为没有自己的交易体系和原则而稀里糊涂地亏掉利润和本金。因此，为了满足新股民对专业炒股的迫切需要，我们组织编写了这本《从零开始学炒股（实战操练图解版）》，旨在一步一步引导新股民熟悉股票操作，将操作中的迷惑变为操作后的收获。

本书从炒股的基础理论和看盘操盘初级技巧讲起，为后面的章节讲解作铺垫；然后，详细介绍基本面分析方法、K线图的应用以及技术分析技巧，这些内容对新股民的操作都具有方向性的指导作用；不过，鉴于股市中"陷阱"颇多并常使人迷惑，本书又从跟庄、选股以及预防风险三个角度进行了深入的讲解，让投资者在投资时避免吃亏并做出合理的选择。

本书力求具备如下三个方面的特点以满足读者的相应需求。

1. **内容丰富，实用性强**。一方面，我们尽可能使本书涉及面广、起点低、知识点全面，尽可能地涉及新股民在炒股过程中会遇到的且能够运用技巧性方法解决的问题，让读者可以进行一次炒股技巧的全面学习。另一方面，实战性强是本书的关键所在，学习技巧的目的就是为了在实战中运用，降低炒股误判的风险，增加看盘的准确度。因此，书中涉及的技巧都是在实战中确实运用过且都取得过良好效果的实用技巧。再者，本书中的案例生动充实、实战操作性强，方便读者边学习、边训练、边提高。

2. **难易适度，容易掌握**。很多初入市的投资者都觉得股票类图书学起来生涩难懂，无法理解书中形形色色的K线图和技术指标所代表的意义。为了解决投资者的这些难题，本书从最基本的原理出发，深入浅出地为投资者拨开股票投资的层层迷雾，让投资新手一看就懂、一学就会。

3. **图文并茂，条理清晰**。为了使内容更加直观、更易掌握，本书运用了大量的技术图形，使读者能够更轻松地掌握炒股的知识和技巧。另外，本书脉络清晰、条理清楚，相信读者能够轻松阅读和理解。

我们在编写本书的过程中，力求内容讲解全面、系统，参阅了大量的相关文件和资料，并得到了一些专家、学者、企业界人士的启发和建议。书中还是难免会有不当之处，欢迎读者提出宝贵的意见，以便我们在今后的编写工作中改进。

目　录

第 ① 篇

炒股必备的基础知识

第1章　什么是证券投资

📚 **炒股小词典**

　　债券——是政府、金融机构、工商企业等机构向社会公众发行，并承诺按一定利率支付利息并按约定条件偿还本金的债权债务凭证。

　　机构投资者——主要是指一些参与证券市场投资的金融机构，包括银行、保险公司、投资信托公司、信用合作社、国家或团体设立的退休基金等组织。机构投资者在投资来源、投资目标、投资方向等方面都与个人投资者有很大差别。

1.1　什么是证券

1. 证券的概念

　　证券是用来证明持有人享有某种特定权益的凭证，如股票、债券、本票、汇票、支票、保险单、存款单、借据、提货单等各种票证单据，都是证券。

2. 证券的票面要素

　　证券的票面要素主要有如下四个方面，如表1-1所示。

表1-1　证券的票面要素

证券的票面要素	内容
持有人	即证券为谁所有
证券的标的物	即证券票面上所载明的、特定的具体内容，它表明持有人权利所指向的特定对象
标的物的价值	即证券所载明的标的物价值大小
权利	即持有人持有该证券所拥有的权利

3. 证券的分类

　　按其性质不同，证券可以分为凭证证券和有价证券两大类。

　　•凭证证券为无价证券，包括活期存款单、借据、收据等。

　　•有价证券是一种具有一定票面金额，证明持券人有权按期取得一定收入，并可自由转让和买卖的所有权或债权证书，通常简称为证券。有价证券本身并没有价值，只是由于它能为持有者带来一定的股息或利息收入，因而可以在证券市场上自由买卖和流通。

　　广义的有价证券可分为以下三种，如图1-1所示。

　　（1）资本证券。它是指把资本投入企业或把资本提供给企业或国家的一种书面证明文件，资本证券主要包括股权证券（所有权证券）和债权证券，如各种股票和各种债券等。其中，债券又可分为公司债券、国债和不动产抵押债券等。

　　（2）货币证券。它主要用于企业之间商品交易、劳务报酬的支付和债权债务的清算等，常见的有期票、汇票、本票、支票等。

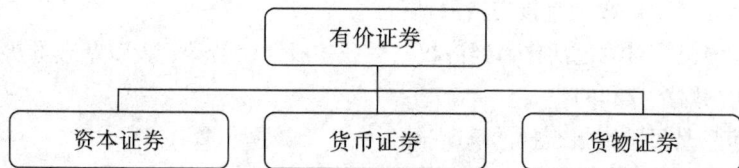

图1-1 有价证券的分类

（3）货物证券。它是指对货物有提取权的证明，它证明证券持有人可以凭证券提取该证券上所列明的货物，常见的有栈单、运货证书、提货单等。

4. 证券的功能

（1）筹资功能，即为经济的发展筹措资本。通过证券筹措资本的范围很广，社会经济活动的各个层次和方面都可以利用证券筹措资本。如企业通过发行证券来筹集资本，国家通过发行国债来筹措财政资金等。

（2）配置资本的功能，即通过证券的发行与交易，按利润最大化的要求对资本进行分配。资本是一种稀缺资源，如何有效地分配资本是经济运行的根本目的。证券的发行与交易起着自发地分配资本的作用。通过证券的发行，可以吸收社会上闲置的货币资本，使其重新进入经济系统的再生产过程而发挥效用。证券交易是在价格的诱导下进行的，而价格的高低则取决于证券的价值。证券的价值又取决于其所代表的资本的实际使用效益，所以，资本的使用效益越高，就越能从市场上筹集资本，使资本的流动服从于效益最大化原则，最终实现资本的优化配置。

1.2 证券市场

1. 证券市场的定义

证券市场是证券发行和交易的场所。从广义上讲，证券市场是指一切以证券为对象的交易关系的总和。从经济学的角度来讲，可以将证券市场定义为：通过自由竞争的方式，根据供需关系来决定有价证券价格的一种交易机制。在发达的市场经济中，证券市场是市场体系的重要组成部分，它不仅可以反映货币资金的运动，还可以调节货币资金的运动，对整个经济的运行具有重要的影响。

2. 证券市场的本质

证券市场的本质是为了更好地配置社会资源。证券市场是股票、债券、投资基金等有价证券发行和交易的场所，它实现了投资需要和筹资需求的对接，有效解决了资本的供求矛盾。从本质上来说，证券市场是一个资金流动的场所，通过市场机制整合社会资源，以达到资源配置优化的结果；从应用的角度来说，证券市场的作用是保证资金在社会产业分配中得以最优化。

3. 证券市场的特征

证券市场具有以下三个最显著的特征。

（1）证券市场是价值直接交换的场所

有价证券都是价值的直接代表，它们本质上是价值的一种直接表现形式。

（2）证券市场是财产权利直接交换的场所

证券市场上的交易对象包括作为经济权益凭证的股票、债券、投资基金券等有价证券，它们本身是一定量的财产权利的代表。

（3）证券市场是风险直接交换的场所

4. 证券市场的结构

证券市场的结构是指证券市场的构成及其各部分之间的量比关系。最基本的证券市场结构有以下两种。

（1）纵向结构关系

这是一种按证券进入市场的顺序而形成的结构关系。按这种顺序关系划分，证券市场由发行市场和交易市场构成。

（2）横向结构关系

这是依有价证券的品种而形成的结构关系。按有价证券品种划分，证券市场由股票市场、债券市场、基金市场等构成。

5. 证券市场的作用

证券市场具有如下六个方面的作用。

（1）它是联系资金供应者与资金需求者的桥梁

证券市场是一个经常性和统一性的市场，将证券发行者、证券购买者、证券转让者和中介机构紧密联系起来，使证券的发行与流通可以便利地进行。

（2）证券市场是企业筹集社会资金的另一渠道

银行储蓄存款、保险业吸收保险费等都是吸收社会闲散资金的渠道。但是，一般的企业不能经营存款、保险和金融信托业务，它们除可以通过上市在证券市场中吸收资金外，就只能通过银行、保险公司和金融信托企业获得资金。证券市场为企业提供了向大众直接筹集资金的重要渠道，公司可以通过发行股票或公司债券的方式，吸收一部分社会资金投入生产领域。

（3）资本定价

证券市场的基本功能之一是为资本决定价格。证券是资本的存在形式，证券的价格就是证券所代表的资本价格。证券的价格是证券市场上证券供求双方共同作用的结果。这种供求关系竞争的结果是：若能产生高投资回报的资本，市场的需求就大，其相应的证券价格就高；反之，证券的价格就低。因此，证券市场是资本合理定价的市场。

（4）为政府提供公开市场操作的调节杠杆

证券市场上的证券交易可以用许多指标来衡量，其中一项指标是证券收益与证券价格之比，称为证券收益率。这个指标的高与低，对整个金融市场其他因素的变化都有相当大的影响。因此，政府可以在证券市场上通过买卖政府债券的方式来影响证券市场上的证券利率，就如同中央银行通过调整再贴现利率来影响商业银行的贴现率一样，证券市场成为政府间接调节金融业的杠杆。

（5）资本配置

证券市场的资本配置功能是指通过证券价格引导资本的流动而实现资本合理配置的功能。从长期来看，经济效益高的企业，其证券拥有较多的投资者，这种证券的市场交易也很活跃；相反，经济效益差的企业，其证券投资者通常会越来越少，市场交易也不旺盛。所以，资金会自动流向经济效益好的企业，远离效益差的企业。证券市场就是引导资本流向能产生高报酬的企业或行业，从而实现资源的合理配置。

（6）证券市场是观察经济状况的重要指标

在证券市场上市的公司虽然在公司总数上不占多数，却在公司资产上占相当大的比重，这说明上市公司都是大公司。大公司在各个生产领域中都是重要的企业，它们的发展状况往往会影响这一行业的发展状况。证券市场上的指数统计通常都会选择这些有代表性的大公司的股票交易状况，可以在一定程度上反映社会经济的变化情况。股市上各种不同类别的指数还可以反映社会上资金的余缺、具体行业和企业的发展情况。

第2章　什么是股票投资

炒股小词典

投资风险——是指未来投资收益的不确定性，在投资中可能会遭受收益损失甚至本金损失的风险。

资本增值——是指现有资产价值减除购入时的价格，所赚取或损失的价值。即当基金持有的可变卖资产（如股票、债券和其他有价证券）脱手时，其卖价高于原先购进的成本即产生利润，此利润为已实现的资本利得。

2.1　了解股票投资

1. 股票投资的定义

股票投资是指企业或个人用富余的现金或存款购买股票以获得收益的行为。

2. 股票投资的特点

股票投资不同于其他投资，它具有如图2-1所示的特点。

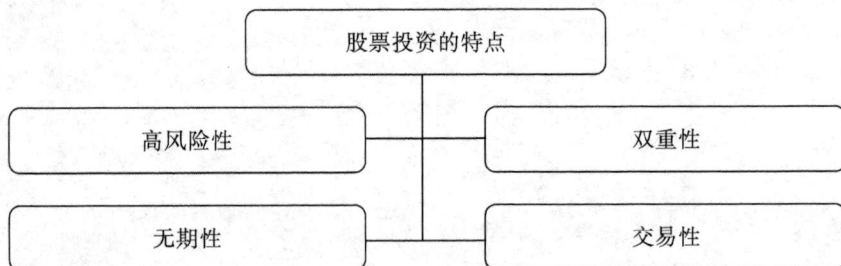

图2-1　股票投资的特点

（1）高风险性

股票投资具有高风险性，是指股票交易有时可以带来较快、较高的回报，但面临的风险也难以估量。这种风险既可能来自股市行情的变幻，也可能来自社会、经济、政治等其他因素的影响。

（2）无期性

股票的无期性就是投资后没有固定的期限来收回本金，投资者如急需用钱，不能中途抽资退股。

（3）双重性

股票的双重性是指股票投资者买进某家公司的股票，他就成为该公司的小股东，就可以根据买进股票的数额享有股份公司的盈利分配，并承担有限责任的权利和义务。

（4）交易性

股票的交易性是指投资者虽然不能中途退股，却可以通过股票在股票市场上的卖出收回本金。

3. 股票投资成本的构成

股票投资的成本由机会成本与直接成本两部分构成。

（1）机会成本

当投资者进行投资时会面临多种选择，如选择了股票投资，就必然放弃其他的投资，即放弃了从另外的投资中获取收益的机会，这种因选择股票投资而只好放弃其他投资的获利机会，就是股票投资的机会成本。

（2）直接成本

直接成本是指股票投资者在股票投资方面的资金支出，它由股票价款、交易费用、税金及获取信息的费用开支构成。

① 股票价款 = 委托买入成交单位 × 成交股数

② 交易费用。交易费用指投资者在股票交易中需缴纳的费用，它包括委托买卖佣金、委托手续费、记名证券过户费、实物交割手续费。目前在上海证券交易所买卖股票的收费标准如下。

第一，委托买卖佣金。股票买卖成交后，投资者（委托人）要按实际成交额向证券商支付委托买卖佣金。

第二，委托买卖手续费。投资者如买卖股票成交，应向证券商缴纳每笔 1 元的委托手续费。还有记名证券过户费，凡记名证券成交后都要办理过户手续。

第三，实物交割手续费。因为上海证券交易所在证券交易活动中推行无实物交割制度，但目前还有部分投资者买入证券后要提领实物，这样证券交易所就必须为投资者繁复地提领证券，因而增加了许多工作量。为此，上海证券交易所规定，需提领实物的投资者要缴纳相当于委托买卖佣金 50% 的费用；相反，如无须提取实物，证交所则可代投资者免费保管。

③ 税金。根据我国现行税务规定：在股票交易中对买卖当事人双方各按股票市值收取 1‰ 的印花税。

④ 信息情报费。这是指为分析股票市场行情、股票上市公司经营及财务状况，广泛收集有关信息所发生的费用开支，以及为收集、储存、分析股票行情信息所添置的通信设备、个人计算机等所花费的资金。

4. 股票投资分析方法

股票投资分析方法主要有两大类：一是基本分析法，二是技术分析法。

（1）基本分析法

股票投资的基本分析法通过对决定股票内在价值和影响股票价格的宏观经济形势、行业状况、公司经营状况等方面进行分析，评估股票的投资价值和合理价值，与股票市场价格进行比较，而形成的买卖建议。

基本分析法具体包括三个方面内容。

① 宏观经济分析。研究经济政策（货币政策、财政政策、税收政策、产业政策等）和经济指标（国内生产总值、失业率、通胀率、利率、汇率等）对股票市场的影响。

② 行业分析。分析产业前景、区域经济发展对上市公司的影响。

③ 公司分析。具体分析上市公司的行业地位、市场前景、财务状况。

（2）技术分析法

股票投资技术分析法从股票的成交量、价格、达到这些价格和成交量所用的时间、价格波动的空间等几个方面来分析走势并预测未来。目前常用的技术分析法有 K 线理论、波浪理论、形态理论、趋势线理论和技术指标分析等。

5. 收集投资分析所需要的信息

股票投资分析的起点在于信息的收集，道听途说的市场传闻有很大的欺骗性和风险性，上市公司的实地调研耗费人力、财力，对于一般投资者而言，进行股票投资分析，特别是基本分析，依靠的主要还是媒体登载的国内外新闻以及上市公司公开披露的信息。

6. 股票投资的五大步骤

股票投资具有高风险、高收益的特点。理性的股票投资过程应该包括确定投资策略→股票投资分析→投资组合→评估业绩→修正投资策略五个步骤。股票投资分析作为其中的一环，是成功进行股票投资的重要基础。

（1）确定投资策略

因为股票投资是一种高风险的投资，所以股票投资者在进行股票投资时，必须结合个人的实际状况，定出可执行的投资政策。这实质上就是确定个人资产如何进行投资组合的问题，投资者应掌握好以下两个原则。

其一，风险分散原则。股票投资者在支配个人财产时，要牢记"不要把鸡蛋放在一个篮子里"。与房产、珠宝首饰、古董字画相比，股票流动性好、变现能力强；与银行储蓄和债券相比，股票价格波幅大。各种投资渠道都有自己的优缺点，尽可能地回避风险和实现收益最大化，通常是个人理财的两大目标。

其二，量力而行原则。因为股票价格变动较大，所以股票投资者不能只想盈利，还要有赔钱的心理准备和实际承受能力。《证券法》明文禁止透支以及挪用公款炒股，正是体现了这种风险控制的思想。股票投资者必须结合个人的财力和心理承受能力，拟定合理的投资政策。

（2）进行股票投资分析

受市场供求、政策倾向、利率变动、汇率变动、公司经营状况变动等多种因素影响，股票价格呈现波动性、风险性的特征。何时介入股票市场，购买何种股票，对投资者的收益有直接的影响。股票投资分析是股票投资步骤中很重要的一个环节。

股票投资分析的目的是预测价格趋势和价格发现，从而为投资者提供选择介入时机和介入品种的依据。

（3）确立投资组合

进行股票投资时，股票投资者一方面希望收益最大化，另一方面又要求风险最小，两者的平衡点在可接受的风险水平之内，实现收益最大化的投资方案，构成最佳的投资组合。

根据个人的财务状况、心理状况和承受能力，投资者分别具有低风险倾向或高风险倾向。低风险倾向者宜组建稳健型投资组合，投资于常年收益稳定、低市盈率、派息率较高的股票，如公用事业股；高风险倾向者可组建激进型投资组合，着眼于上市公司的成长性，多选择一些涉足高科技领域或有资产重组题材的"黑马"型上市公司。

（4）评估投资业绩

定期评估投资业债，测算投资收益率，检讨决策中的成败得失，在股票投资中有承上启下的作用。

（5）修正投资策略

随着时间、市场、政策等各种因素的变化，股票投资者对股票的评价和对收益的预期也会相应发生变化。在评估前一段业债的基础上，重新修正投资策略是非常必要的，如此需要重复进行确定投资政策→股票投资分析→确立投资组合→评估业债的过程，股票投资的五大步骤相辅相成，以保证股票投资者预期目标的实现。

2.2 股票投资的风险和收益

1. 股票投资的风险

股票投资的风险，就是买入股票后在预定的时间内无法以不低于买入价的价格将股票卖出，以致发生套牢，且套牢后的股价收益率（每股税后利润/买入股价）达不到同期银行储蓄利率。

股票投资风险的内容主要包括以下两个方面。

其一，股票投资收益风险。投资的目的是让资本增值以取得投资收益。如果最后投资者没有获取到比银行存款或购买债券等其他有价证券更高的收益，甚至未能获取收益，那么对投资者来说就意味着遭受了风险，这种风险称为投资收益风险。

其二，股票投资资本风险。股票投资资本风险是指投资者在股票投资中面临着投资资本遭受损失的可能性。

2. 股票投资的收益

（1）股票投资收益的定义

股票投资收益是指企业或个人用富余的货币购买股票，以获得收益的行为。

（2）股票投资收益的构成

股票投资的收益主要是由收入收益和资本利得两部分构成的。

其一，收入收益，是指股票投资者以股东身份，按照持股的份额，在公司盈利分配中得到的股息和红利。

其二，资本利得，是指投资者在股票价格的变化中所得到的收益，即将股票低价买进、高价卖出所得到的差价收益。

（3）股票投资的投资收益率

衡量一项股票投资收益的多少，一般用投资收益率来说明，也就是投资收益与最初投资额的百分比率。由于股票与其他证券的收益不完全一样，因此，其收益率的计算也有较大的差别。

计算股票的收益通常有股票收益率和持有期收益率两种类型。通过这两种收益率的计算，投资者能够充分地把握股票投资收益的具体情况。

①股票收益率又称本期股利收益率，也就是股份公司以现金派发股利与本期股票价格的比率。用下列公式表示：

$$本期股利收益率 = \frac{年现金股利}{本期股票价格} \times 100\%$$

式中，本期股票价格为该股的当日收盘价；年现金股利为上 1 年每一股股票获得的股利；

本期股利收益率表明以现行价格购买股票的预期收益。

②持有期收益率是指投资者买入股票并持有一定时期后又卖出该股票，在投资者持有该股票期间的收益率。

2.3 股市基本术语

名词	解释
牛市	也称多头市场，是指证券市场行情普遍看涨，延续时间较长的大升市。此处的证券市场，泛指常见的股票、债券、期货、期权（选择权）、外汇、基金、可转让定存单、衍生性金融商品及其他各种证券。2014 年 7 月底，A 股扶摇直上，股价屡次刷新年底新高，A 股历史上的第十次牛市开始启动。有专家预测，未来几年里这将是 A 股历史上一轮史无前例的大牛市。
熊市	也称空头市场，是指行情普遍看淡，延续时间相对较长的大跌市。此时股市行情萎靡不振，交易萎缩，指数一路下跌的态势。例如，2010 年 11 月到 2011 年 6 月底，就是典型的熊市，这也是我国 A 股历史上第九次熊市。期间，由于国家紧缩调控、新股密集发行、通胀压力、经济增速放缓等因素的联合作用，股市连连下跌。虽然管理层频频出台利好政策救市，但成交额仍屡屡缩小，无热点板块炒作，入市人数急剧减少。
利多	又叫利好，利多就是指消息有助于提升股价。利多是指刺激股价上涨的信息，如股票上市公司经营业绩好转、银行利率降低、社会资金充足、银行信贷资金放宽、市场繁荣等，以及其他政治、经济、军事、外交等方面对股价上涨有利的信息。利多消息的来源大部分来自于公司内部，如营业收入创新高、接获某大订单等。
利空	利空是指会促使股价下跌的信息，如股票上市公司经营业绩恶化、银行紧缩、银行利率调高、经济衰退、通货膨胀、天灾人祸以及其他政治、经济军事、外交等方面会导致股价下跌的不利消息。利空往往导致股市大盘整体下跌，不断的利空消息会造成股市价格的不断下跌，形成"熊市"。
多头	多头是指投资者对股市看好，预计股价将会看涨，于是趁低价时买进股票，待股票上涨至某一价位时再卖出，以获取差额收益。一般来说，人们通常把股价长期保持上涨势头的股票市场称为多头市场。多头市场股价变化的主要特征是一连串的大涨小跌。
空头	空头是投资者和股票商对股市前景看坏，预计股价将会下跌，于是把借来的股票及时卖出，待股价跌至某一价位时再买进，以获取差额收益。采用这种先卖出后买进、从中赚取差价的交易方式称为空头。人们通常把股价长期呈下跌趋势的股票市场称为空头市场，空头市场股价变化的特征是一连串的大跌小涨。
大盘指数	我国股票大盘指数指的是沪市的"上证综合指数"和深市的"深证成份股指数"。

（续表）

名词	解释
上证综合指数	指的是上海证券综合指数，通常简称为上证综指。上海证券综合指数是上海证券交易所编制的，以上海证券交易所挂牌上市的全部股票为计算范围，以发行量为权数综合。上证综指反映了上海证券交易市场的总体走势。
深证成份股指数	是深圳证券交易所编制的一种成份股指数，是从上市的所有股票中抽取具有市场代表性的上市公司的股票作为计算对象，并以流通股为权数计算得出的加权股价指数，综合反映深交所上市 A 股、B 股的股价走势。
股息、红利	股息是股东定期按一定的比率从上市公司分取的盈利；红利则是在上市公司分派股息之后按持股比例向股东分配的剩余利润。获取股息和红利是股民的基本经济权利。
开盘价	又称开市价，是指某种金融产品在证券或者期货交易所每个交易日开市后的第一笔买卖成交价格。世界上大多数证券交易所都采用成交额最大原则来确定开盘价。如果开市后一段时间内（通常为半小时）某种证券没有买卖或没有成交，则取前一日的收盘价作为当日证券的开盘价。如果某证券连续数日未成交，则由证券交易所的场内中介经纪人根据客户对该证券买卖委托的价格走势提出指导价，促使其成交后作为该证券的开盘价。
收盘价	是指某种证券在证券交易所一天交易活动结束前最后一笔交易的成交价格。如当日没有成交，则采用最近一次的成交价格作为收盘价，因为收盘价是当日行情的标准，又是下一个交易日开盘价的依据，可据以预测未来证券市场行情。投资者对行情分析时，一般都采用收盘价作为计算依据。
除权、除息	除权是由于公司股本增加，每股股票所代表的企业实际价值（每股净资产）有所减少，需要在发生该事实之后从股票市场价格中剔除这部分因素而形成的剔除行为。上市公司将股票股利分配给股东，也就是公司的盈余转为增资时或进行配股时，要对股价进行除权。上市公司将盈余以现金分配给股东，股价就要除息。除权或除息的产生是因为投资者在除权或除息日之前与当天购买者两者买到的是同一家公司的股票，但是内含的权益不同，这显然相当不公平，因此必须在除权或除息日当天向下调整股价，成为除权或除息参考价。
反弹	是指在下跌的行情中，股价有时由于下跌速度太快，受到买方支撑而暂时回升的现象。反弹幅度较下跌幅度小，反弹后恢复下跌趋势。
盘整	也称"股价整理"，是指股价在一段时间内波动幅度小，无明显的上涨或下降趋势，股价呈牛皮整理，该阶段的行情振幅小，方向不易把握，是投资者最迷惑的时候（如图2-2所示）。盘整是股价经过一段急速的上涨或下跌后，遇到阻力或支撑，开始小幅度地上下波动，其幅度大约在15%。盘整的出现不仅出现在头部或底部，也会出现在上涨或下跌途中，根据盘整出现在股价运动的不同阶段，我们可将其分上涨中的盘整、下跌中的盘整、高档盘整和低档盘整四种情形。

名词	解释
割肉	指高价买进股票后，大势下跌，投资者为避免继续损失，斩仓出局，低价赔本卖出股票，造成实际损失的现象。例如，某股民 48 元买入中石油 100 股，结果该股后来跌到 18 元。买入的股民无奈割肉卖出 100 股。割肉后实际损失 3 000 元。
套牢	是指进行股票交易时所遭遇的交易风险。例如，投资者预计股价将上涨，但在买进后股价却一直呈下跌趋势，这种现象被称为多头套牢；相反，投资者预计股价将下跌，将所借股票放空卖出，但股价却一直上涨，这种现象称被为空头套牢。
踏空	投资者因看淡后市卖出股票后该股价却一路上扬，或未能及时买入，因而未能赚得利润。
热门股	是指那些在股票市场上交易量大、交易周转率高、股票流通性强、股票价格变动幅度大的股票。这种股票的收益和股息的记录可能始终保持稳定增长。热门股也可能并不是那些优良企业发行并具有投资经济效益的股票，但可能是股市上炒热的高价股。投资者进行投资决策时，应在全面分析的基础上慎重作出选择。
冷门股	是指那些在股票市场上交易量小、交易周转率低、流通性小、股价变动小或不正常、经常不发生交易的股票。这种股票的上市公司一般经营业绩不佳、财务状况恶化、股东的股息收益差，投资要冒很大风险。但冷门股也不是绝对不能获利，主要还要看其发展趋势。
对敲	是交易所会员或客户为了制造市场假象，企图影响股票价格或者市场持仓量，蓄意串通，按照事先约定的方式或价格进行交易或互为买卖的行为。
筹码	投资者手中持有的一定数量的股票。
跳水	指股价迅速下滑，幅度很大，超过前一交易日最低价很多。
诱多	是指主力、庄家有意制造股价上涨的假象，诱使投资者买入，结果股价不涨反跌，让跟进做多投资者被套牢的一种市场行为。
诱空	是指主力、庄家有意制造股价下跌的假象，诱使投资者卖出，结果股价不跌反涨，让卖出投资者踏空的一种市场行为。
骗线	大户利用股民们迷信技术分析数据、图表的心理，故意抬拉、打压股指，致使技术图表形成一定线形，引诱股民大量买进或卖出，从而达到他们大发其财的目的。这种期骗性造成的技术图表线形称为骗线。
信息披露制度	也称公示制度、公开披露制度，是上市公司为保障投资者利益、接受社会公众的监督而依照法律规定必须将其自身的财务变化、经营状况等信息和资料向证券管理部门和证券交易所报告，并向社会公开或公告，以使投资者充分了解情况的制度，既包括发行前的披露，也包括上市后的持续信息公开，它主要由招股说明书制度、定期报告制度和临时报告制度组成。

（续表）

名词	解释
每股收益	即 EPS，又称每股税后利润、每股盈余，指税后利润与股本总数的比率。它是测定股票投资价值的重要指标之一；是分析每股价值的一个基础性指标；是综合反映公司获利能力的重要指标；是公司某一时期净利润与股份数的比率。该比率反映了每股创造的税后利润，比率越高，表明所创造的利润就越多。若公司只有普通股时，每股收益就是税后利润，股份数是指发行在外的普通股股数。如果公司还有优先股，应先从税后利润中扣除分派给优先股股东的利息。
市盈率	是指在一个考察期（通常为 12 个月的时间）内，股票价格和每股收益的比例。投资者通常利用该比例值估量某股票的投资价值，或者用该指标在不同公司的股票之间进行比较。P/E Ratio，表示市盈率；Price per Share，表示每股的股价；Earnings per Share，表示每股收益，即股票价格与该股上一年度每股税后利润之比（P/E），该指标是衡量股票投资价值的一种动态指标。
庄家	是指能影响某一股票行情的大户投资者，通常占有 50% 以上的发行量，有时庄家控量不一定达到 50%，看各品种而定，一般 10%～30% 即可控盘。
散户	狭义的散户是指在股市中，那些投入股市资金量较小的个人投资者；广义的散户是相对于机构而言的，个人投资者都可以称为散户。
吸筹	是指庄家或主力、大户介入某只个股，一段时间内不断买入的行为，一般所说的吸筹是指主动吸筹。被动吸筹则是指主力在操作股票的过程中遇到原先没有料到的局面而不得不以大量买入来达到目的的行为。
洗盘	庄家为达炒作目的，必须于途中让低价买进、意志不坚的散户抛出股票，以减轻上档压力，同时让持股者的平均价位升高，以利于施行坐庄的手段，达到牟取暴利的目的。
出货	是指庄家在高价时不动声色地卖出股票，称为出货。
成长股	是指这样一些公司所发行的股票，它们的销售额和利润额持续增长，而且其速度快于整个国家和本行业的增长。这些公司通常有宏图伟略，注重科研，留有大量利润作为再投资以促进其扩张。由于公司再生产能力强劲，随着公司的成长和发展，其所发行的股票的价格也会上升，股东能从中受益。
龙头股	是指某一时期在股票市场的炒作中对同行业板块的其他股票具有影响力和号召力的股票，它的涨跌往往对其他同行业板块的股票涨跌起引导和示范作用。龙头股并不是一成不变的，它的地位往往只能维持一段时间。
蓝筹股	是指具有稳定的盈余记录，能定期分派较优厚的股息，被公认为业绩优良公司的普通股股票，又称为绩优股。

名词	解释
白马股	是指其有关的信息已经公开的股票，由于业绩较为明朗，很少存在埋地雷的风险，内幕交易、暗箱操作的可能性大大降低。同时，又兼具业绩优良、高成长、低风险的特点，因而具备较高的投资价值，往往为投资者所看好。
黑马股	是指价格可能脱离过去的价位而在短期内大幅上涨的股票。
升高盘	是指开盘价比前一天收盘价高出许多。
开低盘	是指开盘价比前一天收盘价低出许多。
盘坚	股价缓慢上涨，称为盘坚。
盘软	股价缓慢下跌，称为盘软。
最后喊进价	是指当天收盘后，买者欲买进的价格。
最后喊出价	是指当天收盘后，卖者的要价。
僵牢	是指股市上经常会出现股价徘徊缓滞的局面，在一定时期内既上不去，也下不来，沪市投资者们称此现象为僵牢。
行情牌	一些大银行和经纪公司、证券交易所设置的大型电子屏幕，可随时向客户提供股票行情。
盈亏临界点	交易所股票交易量的基数点，超过这一点就会实现盈利，反之则亏损。

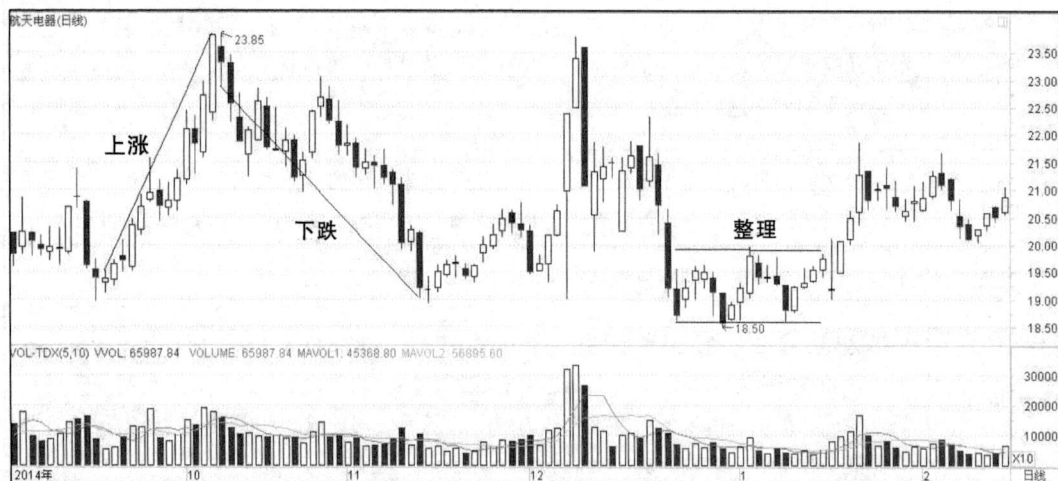

图2-2 航天电器

第3章 股票市场

炒股小词典

股息——又称为股利、红利，是指股份公司从留存收益中派发给股东的那一部分。股息是股东投资于股份公司的收益的一部分（另一部分是资本利得），是付给资本的报酬。

优先股——是相对于普通股而言的，其在利润分红及剩余财产分配的权利方面，优先于普通股。

普通股——普通股是指在公司的经营管理及盈利与财产的分配上享有普通权利的股份，代表满足所有债权偿付要求及优先股东的收益权与求偿权要求后对企业盈利和剩余财产的索取权，它构成公司资本的基础，是股票的一种基本形式，也是发行量最大、最为重要的股票。目前在上海和深圳证券交易所中交易的股票都是普通股。

3.1 股票价值和价格

1. 股票的价值

股票的价值可以从不同的角度考察，从而得出有关股票价值的不同含义。

（1）票面价值

股票的票面价值又称面值，即在股票票面上标明的金额。主要是确定每股股份在公司中所占的份额。例如，某公司发行股票的总面值为 5 000 万元，每股的票面价值为 1 元。那么，一股股票就代表该公司的 5 000 万分之一。

股票面值的作用之一是表明股票的认购者在股份公司的投资中所占的比例，作为确定股东权利的依据。第二个作用就是在首次发行股票时，将股票的面值作为发行定价的一个依据。一般来说，股票的发行价格都会高于其面值。当股票进入流通市场后，股票的面值就与股票的价格没有什么关系了。

（2）账面价值

账面价值又称股票净值或每股净资产，是指每股股票所代表的实际资产的价值，又称股票净值。股票的账面价值可用下面的公式计算：

$$V_a = (T - P) / N_c$$

其中，V_a 为股票的账面价值；P 为优先股股票的总面值；T 为公司资产的净值；N_c 为普通股股票的总股数。

公司的资产净值是指公司的资本额（股票面值总额）加上公积金与未分配利润的数额。其中，各种公积金和未分配利润尽管没有以股利的形式分派出来，但其仍属于股东。因此，净资产也称为股东权益。

（3）清算价值

股票的清算价值是指一旦股份公司破产或倒闭后进行清算时，每股股票所代表的实际价值。从理论上讲，股票的每股清算价格应与股票的账面价值相一致，但企业在破产清算时，其财产价值是以实际的销售价格来计算的，而在进行财产处置时，其售价一般都会低于实际价值。所以股票的清算价格就会与股票的净值不一致。股票的清算价格只是在股份公司因破产或其他原因丧失法人资格而进行清算时才被作为确定股票价格的依据，在股票的发行和流通过程中没有意义。

（4）内在价值

股票的内在价值即理论价值，也是股票未来收益的现值，取决于股息收入和市场收益率。股票的内在价值决定股票的市场价格，但市场价格又不完全等于其内在价值。通常来说，受供求关系等多种因素影响的市场价格围绕着股票内在价值波动。

2. 股票的价格

股票价格又叫股票行市，是指股票在证券市场上买卖的价格。股票本身可以被当作商品出卖，并且有一定的价格。

股票的价格分为市场价格和理论价格，下面分别介绍这两种股票价格。

（1）股票的市场价格

股票的市场价格即股票在股票市场上买卖的价格。股票市场可分为发行市场和流通市场，因而，股票的市场价格也就有发行价格和流通价格的区分。股票的发行价格就是发行公司与证券承销商议而定的价格。股票发行价格的确定有三种情况。

①股票的发行价格就是股票的票面价值。

②股票的发行价格以股票在流通市场上的价格为基准来确定。

③股票的发行价格在股票面值与市场流通价格之间，通常是对原有股东有偿配股时采用这种价格。国际市场上确定股票发行价格的参考公式是：

$$股票发行价格 = 市盈率还原值×40\% + 股息还原率×20\% + 每股净值×20\% +$$
$$预计当年股息与一年期存款利率还原值×20\%$$

这个公式全面地考虑了影响股票发行价格的若干因素，如利率、股息、流通市场的股票价格等，值得投资者借鉴。

股票在流通市场上的价格才是完全意义上的股票市场价格，一般称为股票市价或股票行市。股票市价表现为开盘价、收盘价、最高价、最低价等形式。其中收盘价最重要，是分析股市行情时采用的基本数据。

（2）股票的理论价格

股票代表的是持有者的股东权，这种股东权的直接经济利益表现为股息、红利收入。股票的理论价格就是为获得这种股息、红利收入的请求权而付出的代价，是股息资本化的表现。

静态地看，股息收入与利息收入具有同样的意义。投资者是把资金投资于股票还是存于银行，这首先取决于哪一种投资的收益率更高、风险更低。按照等量资本获得等量收入的理论，如果股息率高于利息率，人们对股票的需求就会增加，股票价格就会上涨，从而股息率就会下降，一直降到股息率与市场利率大体一致为止。

按照这种分析，可以得出股票的理论价格公式为：

$$股票理论价格 = 股息红利收益 ÷ 市场利率$$

例如，万科 A（000002）2011 年 5 月每 10 股派 1 元股息，而此时一年期定期存款利率为3.25%，由此可计算其股票的理论价格约为 3.07 元，是其当时股票市价的一半。

3. 股票价格的偏向性特征

（1）股票价格的偏向性特征的定义

股票价格的偏向性特征是指股票价格总体上具有不断向上增长的长期历史趋势，这是基金长期投资能够盈利的重要理论依据。1998—2015 年沈阳机床 K 线图如图 3-1 所示。

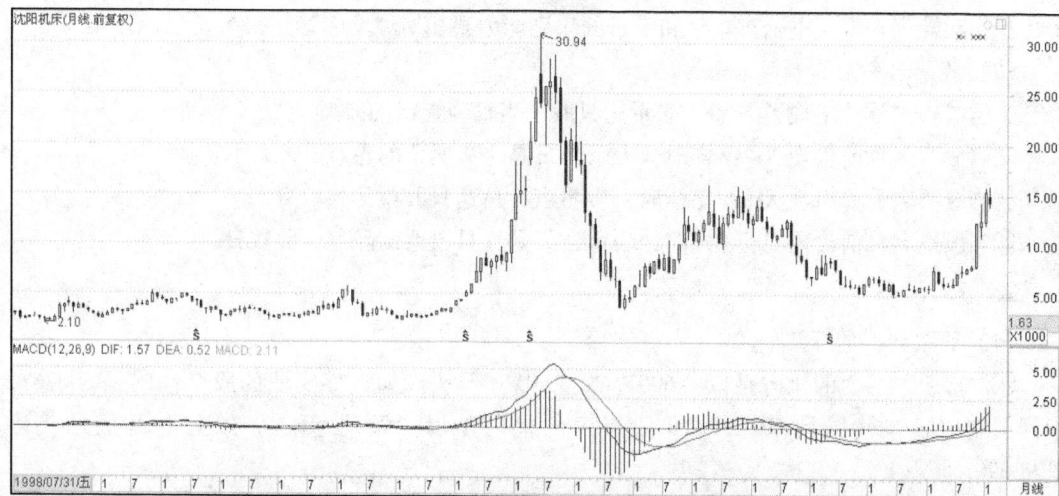

图 3-1　1998—2015 年沈阳机床 K 线图

（2）股票价格的偏向性特征的表现形式

偏向性特征主要体现在：它是一种总体表现上的特征，而非个体表现上的特征。偏向性特征是一种长期历史趋势，而非短期市场现象。这是所说的"长期"，是指长达 30 年、50 年、100 年、200 年这样的历史跨度。

（3）股票价格的偏向性特征的影响因素

上市公司整体中最活跃的处于生命周期的上升阶段，公司的股价波动是偏向性的主要推动力。

（4）股票价格的偏向性特征的启示

股票价格波动的偏向性是以大量企业在激烈的市场竞争中被淘汰为代价而获得的。不理解这一点，投资者往往就会简单地从股价波动的偏向性特征中直接推导出简单地长期持有的股票投资战略。如果没有相应的投资风险分散化的资金管理措施，股价波动的偏向性并不能保证投资者获得满意的投资回报。

3.2　股票名称及代码

1. 股票名称

（1）股票命名的原则

股票的命名有一定的原则。例如，到目前为止，沪深两地的股票简称大多数是 4 个字，其中上交所规定前两个字反映上市公司所在地，后两个字反映公司名称，一般情况下，上海本地的上市公司不注明所在地。在特殊情况下，上交所的股票也可以简化为 3 个字，如哈医药、二纺机、中纺机等。

深交所则习惯于将公司注册地的地名简化为一个字，公司名称简为两个字，第四个字则是区分 A 股和 B 股的。如深长城 A、琼能源 A、皖美菱 A 等。

股票的名称尽管被简化，但随着上市公司数量的增多，要投资者记住所有的公司名称显然不太可能，因此将股票进行编号有助于投资者记忆。更重要的原因在于，随着股票市场规模的日益壮大，对股票进行编号（编码）是为了对越来越多的股票进行分类，特别是为了便于电子化操作和管理，因为电脑对数字和字母的识别能力要比对中文字形强得多。

（2）股票名称前的专业术语

①当股票名称前出现了 N 字，表示这只股是当日新上市的股票。

②当股票名称前出现 XD 字样时，表示当日是这只股票的除息日。

③当股票名称前出现 XR 的字样时，表明当日是这只股票的除权日。

④当股票名称前出现 DR 字样时，表示当天是这只股票的除息、除权日。

2. 股票代码

（1）股票代码的开头

①沪市股票买卖的代码是以 "600" 或 "601" 开头。如运盛实业的股票代码是 600767，中国国航的股票代码是 601111。B 股买卖的代码是以 "900" 开头，如上电 B 股的代码是 900901。

②深市 A 股票买卖的代码是以 "000" 开头，如顺鑫农业的股票代码是 000860。B 股买卖的代码是以 "200" 开头，如深中冠 B 股的代码是 200018。

③沪市新股申购的代码是以 "730" 开头。如中信证券的申购代码是 730030。深市新股申购的代码与深市股票买卖代码一样。

④配股代码，沪市以 "700" 开头，深市以 "080" 开头。如运盛实业配股代码是 700767，深市草原兴发配股代码是 080780。

⑤中小板股票代码以 "002" 开头，如东华合创的股票代码是 002065。

⑥创业板股票代码以 "300" 开头，如特锐德的股票代码是 300001。

（2）上交所编制股票代码方案

在上海证券交易所上市的证券，根据上交所《证券编码实施方案》采用 6 位数编制方法，前 3 位数为区别证券品种，具体为：001×× 为国债现货；110××、120×× 为企业债券；129 ×××、100×× 为可转换债券；201×× 为国债回购；310×× 为国债期货；500×××、550×× 为基金；600×× 为 A 股；700×× 为配股；710×× 为转配股；701×× 为转配股再配股；711×× 为转配股再转配股；720×× 为红利；730×× 为新股申购；735×× 为新基金申购；737×× 为新股配售；900×× 为 B 股。

（3）深交所编制股票代码方案

2001 年 11 月，深圳证券市场的证券代码由原来的 4 位统一升为 6 位。升位后的证券代码采用 6 位数字编码，编码规则定义如下。

顺序编码区：6 位代码中的第 3 位到第 6 位，取值范围为 0001～9999。

证券种类标识区：6 位代码中开头的第 1 位标识证券大类，第 2 位标识该大类下的衍生证券。

股票代码用数字表示股票的不同含义。股票代码除了区分各种股票外，也有其潜在的意义，比如 600×××是大盘股，6006××是最早上市的股票，一个公司的股票代码跟车牌号差不多，能够显示出这个公司的实力以及知名度，比如 000088（盐田港）、000888（峨眉山）。

3.3 蓝筹股

1. 蓝筹股的定义

蓝筹股指长期稳定增长的、大型的、传统工业股及金融股。此类上市公司的特点是优良的业绩、收益稳定、股本规模大、红利优厚、股价走势稳健、市场形象良好。

"蓝筹"一词源于西方赌场。在西方赌场中，有三种颜色的筹码，其中蓝色筹码最值钱，红色筹码次之，白色筹码最差。投资者把"蓝筹"套用到股票上，引申为规模大或市值高的上市公司。一般人将蓝筹股等同为股票成份股，但事实上成份股不一定是最大或最佳的上市公司。

2. 成为蓝筹股的基本条件

股票成为蓝筹股的基本支持条件有：

（1）萧条时期，公司能够制订出保证公司发展的计划与措施；

（2）繁荣时期，公司能发挥最大能力创造利润；

（3）通胀时期，公司实际盈余能保持不变或有所增加。

蓝筹股并非是一成不变的。随着公司经营状况的改变及经济地位的升降，蓝筹股的排名也会变化。据美国著名的《福布斯》杂志统计，1917 年的 100 家最大公司中，目前只有 43 家公司的股票仍然在蓝筹股之列，而当初"最蓝"、行业最兴旺的铁路股票，如今已完全丧失了入选蓝筹股的资格和实力。在中国香港地区股市中，最有名的蓝筹股当属全球最大商业银行之一的汇丰控股。内地的股票市场虽然历史较短，但发展比较迅速，也逐渐出现了一些蓝筹股，如图 3-2 所示。

图 3-2　蓝筹股——工商银行

3. 蓝筹股的特点

蓝筹股的特点包括：盘子较大，属于航空母舰，而"小舢板"是难以挑起大梁的；具有较强的分红能力，注重对股东的回报；公司在该行业中占据领导地位；公司所处的行业正处成长期，行业景气度高。

4. 选择蓝筹股时需要认识到的问题

在股票市场中，投资者需要认识到，大公司的股票不一定是蓝筹股，蓝筹股却一定是大公司的股票。大公司不一定是业绩好的公司，但规模大却是成为蓝筹公司的必要条件。蓝筹公司在资本市场上常受到大宗资本和主流资本的长期关注和青睐，以资产规模、营业收入和公司市值等指标来衡量，企业规模是巨大的。国民经济支柱行业里的公司股票不一定是蓝筹股，蓝筹股却一定不会诞生在边缘行业里。对蓝筹股的认识可不能仅仅局限在"股"字上，它承载的是"产业与民生"甚至"国家的光荣与梦想"。所以但凡是蓝筹股一般都出现在国家的支柱产业中，蓝筹公司也都是行业中的龙头企业。有些公司经营得很好，业绩也很优良，比如"小商品城"，但是从其所处的行业属性来看，绝对称不上蓝筹股。而像"宝钢股份""中国国航"这样的上市公司处在钢铁、航天这些国计民生的支柱产业中，就具备蓝筹公司的特质。特别是我国还处在工业化的初级阶段，所以制造业更容易诞生蓝筹，而在零售业或餐饮服务业，在国外能看到沃尔玛、麦当劳等蓝筹公司，国内却很难发掘到零售或餐饮服务的蓝筹公司。蓝筹公司也一定担当着产业领袖的角色，是产业价值链和产业配套分工体系的主干，不仅在规模上，而且在技术水平、管理水平上都是这个行业的代表。比如宝钢，它在原材料铁矿石价格的谈判上，在行业里就有相当的分量，而其板材产品也会成为这个行业的一个标准。

3.4 ST股

1998年4月22日，沪深交易所宣布将对财务状况或其他状况出现异常的上市公司股票交易进行特别处理（Special Treatment），由于"特别处理"在简称前冠以"ST"，因此这类股票被称为ST股。

1. 财务状况异常

"财务状况异常"是指以下六种情况。

① 最近两个会计年度的审计结果显示的净利润为负值，也就是说，如果一家上市公司连续两年亏损或每股净资产都低于股票面值，就要予以特别处理。

② 最近一个会计年度的审计结果显示其股东权益低于注册资本。也就是说，如果一家上市公司连续两年亏损或每股净资产低于股票面值，就要予以特别处理。

③ 注册会计师对最近一个会计年度的财产报告出具无法表示意见或否定意见的审计报告。

④ 最近一个会计年度经审计的股东权益扣除注册会计师、有关部门不予确认的部分，低于注册资本。

⑤ 最近一份经审计的财务报告对上年度利润进行调整，导致连续两个会计年度亏损。

⑥ 经交易所或中国证监会认定为财务状况异常的。

2. ST股的交易规则

① 股票报价日涨跌幅限制为5%。

② 股票名称改为原股票名前加"ST",如"ST 国农"。

③ 上市公司的中期报告必须经过审计。

3. ST 股的分类

ST 股的分类如下。

① *ST——公司经营连续 3 年亏损,退市预警。

② ST——公司经营连续 2 年亏损,特别处理。

③ S*ST——公司经营连续 3 年亏损,退市预警 + 还没有完成股改。

④ SST——公司经营连续 2 年亏损,特别处理 + 还没有完成股改。

⑤ S——还没有完成股改。

4. 上市公司被特别处理的各种情况

这里需要指出的是,特别处理并不是对上市公司的处罚,而只是对上市公司目前所处状况的一种客观揭示,其目的在于向投资者提示市场风险,引导投资者进行理性投资,如果公司异常状况消除,可以恢复正常交易。在哪些情形下上市公司被暂停上市?什么条件能恢复上市?哪些情形下被终止上市?

上市公司若有以下情形,由交易所作特别处理。

① 公司股本总额、股权分布等发生变化不再具备上市条件。

② 公司不按规定公开其财务状况,或者对财务会计报告作虚假记载。

③ 公司有重大违法行为。

④ 公司最近 3 年连续亏损。

出现前三条规定的情形,交易所根据中国证监会的决定暂停其股票上市,出现第四条规定的情形由交易所决定处理方式。

关于恢复上市的条件,因第①、②、③项的情形,股票被暂停上市的公司申请恢复上市的,交易所依据中国证监会的有关决定恢复该公司股票上市。因第④项情形股票被暂停上市的,在股票暂停上市期间,上市公司在法定期限内披露暂停上市后的第一个半年度报告;且经审计的半年度财务报告显示公司已经盈利,上市公司可以向交易所提出恢复上市申请。

终止上市也称"退市"或"摘牌"。有下列情形的被终止上市,上市公司在限期内未能消除第①项所列情形而不具备上市条件的,因第②、③项所列情形,经查实后果严重的,交易所根据中国证监会的决定,终止该公司股票上市。

ST 股上市公司出现下列情形之一的,由交易所终止其股票上市。

① 未能在法定期限内披露其暂停上市后第一个半年度报告的。

② 在法定期限内披露了暂停上市后第一个半年度报告,虽盈利但未在披露后 5 个工作日内提出恢复上市申请的。

③ 恢复上市申请未被受理的。

④ 恢复上市申请未被核准的。

⑤ 未能在法定期限内披露恢复上市后的第一个年度报告的。

⑥ 在法定期限内披露了恢复上市后的第一个年度报告,但公司出现亏损的。

5. 退市

关于退市,投资者应该认识到以下四点。

① 退市并不一定是破产或解散，只要未宣布破产，终止上市的公司仍然存在并运作。

② 按照《公司法》的规定，终止上市的公司的股东仍享有对公司的知情权、投票权等股东权利。

③ 终止上市的公司仍然有资产重组的权利。

④ 公司终止上市后，股东仍然可以进行股份的转让。中国证券业协会将准许合格的证券公司，为终止上市的公司提供代办股份转让服务。连续3年亏损的上市公司应予退市。

6. 上市公司终止上市后的影响

上市公司终止上市，投资者会受到什么影响？终止上市后，公司的融资渠道受到较大限制。其一，公司失去了公开发行或配售发行股票募集资金的条件；其二，公司的市场信誉和财务信用度会有一定降低，公司在其他融资方面、经营方面也会受到较大影响；其三，公司的整体经营和重整将面临较大压力。就投资者来说，所持股票的转让受到一定的限制，不能在证券交易所集中竞价交易。

7. ST股的投资技巧

在各类炒股软件上的"板块"分录下的"概念板块"中就有ST板块，直接点击这个板块，就可以找到所有ST股票（如图3-3所示）。投资者在投资ST股时，应注意以下三个方面。

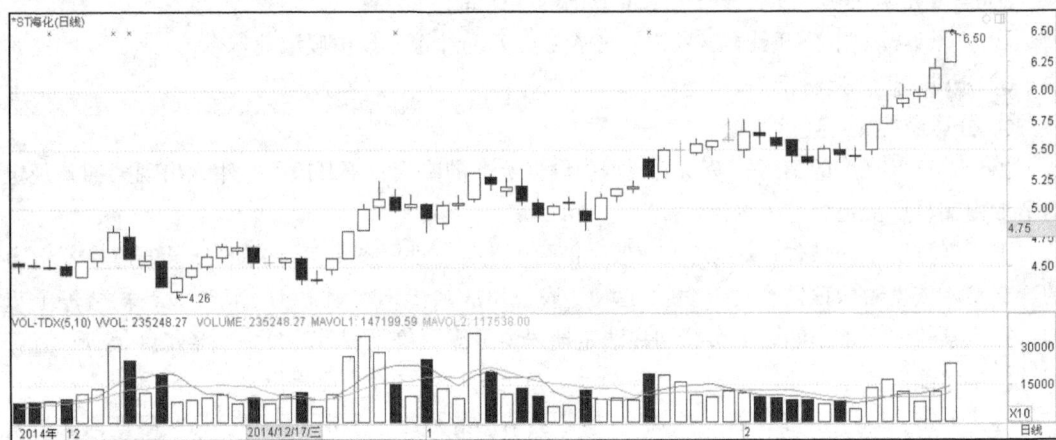

图3-3　ST海化

① 应加强对于目标上市公司基本面的研究。所投资的ST个股公司应具有"相对较好"的基本面，退市风险应较小。为降低资产重组的难度，ST个股的总股本不应太大、企业财务状况不应太差，当地政府应对资产重组抱有较为强烈的愿望，并有切实的扶持政策。

② 从技术走势来看，由于ST个股实行5%的涨跌停板制度，个股的涨跌幅度被大大压缩，从而使得ST个股的涨跌趋势较为明显，一旦形成上涨趋势，极易形成连续涨停的爆发性行情，这有利于投资者及时发现和捕捉ST黑马个股。因此，对于连续大幅下跌之后首次涨停的ST个股，投资者应保持高度的关注。

③ 由于ST板块个股基本面较差，面临退市风险，而且资产重组的透明度较低，因此只适于短线参与而不适于长期持有。

总之，投资者对ST板块的参与要抱着少量短期参与的态度。

3.5 证券交易所和证券公司

1. 证券交易所

（1）证券交易所的定义

证券交易所是依据国家的有关法律和行政法规、经国家主管机关批准而设立的、为证券集中竞价交易提供场所的不以营利为目的的法人。证券交易所是证券集中交易市场的组织者，本身并不参加证券交易。

（2）证券交易所组织机构

证券交易所组织机构分为公司制与会员制两种。

①公司制的证券交易所按本国《公司法》规定组织成立，有股份公司章程和资本，要求设有股东大会、董事会、监事会等机构，以营利为目的，只允许经申请合格的证券经纪商进场买卖，对买卖方违约造成的损失负责赔偿。

②实行会员制的证券交易所是由证券经纪商同业设立，参加者为会员，会员由证券公司、投资公司等证券商组成，共同负担会费，不以营利为目的，只准有会员身份的证券经纪商入场进行买卖，设有赔偿准备基金，以作为会员违约赔偿用。

这两类不同组织形式的证券交易买卖，均采用经纪制，即一切证券买卖必须委托具有会员席位资格的评格证券经纪商办理。代办买卖的证券商称经纪商。自行买卖的证券商称自营商。还有一种是专业股票商，兼有经纪和身营两身份和职能。

（3）证券交易所的功能

我国证券交易所的功能主要有以下几个方面。

①提供证券交易的场所、设施和服务。

②制定证券交易所的业务规则。

③接受上市申请，安排证券上市，决定证券暂停上市、恢复上市、终止上市和终止上市后再次上市。

④组织、管理证券交易和转让。

⑤对会员进行自律管理。

⑥对上市公司及其他信息披露义务人进行监督。

⑦管理、公布市场信息。

⑧中国证监会核定的其他职能。

2. 了解证券公司

（1）证券公司的定义

证券公司指的是依照《公司法》和《证券法》的规定设立的并经国务院证券监督管理机构审查批准而成立的专门经营证券业务，具有独立法人地位的有限责任公司或者股份有限公司。

作为专门从事有价证券买卖的法人企业，证券公司分为证券经营公司和证券登记公司。

狭义的证券公司是指证券经营公司，是经主管机关批准并到有关工商行政管理局领取营业执照后专门经营证券业务的机构。它具有证券交易所的会员资格，可以承销发行、自营买卖或自营兼代理买卖证券。普通投资人的证券投资都要通过证券商来进行。

（2）证券公司的业务分类

从业务功能上划分，证券公司可分为以下三类，如图3-4所示。

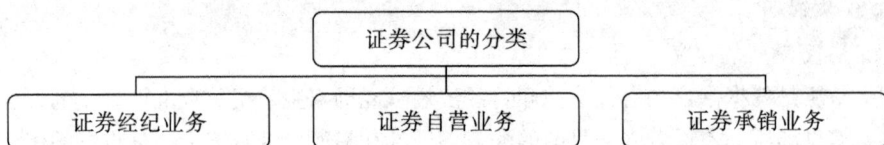

图3-4　证券公司的分类

①证券经纪业务。证券经纪业务是代理买卖证券的证券机构接受投资人委托、代为买卖证券，并收取一定手续费即佣金。

②证券自营业务。综合型证券公司，除了证券经纪公司的权限外，还可以自行买卖证券的证券机构，它们资金雄厚，可直接进入交易所为自己买卖股票。

③证券承销业务。证券承销商以包销或代销形式帮助发行人发售证券的机构。实际上，许多证券公司是兼营这三种业务的。按照各国现行的做法，证券交易所的会员公司均可在交易市场进行自营买卖，但专门以自营买卖为主的证券公司为数极少。

另外，一些经过认证的创新型证券公司，还具有创设权证的权限，如中信证券。

第4章 股票价格指数

炒股小词典

市值——即为股票的市场价值，也可以说是股票的市场价格计算出来的总价值，它包括股票的发行价格和交易买卖价格。

指数型基金——顾名思义就是以指数成份股为投资对象的基金，即通过购买一部分或全部的某指数所包含的股票，来构建指数型基金的投资组合，目的就是使这个投资组合的变动趋势与该指数相一致，以取得与指数大致相同的收益率。

4.1 什么是股票价格指数

1. 认识股票价格指数

股票价格指数即股票指数，是由证券交易所或金融服务机构编制的表明股票行市变动的一种供参考的指示数字，是对股市动态的综合反映。编制股票价格指数的作用在于，综合考察股票市场的动态变化过程，反映股票市场的价格水平，为社会公众进行股票投资与合法的股票增值活动提供参考依据。购买股票是一种投资行为，收益和风险并存。为了帮助投资者实现投资目的，建立正常的、规范的投资环境，客观上需要一种能够综合反映股票市场发展变化和股市水平的指标作为决策依据。股票价格指数就是这样一种具有决策依据功能的指标。

这种股票指数，也就是表明股票行市变动情况的价格平均数。编制股票指数，通常以某年某月为基础，以这个基期的股票价格作为100，用以后各时期的股票价格和基期价格比较，计算出升降的百分比，就是该时期的股票指数。投资者根据指数的升降，可以判定出股票价格的变动趋势。并且为了能实时地向投资者反映股市的动向，所有的股市几乎都是在股价变化的同时即时公布股票价格指数的。

2. 股票价格指数的基本构成

计算股票指数要考虑三个因素，即抽样、加权和计算程序。抽样是在众多股票中抽取少数具有代表性的成份股；加权是按单价或总值加权平均，或不加权平均；计算程序是计算算术平均数、几何平均数，或兼顾价格与总值。

由于上市股票种类繁多，计算全部上市股票的价格平均数或指数的工作是艰巨而复杂的，因此人们经常从上市股票中选择若干种富有代表性的样本股票，并计算出这些样本股票的价格平均数或指数，用于表示整个市场的股票价格总趋势及涨跌幅度。计算股价平均数或指数时经常考虑以下四点。

一是样本股票必须具有典型性、普通性，因此，选择样本时应综合考虑其行业分布、市场影响力、股票等级、适当数量等因素。

二是计算方法应具有高度的适应性，能对不断变化的股市行情做出相应的调整或修正，使股票指数或平均数有较好的敏感性。

三是要有科学的计算依据和手段。计算依据的口径必须统一，一般均以每个月的收盘价为计算依据，但随着计算频率的增加，有时以每小时的价格甚至更短的时间价格计算。

四是基期应有较好的均衡性和代表性。

3. 股价指数的编制步骤

股价指数一般由证券交易所、金融服务机构、咨询研究机构或新闻单位编制和发布。股价指数的编制步骤如下。

一是根据上市公司的行业分布、经济实力、资信等级等因素，选择适当数量的有代表性的股票，作为编制指数的样本股票。样本股票可随时变换或做数量上的增减，以保持良好的代表性。

二是按期到股票市场上采集样本股票的价格，简称采样。采样的时间间隔取决于股价指数的编制周期。以往的股价指数较多为按天编制，采样价格即为每一个交易日结束时的收盘价。近年来，股价指数的编制周期日益缩短，由"天"到"时"直至"分"，采样频率由一天一次变为全天随时连续采样。采样价格也从单一的收盘价发展为每时每刻的最新成交价或一定时间周期内的平均价。一般来说，编制周期越短，股价指数的灵敏性越强，越能及时地体现股价的涨落变化。

三是利用科学的、先进的方法计算出指数值。股价指数的计算方法主要有总和法、简单平均法、综合法等，计算方法已普遍为电子计算机技术。为了增强股价指数的准确性和灵敏性，必须寻求科学的计算方法和先进的计算技术的支持。

四是通过新闻媒体向社会公众公开发布。为保持股价指数的连续性，使各个时期计算出来的股价指数有可比性，有时还需要对指数值做相应的调整。

4.2　上证综合指数

上证综合指数全称是上海证券交易所股票价格综合指数（简称上证综指、上证综合、沪综指或沪指）。上证综合指数是上海证券交易所编制的，以上海证券交易所挂牌上市的全部股票为计算范围，以发行量为权数的加权综合股价指数，如图4-1所示。

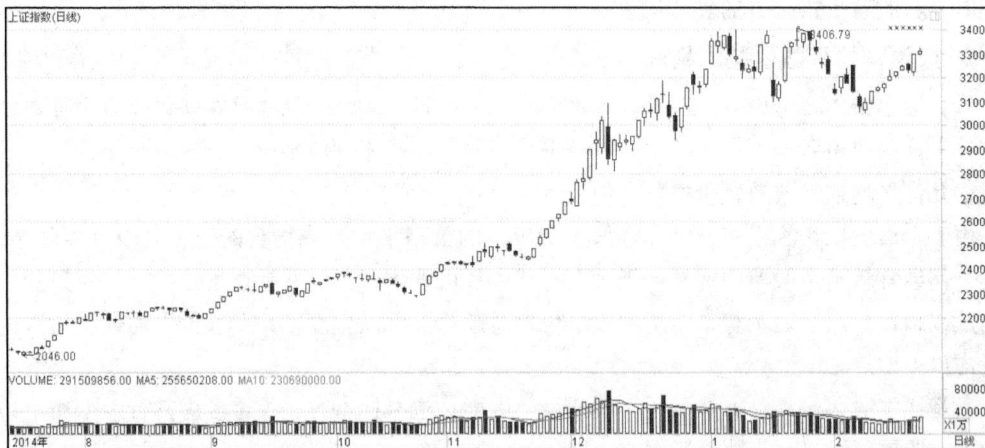

图4-1　上证指数

上证综合指数是反映上海证券交易所挂牌股票总体走势的统计指标。其前身为上海静安指数，是由中国工商银行上海市分行信托投资公司静安证券业务部于 1987 年 11 月 2 日开始编制的。其于 1991 年 7 月 15 日公开发布，以 1990 年 12 月 19 日为基期，基期值为 100，以全部的上市股票为样本，以股票发行量为权数编制而成的。上证综合指数于 1992 年 2 月 21 日，增设上证 A 股指数与上证 B 股指数，1993 年 6 月 1 日，又增设了上证分类指数，即工业类指数、商业类指数、地产业类指数、公用事业类指数、综合业类指数，以反映不同行业股票各自的走势。计算公式为：

$$报告期指数 = \frac{报告期成份股的总市值}{基期} \times 基期指数$$

$$总市值 = \sum (市价 \times 发行股数)$$

其中，样本选择标准为上海证券交易所挂牌上市的全部上市股票。

上海证券交易所股票指数的发布几乎是和股市行情的变化同步的，它是我国股民和证券从业人员研判股票价格变化趋势必不可少的参考依据之一。

上证综合指数的权数为上市公司的总股本。由于我国上市公司的股票有流通股和非流通股之分，其流通量与总股本并不一致，所以总股本较大的股票对股票指数的影响就较大，上证指数有时就成为机构大户造市的工具，使股票指数的走势与大部分股票的涨跌相背离。

4.3 深证综合指数和深证成份股指数

1. 深证综合指数

深证综合指数全称为深圳证券交易所股票价格综合指数，是由深圳证券交易所于 1991 年 4 月开始编制发布的。该指数以 1991 年 4 月 3 日为基期，基期值为 100，该股票指数的计算方法基本与上证指数相同，其样本为所有在深圳证券交易所挂牌上市的股票，权数为股票的总股本。由于以所有挂牌的上市公司为样本，其代表性非常广泛，且它与深圳股市的行情同步发布，是股民和证券从业人员研判深圳股市股票价格变化趋势必不可少的参考依据（如图 4-2 所示）。在前些年，由于深圳证券交易所的股票交投不如上海证交所那么活跃，深圳证券交易所现已改变了股票指数的编制方法，采用成份股指数，其中只有 40 只股票入选并于 1995 年 5 月开始发布。

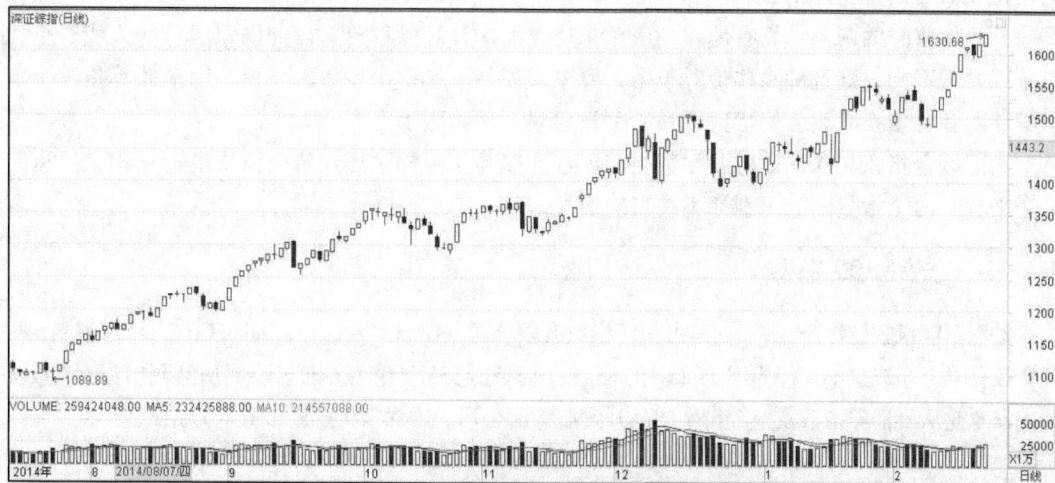

图 4-2 深证综合指数

2. 深证成份股指数

深证成份股指数是深圳证券交易所编制的一种成份股指数，是从上市的所有股票中抽取具有市场代表性的 40 家上市公司的股票作为计算对象，并以流通股作为权数计算得出的加权股价指数，综合反映了深交所上市 A 股、B 股的股价走势（如图 4-3 所示）。

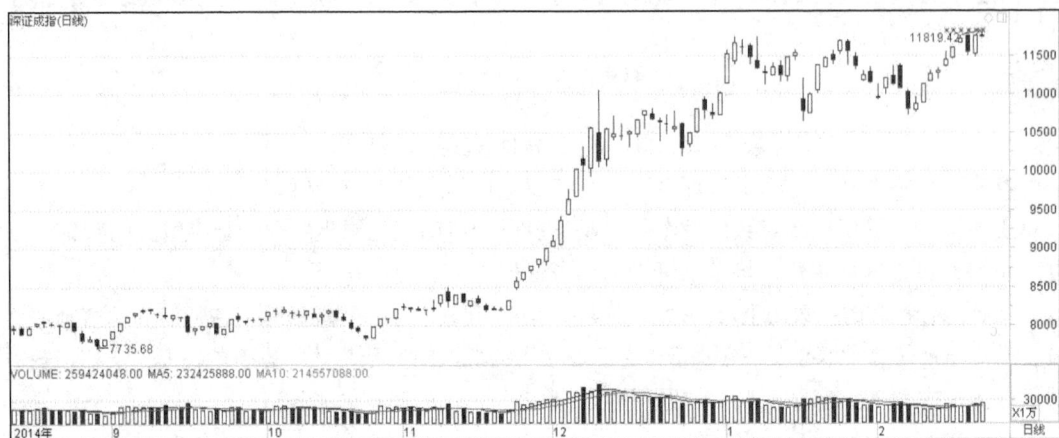

图 4-3　深证成份股指数

深证成份股指数从 1995 年 1 月 23 日正式发布，1995 年 5 月 5 日正式启用。

3. 深证综合指数与深证成份股指数的关系

深证成份股指数的编制起因于综合指数的缺陷。在实际运作和反映股市实际运行状态方面，深证综合指数存在以下三个较为明显的缺陷。

一是用总股本作为权数不尽合理。中国股市目前只是个人股市场，国家股和法人股皆不能上市流通。假如用总股本作权数，易产生偏差。

二是结构变动频繁新股上市影响指数走低。每次新股上市即纳入指数计算，从最初的 5 只增加到开始编制成份股指数时的 142 只，每只股票都会影响指数不断降低，内部结构不断变化，指数前后的可比性不强。

三是除权时的调整计算有偏差。由于采用总股本计算除权价，假如国家股、法人股、个人股分红方案不同，则这种除权价对于个人股来说往往不是一个有效的指标，用来计算指数会产生偏差。有时填权股票会使指数下跌，贴权股票却使指数上升。

深证综合指数与深证成份股指数在深圳证券交易所一同被使用着，但从最近几年来的运行势态来看，两个指数间的区别并不是特别明显。

4.4　沪深 300 指数

沪深 300 指数简称沪深 300，是由中证指数有限公司（China Securities Index Co.，Ltd）编制，中证指数有限公司成立于 2005 年 8 月 25 日，是由上海证券交易所和深圳证券交易所共同出资发起设立的一家专业从事证券指数及指数衍生产品开发服务的公司。沪深 300 指数如图 4-4 所示。

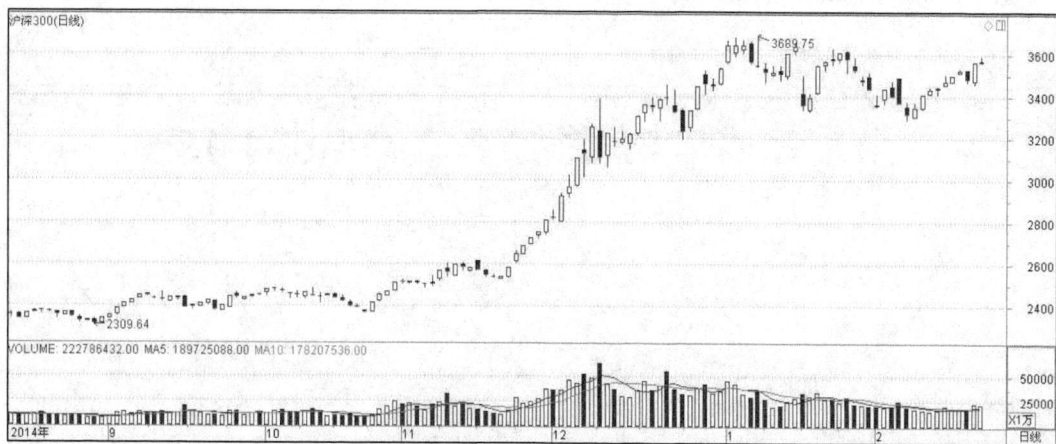

图 4-4　沪深 300 指数

　　沪深 300 指数是由上海和深圳证券市场中选取 300 只 A 股作为样本编制而成的，用以反映 A 股市场整体走势的成份股指数。中证指数有限公司成立后，沪深证券交易所将沪深 300 指数的经营管理及相关权益转移至中证指数有限公司。中证指数有限公司同时计算并发布沪深 300 的价格指数和全收益指数，其中价格指数实时发布，全收益指数每日收盘后在中证指数公司网站和上海证券交易所网站上发布。

　　沪深 300 指数样本覆盖了沪深市场六成左右的市值，具有良好的市场代表性和可投资性。沪深 300 指数是沪深证券交易所第一次联合发布的反映 A 股市场整体走势的指数。它的推出，丰富了市场现有的指数体系，增加了一项用于观察市场走势的指标，有利于投资者全面把握市场运行状况，也进一步为指数投资产品的创新和发展提供了基础条件。

　　沪深 300 全收益指数是沪深 300 指数的衍生指数，与沪深 300 的区别在于指数的计算中将样本股分红计入指数收益，供投资者从不同角度考量指数走势。截止到 2015 年 01 月 12 日，以沪深 300 指数为投资标的的被动指数基金共有 32 只（ETF 与 ETF 联接单独计算），增强指数基金共有 14 只。

　　沪深两个市场均有各自的综合指数和成份指数，这些指数在投资者中都有较高的认同度，但市场缺乏反映沪深市场整体走势的跨市场指数。沪深 300 指数的推出切合了市场的需求，适应了投资者结构的变化，为市场增加了一项用于观察市场走势的指标，也进一步为市场产品创新提供了条件。

　　沪深 300 指数具有揭示股票价格波动情况的功能，是反映市场整体走势的一个重要指标。在此基础上，市场终将会推出以沪深 300 指数为跟踪目标的指数型基金产品，这将为中小投资者提供分散化的投资通道，也会扩大市场中机构投资者的阵容。

4.5　全球最有影响力的几种股票指数

1. 道·琼斯指数

　　道·琼斯指数是世界上历史最悠久的股票指数，是一种股票价格平均指数（如图 4-5 所示）。通常人们所说的道·琼斯指数有可能是指道·琼斯指数四组中的第一组道·琼斯工业平均指数（Dow Jones Industrial Average）。

图4-5 道·琼斯指数

道·琼斯指数最早是在1884年由道·琼斯公司的创始人查尔斯·道开始编制的。其最初的道·琼斯股票价格平均指数是根据11只具有代表性的铁路公司的股票，采用算术平均法进行计算编制而成的，并发表在查尔斯·道自己编辑出版的《每日通讯》上。其计算公式为：

股票价格平均数 = 入选股票的价格之和 ÷ 入选股票的数量

该指数目的在于反映美国股票市场的总体走势，涵盖了金融、科技、娱乐、零售等多个行业。现在的道·琼斯股票价格平均指数是以1928年10月1日为基期，因为这一天收盘时的道·琼斯股票价格平均数恰好约为100美元，所以就将其定为基准日。而以后股票价格同基期相比计算出的百分数，就成为各期的投票价格指数，所以现在的股票指数普遍用点来做单位，而股票指数每一点的涨跌就是相对于基准日的涨跌百分数。

目前，道·琼斯股票价格平均指数共分为四类，即工业、运输业、公用事业和平均价格综合指数。其中工业股票价格平均指数由30种有代表性的大工商业公司的股票组成，且随经济发展而变大，大致可以反映美国整个工商业股票的价格水平，这也就是人们通常所引用的道·琼斯工业平均指数。人们通常所说的道·琼斯指数是指道·琼斯指数四组中的第一组，即道·琼斯工业股票价格平均指数。运输业股票价格平均指数包括20种有代表性的运输业公司的股票，即8家铁路运输公司、8家航空公司和4家公路货运公司。公用事业股票价格平均指数由代表着美国公用事业的15家煤气公司和电力公司的股票所组成。平均价格综合指数是综合前三组股票价格平均指数65种股票而得出的综合指数，这组综合指数显然为优等股票提供了直接的股票市场状况。

道·琼斯股票价格平均指数之所以成为目前世界上影响最大、最具权威性的一种股票价格指数，原因如下。

一是道·琼斯股票价格平均指数所选用的股票都是有代表性，这些股票的发行公司都是其行业中具有重要影响的著名公司，其股票行情为世界股票市场所瞩目，各国投资者都极为重视。

二是道·琼斯股票价格平均指数通过《华尔街日报》公布，而《华尔街日报》是世界金融界最具影响力的报纸。该报每天详尽报道其每小时计算的采样股票平均指数、百分比变动率、每种采样股票的成交数额等，并注意对股票分股后的股票价格平均指数进行校正。在纽约证券交易所的营业时间里，每隔半小时就会公布一次道·琼斯股票价格平均指数。

三是道·琼斯股票价格平均指数自编制以来从未间断，可以用来比较不同时期的股票行情和经济发展情况，成为反映美国股市行情变化最敏感的股票价格平均指数之一，是投资者观察市场动态和从事股票投资的主要参考。

2. 纳斯达克综合指数

以华尔街为象征的美国股票市场，是世界上规模最大、法规和管理最完善的资本市场。纳斯达克综合指数（如图4-6所示）和道·琼斯工业平均指数，是美国股市最具代表意义的市场指数，也是美国经济最敏感的神经。

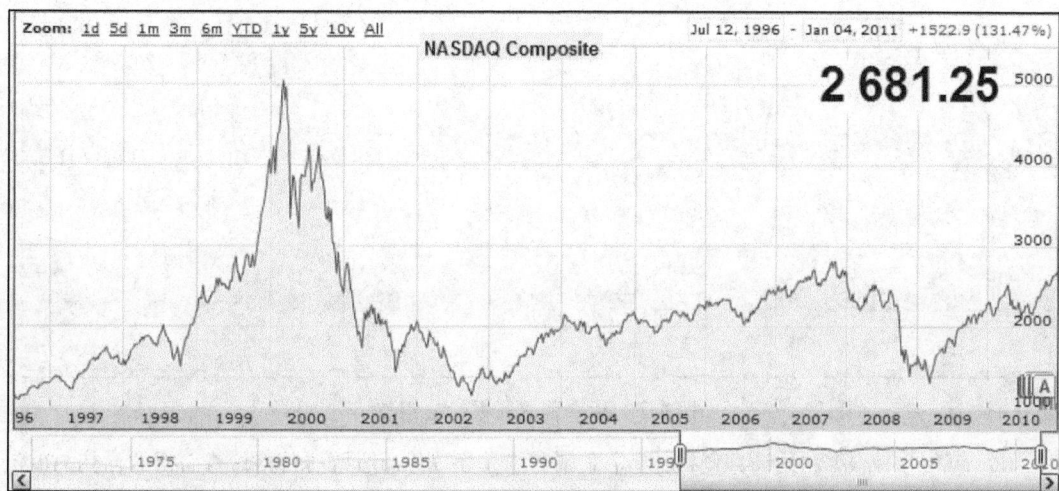

图4-6　纳斯达克指数

纳斯达克（NASDAQ，National Association of Securities Dealers Automated Quotations）是美国全国证券交易商协会于1968年着手创建的自动报价系统的名称。但目前已成为纳斯达克股票市场的代名词。纳斯达克是全世界第一个采用电子交易的股市，它在55个国家和地区设有26万多个计算机销售终端。

纳斯达克综合指数是反映纳斯达克证券市场行情变化的股票价格平均指数，基本指数为100。纳斯达克的上市公司几乎涵盖了所有新技术行业，包括软件和计算机、电信、生物技术、零售和批发贸易等。由于这些上市公司主要由美国的数百家发展最快的从事先进技术、电信和生物公司组成，包括微软、英特尔、美国在线、雅虎这些家喻户晓的高科技公司，因而成为美国"新经济"的代名词。世人瞩目的微软公司便是通过纳斯达克上市并获得成功的。

纳斯达克综合指数是代表各工业门类的市场价值变化的晴雨表。因此，纳斯达克综合指数相比标准普尔500指数、道·琼斯工业指数（它仅包括30家大公司）更具有综合性。目前，纳斯达克综合指数包括5 000多家公司，超过其他任何一个证券市场。因为它有如此广泛的基础，已成为最有影响力的证券市场指数之一。

3. 标准普尔股票价格指数

标准普尔股票价格指数对美国股市的影响也较大，它是美国最大的证券研究机构即标准普尔公司编制的股票价格指数（如图4-7所示）。该公司于1923年开始编制发表股票价格指数。最初采选了230种股票，编制两种股票价格指数。到1957年，这一股票价格指数的范围扩大到500种股票，且分成95种组合。其中最重要的四种组合是工业股票组、铁路股票组、公用事业股票组和500种股票混合组。从1976年7月1日开始，其改为400种工业股票、20种运输业股票、40种公用事业股票和40种金融业股票。几十年来，虽然有股票更迭，但始终保持为500种。

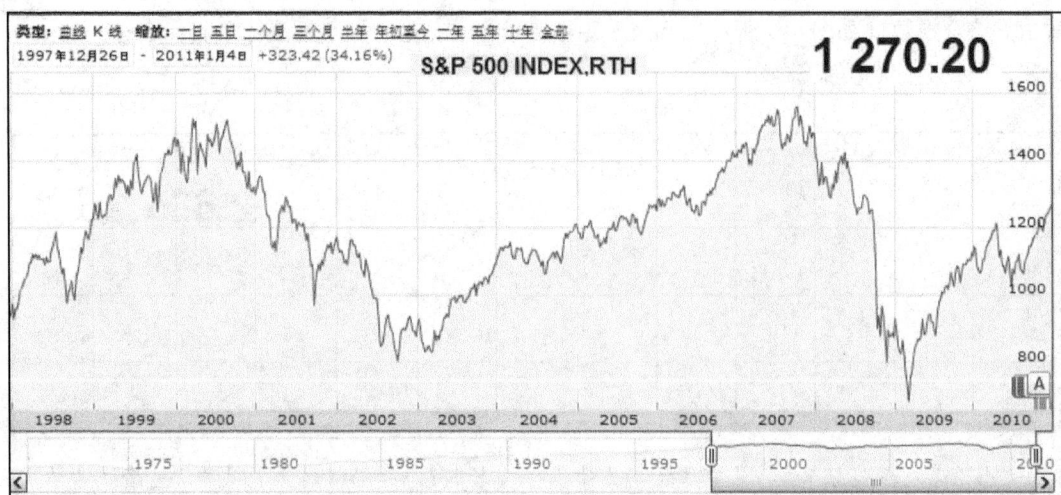

图4-7 标准普尔股票价格指数

由于该指数是根据纽约证券交易所上市股票的绝大多数普通股票的价格计算而得的，其中也包括一些在别的交易所和店头市场交易的股票，能够灵活地对认购新股权、股份分红和股票分割等情况所引起的价格变动做出调节，指数数值较为精确，并且具有很好的连续性，故更能真实地反映股票市价变动的实际情况。所以该指数往往比道·琼斯指数更具有代表性。

标准普尔股票价格指数与道琼斯股票价格平均指数相比较，前者更适合分析股价的长期走势，而后者更适合于分析股价的短期走势。从对股票市场价格分析研究的角度来看，一些银行的证券专家和经济学家偏向采用标准普尔股票价格指数；而从实用的角度来讲，大多数证券公司和投资者则更喜欢采用道·琼斯价格平均指数。

4. 《金融时报》股票价格指数

《金融时报》股票价格指数的全称是"伦敦《金融时报》工商业普通股股票价格指数"，是由英国《金融时报》公布发表的。该股票价格指数包括在英国工商业中挑选出来的具有代表性的30家公开挂牌的普通股股票。它以1935年7月1日作为基期，其基点为100点。该股票价格指数因能够及时显示伦敦股票市场情况而闻名于世。

5. 德国 DAX 指数

DAX 指数（又称 Xetra DAX，一般也称为法兰克福 DAX 指数）是由德意志交易所集团

（Deutsche Börse Group）推出的一个蓝筹股指数。该指数中包含有 30 家主要的德国公司。DAX 指数是全欧洲与英国伦敦《金融时报》指数齐名的重要证券指数，也是世界证券市场中的重要指数之一。

6. 香港恒生指数

香港恒生指数是香港股票市场上历史最悠久、影响最大的股票价格指数（如图 4-8 所示）。香港恒生指数由香港恒生银行全资附属的恒生指数服务有限公司编制的，是以香港股票市场中的 33 家上市股票为成份股样本，以其发行量为权数的加权平均股价指数，是反映香港股市价格趋势最有影响力的一种股价指数。该指数于 1969 年 11 月 24 日首次公开发布，基期为 1964 年 7 月 31 日，基点为 100 点。恒生指数的成份股具有广泛的市场代表性，其总市值占香港联合交易所市场资本额总和的 70% 左右。为了进一步反映市场上各类股票的价格走势，恒生指数于 1985 年开始公布四个分类指数，把 33 种成份股分别纳入工商、金融、地产和公共事业四个分类指数中。

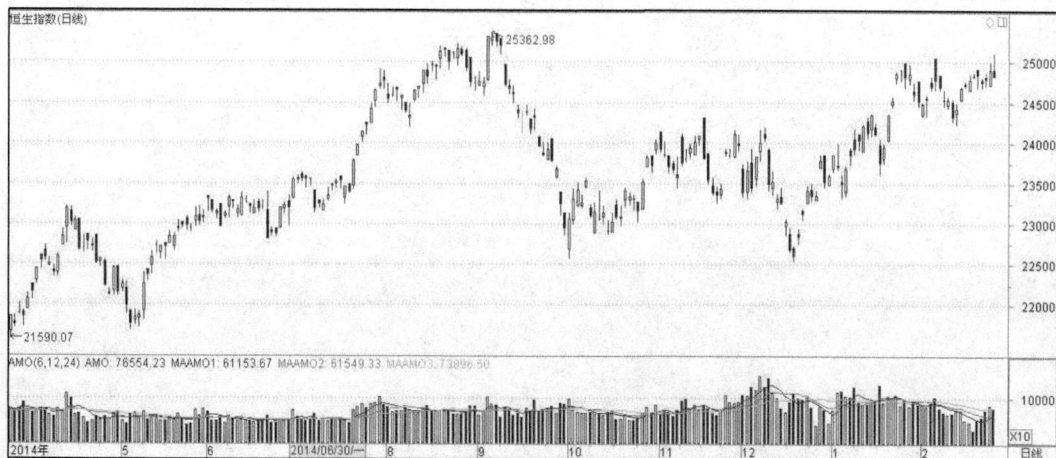

图 4-8　香港恒生指数

第 2 篇

新股民必会的
基本看盘技巧

第5章 盘口走势

炒股小词典

交易日——交易发生的日期，现多指证券、期货、物资等交易的日期。如股票的交易日为除节假日外的周一至周五。

5.1 大盘分时走势图

大盘指数是指上证综合指数和深证成份股指数，其每一分钟的走势被称为大盘分时走势，又称大盘即时走势（如图5-1所示）。

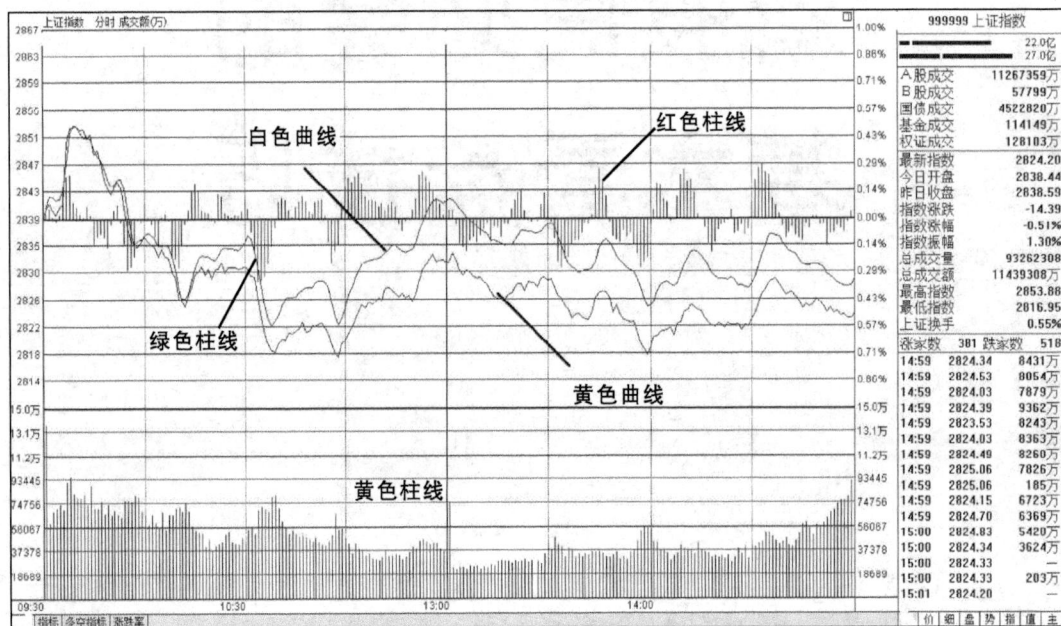

图5-1 大盘分时走势图

图中主要内容说明如下。

1. 白色曲线

该曲线表示大盘加权指数，即考虑股票股本数量占整个市场股本的比重计算出来的大盘指数，它是证交所每日公布的大盘实际指数。

2. 黄色曲线

大盘不含加权的指标，即不考虑股票盘子的大小，而将所有股票对指数影响看作相同而计算出来的大盘指数。

投资者参考白、黄二曲线的相互位置可了解如下情况。

（1）当大盘指数上涨时，黄线在白线之上，表示流通盘较小的股票涨幅较大；反之，黄线在白线之下，说明盘小的股票涨幅落后大盘股。

（2）当大盘指数下跌时，黄线在白线之上，表示流通盘较小的股票跌幅小于盘大的股票；反之，盘小的股票跌幅大于盘大的股票。

3. 红绿柱线

红绿柱线表示大盘即时所有股票买盘与卖盘在数量上的比率。红柱线的长短表示买盘力量的增减；绿柱线的长短表示卖盘力量的强弱。

4. 黄色柱线

黄色柱线表示每一分钟的成交量，单位是手（每手等于 100 股）。

5. 委买委卖手数

其代表即时所有股票买入委托下三档和卖出上三档手数相加的总和。

6. 委比数值

委比数值是委买委卖手数之差与之和的比值。当委比数值为正值的时候，表示买方力量较强，股指上涨的概率大；当委比数值为负值的时候，表示卖方的力量较强，股指下跌的概率大。

7. 粗横线

粗横线表示上一个交易日指数的收盘位置。它是当日大盘上涨与下跌的分界线。它的上方，是大盘上涨区域；它的下方，是大盘的下跌区域。

5.2 个股分时走势图

个股分时走势图（如图 5-2 所示）内容说明如下。

1. 白色曲线

白色曲线表示该种股票即时成交的价格。

2. 黄色曲线

黄色曲线表示该种股票即时成交的平均价格，即当天成交总金额除以成交总股数。

3. 黄色柱线

黄色柱线在黄、白曲线图下方，用来表示每一分钟的成交量。

4. 卖盘等候显示栏

该栏中卖①、卖②、卖③、卖④、卖⑤表示依次等候卖出。按照"价格优先，时间优先"的原则，谁的卖出报价低谁就排在前面，报价相同的，谁先报价谁就排在前面。而这一切都由交易系统自动计算，不会随人为因素而改变。卖①、卖②、卖③、卖④、卖⑤后面的数字为价格，再后面的数字为等候卖出的股票手数。

5. 买盘等候显示栏

该栏中卖①、卖②、卖③、卖④、卖⑤表示依次等候买进，谁买进的报价高谁就排在前面，报价相同的，谁先报价谁就排在前面。

6. 成交价格、成交量显示栏

均价即开盘到现在买卖双方成交的平均价格。其计算公式是：

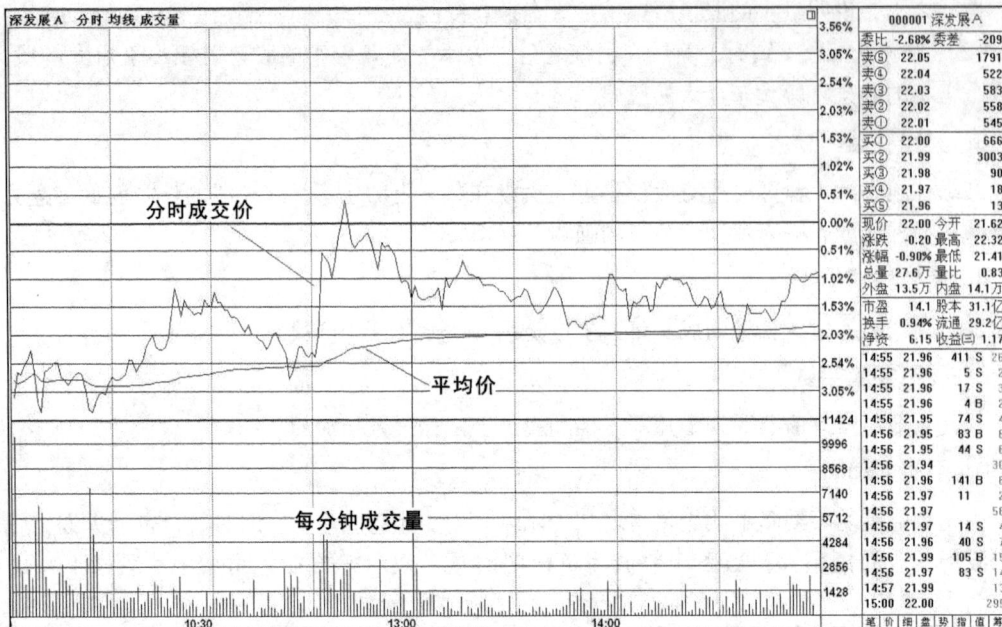

图 5-2　个股分时走势图

均价 = 成交总额 ÷ 成交量

收盘时的均价为当日交易均价。

今开即当日的开盘价。开盘价是每个交易日的第一笔成交价。按上海证券交易所规定，如开市后某只股票半小时内无成交，则以该股上一个交易日的收盘价作为当日开盘价。

最高即开盘到现在买卖双方成交的最高价格。收盘时"最高"后面显示的价格为当日成交的最高价格。

最低即开盘到现在买卖双方成交的最低价格。收盘时"最低"后面显示的价格为当日成交的最低价格。

量比是衡量相对成交量的指标。它是开市后每分钟平均成交量与过去 5 个交易日每分钟平均成交量之比。其计算公式为：

量比 = 现在已成交的总手数 ÷ 当前已开市分钟数 ÷（5 日总成交手数 ÷ 5 ÷ 240）

其中，"5 日总成交手数 ÷ 5 ÷ 240"表示 5 日来每分钟平均成交手数。

量比是投资者分析行情短期趋势的重要依据之一。若量比数值大于 1，且越来越大时，表示此时成交总手数（即成交量）在放大；若量比数值小于 1，且越来越小时，表示此时成交总手数（即成交量）在萎缩。这里要注意的是，并非量比大于 1，且越来越大就一定对买方有利。因为股价上涨时成交量通常会放大，但在股价下跌时成交量也可以放大。因此投资者要将量比同股价涨跌联系起来综合分析，才能有效减少失误。

成交即买卖双方的最新一笔成交价。当日收盘时的最后一笔成交价，为当日收盘价。

涨跌即当日该股上涨和下跌的绝对值，以元为单位。图中的小三角形表示涨跌，小三角形尖头朝上表示涨，小三角形尖头朝下表示跌。"升跌 0.01"，表示当日该股下跌了 0.01 元。

涨幅即当日成交到现在的上涨或下跌的幅度。若幅度为正值，数字颜色显示为红色，表示股价在上涨；若幅度为负值，数字颜色显示为绿色，表示股价在下跌。幅度的大小用百分比表示。收盘时涨跌幅度即为当日的涨跌幅度。例如，"幅度0.05%"，这时已经收盘，因此，它表示该股当日跌幅为0.05%。

总量即当日开始成交一直到现在为止的总成交股数。收盘时"总手"则表示当日成交的总股数。"总手250243"出现在收盘时，这就说明当日该股一共成交了250 243手，即25 024 300股。

现手即最新一笔买卖手数。在盘面的右下方为即时的每笔成交明细，红色向上的箭头表示以卖出价成交的每笔手数，绿色箭头表示以买入价成交的每笔手数。

7. 外盘、内盘显示栏

外盘即主动买盘，是按市价买进的累计成交量，成交价是卖出价。

内盘即主动卖盘，是按市价卖出的累计成交量，成交价是买入价。

当外盘数量比内盘大很多且股价上涨时，表示很多人在抢进股票；当内盘数量比外盘大很多且股价下跌时，表示很多人在抛售股票。

8. 成交明细表

画面右下角出现几点几分、成交价格、成交手数↑（或↓），这是每分钟成交明细表，是观察主力庄家动向的主要"窗口"。成交手数后的箭头，红色箭头表示这一笔成交为主动性买盘，绿色箭头表示这一笔成交为主动性卖盘，白色箭头表示这一笔碰巧搓合成交，买卖双方分不清谁主动、谁被动。

主力庄家资金雄厚，买入股票或卖出股票必在分时成交明细表下留下记录。分析某只股票每天的分时成交明细，对捕捉主力去向十分有利。

一般来说，主动性买盘越多，每分钟连续出现5万股或10万股甚至几十万股成交手数，表明有主力主动买入，股价后市上扬机会大。

主动性抛盘越多，每分钟连续出现5万或10万甚至几十万股成交手数，表明主力在抛售，股价后市下跌机会大，持股者卖出。每天收市后，投资者应仔细复查今日自己买入股票每分钟成交明细，检查是否有大手笔的主动性买盘或抛售，这十分有助于对该股后市的预测。

9. 委比值

委比值是委买和委卖手数之差与之和的比值。当委比数值为正值时，表示买方力量较强，股价上涨的概率大；当委比数值为负值的时，表示卖方的力量较强，股价下跌的概率大。

委比值的计算方法是：

$$委比 = [（委买手数 - 委卖手数）÷（委买手数 + 委卖手数）] \times 100\%$$

第6章 看盘的五个要点

📚 **炒股小词典**

总股本——包括新股发行前的股份和新发行的股份数量的总和。

抄底——是指以某种估值指标衡量股价跌到最低点，尤其是短时间内大幅下跌时买入，预期股价将会很快反弹的操作策略。但究竟怎样的价格是"最便宜"，或可称为"底"，并没有明确的标准。

6.1 关注支撑位与阻力位的情况

1. 认识支撑位和阻力位

支撑位是指在股价下跌时可能遇到支撑，从而止跌企稳的价位；阻力位则是指在股价上升时可能遇到压力，从而反转下跌的价位。如图6-1所示。

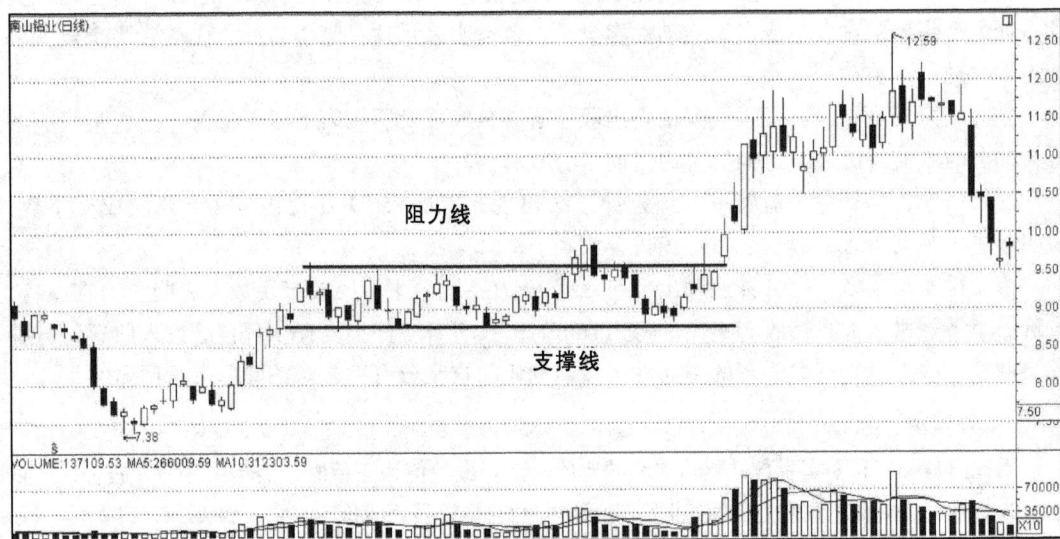

图6-1 支撑位和阻力位

2. 常见的阻力位

（1）当日指数开盘低于前收盘时，个股在向上爬的过程中会在此遇到阻力，这是因为经过一夜的思考之后，多空双方对前一收盘达成了共识，当日开盘时会有大量股民以前收盘价位参与竞价交易，若指数低开，表明卖意甚浓。在指数反弹的过程中，一方面多头会随时遭到新抛盘的打击；另一方面在接近前收盘时，早晨积累的卖盘会发生作用，使多头轻易越不过此道关。

（2）当日开盘后走低。由于竞价时积累在开盘价处的大量卖盘，所以反弹回此处时会遇到阻力。

（3）之所以形成前高点，是因为此处有明显的卖盘积压，当指数在此遇阻回落再次回升时，一旦接近前高点，就会有新的做空力量介入，多头也会变得小心谨慎。在走势图上便形成了明显的 M 头形态，而且多数时间右边的高点会低于左边的高点。

（4）由于人们的心理作用，一些整数大关常会成为上升时的重要阻力。

3. 常见的支撑位

（1）开盘后如果走高，回落至开盘价处时，因买盘沉淀较多，支撑力会较强。

（2）若指数（或股价）从高处回落，前收盘处的支撑力也较强。

（3）上次形成的低点区一般会成为人们的心理支撑位，其道理与阻力区相同。

（4）前次高点阻力较大，一旦有效越过，因积淀的买盘较多，再次回落时，一般都会得到支撑。

4. 支撑位与阻力位的判断技巧

在多数情况下，阻力位与支撑位是一个区间，而不是绝对的一个点。当然，这个区间不能太大。一般来说，只要价格未能有效突破阻力位或支撑位，那么触及的次数越多，这些阻力位或支撑位也就越有效、越重要。如果重大的阻力位被有效突破，那么该阻力位则会反过来变成未来重要的支撑位；反之，如果重要的支撑位被有效击穿，则该价位反而会变成今后股价上涨的阻力位。

对某只个股而言，如果股价轻松越过前期密集成交区，则往往是庄家控盘程度较高的标志。同时由于股价在突破阻力位后，上方已无套牢盘，上升空间被打开，这种股票就是短线介入的极好品种。

判明阻力区的目的是为了卖在最高点或次高点，一般可以在进入判明的阻力区之前卖出，如短线高手一般不会在 10.00 元卖出而宁可在 9.99 元或 9.98 元报卖，以增加成交机会。或者在指数从高处滑落后，第二次接近此高点时报卖。判明支撑位是为了争取在低位区买进。

再者，投资者对支撑位与阻力位的把握有助于对大市的研判，如冲过阻力区时，表明市道甚强，可买进或卖出；跌破支撑区时，表明市道很弱，可以卖出或不买进。

6.2 关注换手率

1. 认识换手率

股票换手率，也称周转率，指在一定时间内市场中股票转手买卖的频率，即股票成交股数与公司流通股数之比，是反映股票流通性强弱的指标之一。换手率能够正确反映主流资金的动向和行情。

换手率的计算公式如下：

换手率＝某一段时期内的成交量÷发行总股数×100%

换手率＝某一段时期内的成交量÷流通总股数×100%（我国目前采用该公式）

例如，某只股票在一个月内成交了 2 000 万股，而该股票的总股本为 1 亿股，则该股票在这个月的换手率为 20%。在我国，股票分为可在二级市场流通的社会公众股和不可在二级市场流通的国家股和法人股两个部分，一般只计算可流通部分的股票的换手率，以求更为真实而准确地反映出股票的流通性。按这种计算方式，上例中那只股票的流通股本如果为 2 000 万，则其换手率高达 100%。在国外，通常是用某一段时期的成交金额与某一时点上的市值之间的比值来计算换手率。

一般情况下，大多股票每日换手率均在1%～2.5%（不包括初上市的股票）。70%的股票的换手率基本都在3%以下，3%就成为一种分界。当一只股票的换手率在3%～7%时，该股进入相对活跃状态；7%～10%时，则为强势股，股价处于高度活跃中；10%～15%时，广为市场关注，多为大庄密切操作；若换手率超过15%持续多日的话，则此股也许会成为最大的黑马。

2. 换手率高低的意义

（1）股票的换手率越高，意味着该股的交投越活跃，人们购买该股的意愿越高，属于热门股；反之，股票的换手率越低，则表明该股少人关注，属于冷门股。

（2）换手率高一般意味着股票流通性好，进出市场比较容易，不会出现想买买不到、想卖卖不出的现象，具有较强的变现能力。然而值得注意的是，换手率较高的股票，往往也是短线资金追逐的对象，投机性较强，股价起伏较大，风险也相对较大。

（3）将换手率与股价走势相结合，可以对未来的股价做出一定的预测和判断。某只股票的换手率突然上升，成交量放大，可能意味着有投资者在大量买进，股价可能会随之上扬。如果某只股票持续上涨了一个时期后，换手率又迅速上升，则可能意味着一些获利者要套现，股价可能会下跌。

一般而言，新兴市场的换手率要高于成熟市场的换手率。其根本原因在于新兴市场规模扩张快，新上市股票较多，再加上投资者投资理念不强，使新兴市场交投较活跃。

3. 应用换手率时应注意的事项

（1）对于换手率的观察，最应引起投资者重视的是换手率过高和过低时的情况，过低或过高的换手率在大多数情况下都可能是股价变盘的先行指标。一般而言，在股价长时间调整之后，如果在连续一周多的时间内换手率都保持在极低的水平（如周换手率在2%以下），往往预示着多空双方都处于观望中。由于空方的力量已基本释放完毕，而此时的股价也基本上进入底部区域，此后即使是一般的利好消息可能都会引发较强的反弹行情。

（2）要观察其换手率能否维持较长时间，因为较长时间的高换手率说明资金进出量大、持续性强、增量资金充足，这样的个股才具可操作性；而仅仅是一两天换手率突然放大，其后便恢复平静，这样的个股操作难度相当大，并容易遭遇骗线，如2006年2月24日、27日的高换手伴随天量，但这并不意味着天量见天价，其实为做量吸引眼球，为利空出货吸收买盘！之后是一浪一浪的下跌！

（3）要注意产生高换手率的位置。如果此前这只股票是在成交长时间低迷之后出现放量的，且较高的换手率能维持几个交易日，一般可看作是新增资金介入的较为明显的迹象，高换手的可信度较大。由于是底部放量，加上换手充分，因此，这只股票未来的上涨空间相对较大，成为强势股的可能性也很大，投资者有必要对这种情形重点关注。如果一只股票在相对高位突然出现高换手，成交量也突然放大，一般而言，下跌的可能性较大。这种情况大多伴随有个股或大盘的利好出台，此时，已经获利的筹码会趁机出局，"利好出尽是利空"就是在这种情形下出现的。对于这种高换手率，投资者应谨慎对待。

（4）投资者操作时可关注近期一直保持较高换手，而股价却涨幅有限（均线如能多头排列则更佳）的个股。根据量比价先行的规律，在成交量先行放大的个股，其股价通常会很快跟上量的步伐，即短期换手率高，这表明短期上行能量充足。形态上选择圆弧底、双底或者多重底，横盘打底时间比较长，主力有足够的建仓时间，如配合各项技术指标支撑则更应该引起投资者的密切关注！

6.3 关注当日盘中的三个关键时段

1. 集合竞价阶段

（1）认识集合竞价

在每一个交易日中，任一证券的竞价都分为集合竞价与连续竞价两部分，集合竞价是指在每个交易日上午 9：15－9：25，由投资者按照自己所能接受的心理价格自由地进行买卖申报，电脑交易主机系统会对全部的有效委托进行一次集中撮合处理的过程。在集合竞价时间内的委托报单未成交，则自动进入 9：30 开始的连续竞价。

（2）集合竞价的步骤

第一步：确定有效委托。在有涨跌幅限制的情况下，有效委托是这样确定的：根据该只证券上一交易日的收盘价以及确定的涨跌幅度来计算当日的最高限价、最低限价。有效价格范围就是该只证券在最高限价、最低限价之间的所有价位。限价超出此范围的委托为无效委托，系统会做自动撤单处理。

第二步：选取成交价位。一般在有效价格范围内选取使所有委托产生最大成交量的价位。如有两个以上这样的价位，则高于选取价格的所有买委托和低于选取价格的所有卖委托能够全部成交；与选取价格相同的委托的一方必须全部成交。如满足以上条件的价位仍有多个，则选取离前一市价最近的价位。

第三步：集中撮合处理。所有的买委托都按照委托限价由高到低的顺序排列，限价相同者按照进入系统的时间先后排列；所有卖委托按委托限价由低到高的顺序排列，限价相同者按照进入系统的时间先后排列。依序逐笔将排在前面的买委托与卖委托配对成交，即按照"价格优先，同等价格下时间优先"的成交顺序依次成交，直至成交条件不满足为止，即不存在限价高于等于成交价的叫买委托、或不存在限价低于等于成交价的叫卖委托。所有成交都以同一成交价成交。

第四步：行情揭示。如该只证券的成交量为零，则将成交价位揭示为开盘价、最近成交价、最高价、最低价，并揭示出成交量、成交金额。在剩余有效委托中，实际的最高叫买价揭示为叫买揭示价，若最高叫买价不存在，则叫买揭示价揭示为空；实际的最低叫卖价揭示为叫卖揭示价，若最低叫卖价不存在，则叫卖揭示价揭示为空。集合竞价中未能成交的委托，自动进入连续竞价。

（3）集合竞价时段的分析要点

①平开：表示市场与上一交易日收盘结果一致，暂时认同上一交易日的收盘价，多方（看好后市主动买入的一方，也叫多头）和空方（看淡后市主动卖出的一方，也叫空头）处在平衡状态中，没有明显的上攻和下跌的方向。主力机构的真实意图只有在盘中交易时才能表露出来。

②低开：表示目前空方占据主动地位，而后面的走势要根据具体情况去分析，看是主力机构出货还是多方有意打压股价而建仓或洗盘（制造股价疲软假象令意志不坚者放弃持股）。如

果股价在顶部（某一时段内相对高位）大幅跳空低开，则表明人气不旺，常是多方力量衰竭、空方力量增长的征兆。主力机构获利回吐心切，以出货为主，大势有转坏的可能，日后虽有可能短时间内反弹，但摆脱不了一路下泻的局面。股民可以果断抓住这个机会，出货获利。如果股价在底部（某一时段内相对低位）跳空低开，表示市场转暖，低开很可能是主力机构在建仓和洗盘。这时往往是抄底吸筹的良机。

③高开：大盘如比前一日收盘点位高，说明人气旺盛。至于是否决定买入，还要看股价在中长期趋势中的位置。如果股价处于底部，突然跳空高开，且幅度较大，表示有人抢筹码。这种情况往往意味着多空双方的力量发生了根本性逆转，多方坚决上攻，主力真实做多，这时应该果断地按照计划做多。如果股价处在高位，高开则可能为主力有意拉高派发，诱使场外买盘接盘使自己成功逃脱。另外，如果股价高开过多，使前日买入者获利丰厚，则容易造成过重的获利回吐压力。此时，就应谨慎行事。如高开不多仅在几个点之内，则表明人气稳定，多空双方都无恋战之意，后面的走势可能会比较平稳。

④挂单踊跃：如果一只股买卖盘挂单都特别大，则往往意味着该股将会出现异动。

⑤挂单稀疏：挂单稀疏的股，今天往往没戏。

⑥涨停价挂单：重大利好刺激或是机构发疯拉升，使得个股在集合竞价的时候就奔向涨停。这些个股如果要去追，就要看速度。

⑦跌停价挂单：重大利空刺激或是机构发疯出货，使得个股在集合竞价的时候就奔向跌停。如果投资者想要及时甩掉这些个股，也是需要看速度的。尽量在早上9：15之前就尝试挂单，很多机构和部分券商提供的交易账号可以在9：15之前挂单。

⑧有没有人打价格战：所谓价格优先，就是买的时候价格越高越好，卖的时候价格越低越好。我们在集合竞价的时候可以去观察，如果有人抢着买入，那么就看涨。如果有人抢着卖出，则看跌。

2. 开盘后的30分钟

对开盘后30分钟市场表现的观察，有助于对大势做出正确的研判。多空双方之所以重视开盘后的第一个10分钟，是因为此时盘中买卖量都不是很大，因此用不大的量即可以达到预期的目的，俗称"花钱少，收获大"。第二个10分钟则是多空双方的休整阶段，一般会对原有趋势进行修正。如果空方逼得太急，多头会组织反击，抄底盘会大举介入；如果多头攻得太猛，空头会予以反击，获利盘会积极回吐。因此，这段时间是买入或卖出的一个转折点。第三个10分钟因参与交易的投资者越来越多，买卖盘变得较实在，因此可信度较大，这段时间的走势基本上可成为全天走向的基础。为了能正确地把握走势的特点与规律，可以以开盘为原始起点（因为开盘价是多空双方都认可的结果，它也是多空力量的均衡），然后以开盘后的第10分钟、第20分钟、第30分钟指数移动点连成三条线段（开盘三线），这开盘30分钟的走向实际上就预示了这一天的走势。

以9：40、9：50、10：00的三条线与开盘价（9：30）相比，三线都比开盘价高（俗称开盘三线连三上），则表明多头势力强劲，当天的行情趋好的可能性较大，日K线收出阳线的概率大于80%。但如果10：30以前成交量放天量，则表明庄家或机构有故意拉高或拉高出货之嫌，若出现此情况，投资者可考虑出货。

如果开盘三线比原始起点（9：30）都低（俗称开盘三线连三下），则是典型的空头特征，此时表明空方力量强大，当天收出阴线的概率大于80%。

如果9∶40、9∶50两条线都比开盘价高，而另一条线比开盘价低（俗称开盘三线二上一下），则表明当天行情买卖双方皆较有力，行情以震荡为主，多方逐步占据优势并向上爬行。

如果9∶40、9∶50两条线比开盘价低，而另一条线比开盘价高（俗称开盘三线二下一上），则表明空方力量大于多方，而多方也积极反击，底部支撑较为有力，收盘一般为有支撑的探底反弹阴线。

如果9∶40这条线比开盘价低，而另外两条线比开盘价高（俗称开盘三线一下二上），则表明当天空方的底线被多方击破，反弹成功且将呈现逐步震荡向上的趋势。

3. 尾盘阶段

尾盘作为一天交易的总结，半小时中的交易往往是全天交易最集中也是多空较量最激烈的一段，是多空双方的争夺之时，该时段会直接影响次日盘面的走势，对次日开盘有直接的指示作用。

尾盘在时间上一般被认为是最后15分钟，实际上从最后45分钟多空双方就已经开始暗暗较量了。若最后45分钟到35分钟的这段时间上涨，则最后的走势一般会以上涨结束全天走势。因为此时参与交易的投资者最多，当涨势明确时会有层出不穷的买盘涌进推高股指。反之，若最后45分钟到35分钟这段时间下跌，则尾市一般也难以走好。

（1）尾盘拉升

在个股的低位出现尾市急拉现象，一般说明主力掌握的筹码不足，拉高是为了吸筹，以备打压股价之用。次日甚至此后数日，下跌概率极大。因此应对的办法是逢高卖出，以后加强观察。

在个股的中位出现尾市急拉现象，一般说明处于拉升中继，如果全天股价均在高处，则次日上涨的概率较大；但如果全日股价都处于盘整状态，而尾市急拉，说明洗盘即将开始，尾市拉升，是为了加大洗盘空间但同时又不愿深跌，以免廉价筹码被散户抢去。因此投资者应对的办法是：既可以出局，也可以观察待变。

在个股的高位出现尾市急拉，一般是为了加大出货空间，投资者逢高及时卖出是明智的选择。

另外，对主力严重控盘股票的尾市拉升，投资者一般可以不理会、不参与，因为庄家可以随意定义股价，既然可以拉升，也完全可以打压。

（2）尾盘跳水

尾盘跳水就是临近收盘的时间快速下跌。一般是前期的被套盘和获利涌出的现象，定义为短线下调整。

尾盘跳水分大盘尾盘跳水和个股尾盘跳水，一般来说，二者产生的原因大致是一样的：大盘尾盘跳水一般是由于相关部门发布了某些对股市有影响的政策，也有可能是进行调整；个股的尾盘跳水有可能是大资金抽出，或者被套牢，或者是获利后抽出资金。

投资者需要知道，对于尾盘跳水还是不要过分着急。要仔细分析形势，再选择留还是抛。

6.4 关注市盈率

1. 认识市盈率

市盈率指在一个考察期（通常为12个月的时间）内，股票的价格和每股收益的比例（如

图6-2所示）。投资者通常利用该比例值估量某股票的投资价值，或者用该指标比较不同公司的股票。

图6-2 市盈率

由于市盈率把股票市价与盈利能力联系起来，其高低能够在一定程度上影响投资者的行为。

例如，两只股票股价同为100元，其每股收益分别为10元和5元，则其市盈率分别是10倍和20倍。若企业未来盈利能力不变，投资者要从企业营利中收回投资，前者只需后者的一半时间。如果现在两只市盈率相同的股票，看其投资价值，则要看其预期未来的利润增长速度，成长性较高的品种其未来相同时间内的收益会更多。

市场上广泛谈及的市盈率通常指的是静态市盈率。用市盈率衡量一家公司股票的质地时，并非总是准确的。一般认为，如果一家公司股票的市盈率过高，那么该股票的价格有泡沫，价值被高估。当一家公司增长迅速以及未来的业绩增长非常看好时，股票目前的高市盈率可能恰好准确地估量了该公司的价值。这里需要注意的是，利用市盈率比较不同股票的投资价值时，这些股票必须属于同一个行业，因为此时公司的每股收益比较接近，相互比较才有效。

2. 市盈率的计算公式

市盈率的计算公式如下：

市盈率（静态市盈率）＝普通股每股市场价格÷普通股每年每股盈利

市盈率低，代表投资者能够以较低价格购入股票以取得回报。每股盈利的计算方法，是该企业在过去12个月的净收入除以总发行已售出股数。假设某股票的市价为24元，而过去12个月的每股盈利为3元，则市盈率为24/3＝8。该股票被视为有8倍的市盈率，即每付出8元可分享1元的盈利。投资者计算市盈率，主要是用其来比较不同股票的价值。理论上，股票的市盈率越低，越值得投资。比较不同行业、不同国家、不同时段的市盈率是不大可靠的。比较同类股票的市盈率较有实用价值。

3. 市盈率的分析

（1）高市盈率的分析

当一家股票的市盈率高于 20 倍时，被认为市盈率偏高，投资者需要知道的是，这只是一种经验性的常识而不是一种定律。历史上，这种高市盈率是成长型公司股票的特点。像微软、麦当劳、可口可乐这样稳定增长型的公司股票的市盈率可能会略高于或略低于 20 倍，但是，在大牛市中（如 20 世纪 90 年代），它们的市盈率可以远远高于 20 倍。另外，一些处于飞速发展阶段的公司股票可能有 40 倍、90 倍甚至更高的市盈率。

一些分析师认为，高市盈率意味着投资者对公司的长期成长前景看好。因此，他们愿意为今天的股票付出相对较高的价格，以便从公司未来的成长中获利。另外一些分析师则将高市盈率看作利空信号，对于他们这意味着公司的股票价值被高估，很快将会下跌，返回到正常的价格水平。

一般来说，高市盈率通常意味着高风险，高风险意味着可能会有高回报。如果公司的业绩像期望的那样增长，甚至更理想，超过预期，那么投资者很可能从公司股票价格上涨中获得可观的投资收益。但是，预期的增长并不总能变成现实。当一家公司没有达到预期的盈利目标时，投资者就会抛弃这家公司的股票，蜂拥而来的抛售会使股价急剧下跌。

（2）低市盈率的分析

如果一只股票的市盈率低于 10：1，就被认为是偏低。低市盈率通常是那些已经发展成熟的，成长潜力不大的（像食品公司）公司股票的特点，此外还可能是蓝筹股和正在面临或将要面临困境的公司股票的特点。如果低市盈率是由于低迷的销售、经济增长缓慢或投资者看空等暂时的市场状况造成的，股票的价值可能被低估，低市盈率很可能是买价的标志。但同时，低市盈率也可能是公司破产的第一个征兆。投资者在购买低市盈率的股票前，应查看一下信息服务公司对公司安全性和财务稳定性的评价。

4. 综合看待市盈率指标

在股票市场中，当人们完全套用市盈率指标去衡量股票价格的时候，会发现市场变得无法理喻：股票的市盈率相差悬殊，并没有向银行利率看齐；市盈率越高的股票，其市场表现越好。是市盈率指标没有实际应用意义吗？其实不然，这只是投资者没能正确把握对市盈率指标的理解和应用而已。

（1）我们通常利用市盈率来判断某只股票的投资价值，或者用该指标对不同公司的股票进行比较。一般认为市盈率保持在 10 ~ 20 倍是正常的，低于这个比例说明股价低，风险小，值得购买；高于这个比例则说明股价高，风险大，购买时应该谨慎，但高市盈率股票多为热门股，低市盈率股票可能为冷门股，这也是投资者在实际操作中要注意分辨的。因为股价通常是对公司未来业绩预期的提前反映，一家公司增长迅速、未来业绩增长被普遍看好时，股票必然出现高市盈率；反之，就出现低市盈率。

（2）市盈率高，在一定程度上反映了投资者对公司增长潜力的认同，不仅中国股市如此，欧美成熟的股票市场同样如此。从这个角度去看，投资者就不难理解为什么高科技板块的股票市盈率接近或超过 100 倍，而摩托车制造、钢铁行业的股票市盈率只有 20 倍了。当然，这并不是说股票的市盈率越高就越好，我国股市尚处于初级阶段，庄家肆意拉抬股价，造成市盈率奇高、市场风险巨大的现象时有发生，投资者应该从公司背景、基本素质等方面综合分析，对市盈率水平进行合理判断。

（3）以动态眼光看待市盈率。市盈率指标计算以公司上一年的盈利水平为依据，其最大的缺陷在于忽略了对公司未来盈利状况的预测。从单个公司来看，市盈率指标对业绩较稳定的公用事业、商业类公司参考较大，但对业绩不稳定的公司则易产生判断偏差。

（4）投资者需要注意不同行业的合理市盈率有所不同，对于受经济周期影响较大的行业考虑到其盈利能力的波动性，市盈率较低，如钢铁行业在较发达的市场拥有 10～12 倍市盈率；而受周期影响较小的行业（饮料等），其市盈率较高，通常是 15～20 倍。

6.5 关注量比

1. 综合认识量比

量比在观察成交量方面，是一件卓有成效的分析工具，它将某只股票在某个时点上的成交量与一段时间的成交量平均值进行比较，排除了因股本不同造成的不可比较的情况，是发现成交量异动的重要指标（如图 6-3 所示）。在时间参数上，多使用 10 日平均值，也有使用 5 日平均值的。在大盘处于活跃的情况下，适宜用较短的时间参数，而在大盘处于熊市或缩量调整阶段宜用稍长的时间参数。

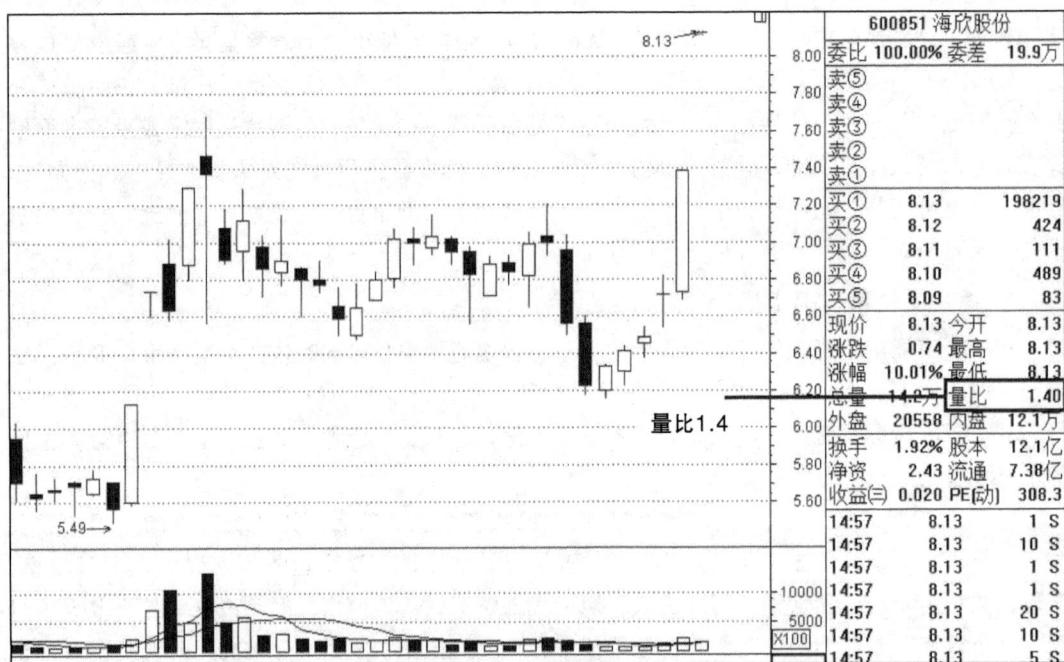

图6-3 量比

量比这个指标所反映出来的是当前盘口的成交力度与最近 5 天的成交力度的差别，这个差别的值越大表明盘口成交越活跃，从某种意义上讲，越能体现主力即时做盘，准备随时展开攻击。

量比反映出的主力行为，量比的数值越大，表明了当日该股当日流入的资金越多，市场活跃度越高；反之，量比值越小，说明了资金的流入越少，高市场活跃度越低。从量比曲线与数值曲线上，可以看出主流资金的市场行为，如主力的突发性建仓、建仓完后的洗盘、洗盘结束后的拉升。

2. 个股的量比意义

（1）一般来说，若某日量比为 0.8～1.5 倍，则说明成交量处于正常水平；量比为 1.5～2.5 倍，则为温和放量，如果股价也处于温和缓升状态，则升势相对健康，可继续持股，若股价下跌，则投资者可认定跌势难以在短期内结束，从量的方面判断应可考虑停损退出；量比为 2.5～5 倍，则为明显放量，若股价相应地突破重要支撑或阻力位置，则突破有效的概率颇高，可以相应地采取行动；量比达 5～10 倍，则为剧烈放量，如果是在个股处于长期低位出现剧烈放量突破，涨势的后续空间巨大，是"钱"途无量的象征，但是如果在个股已有巨大涨幅的情况下出现如此剧烈的放量，则值得投资者高度警惕。

（2）某日量比达到 10 倍以上的股票，一般投资者可以考虑反向操作。在涨势中出现这种情形，说明见顶的可能性压倒一切，即使不是彻底反转，至少涨势会休整相当长一段时间。在股票处于绵绵阴跌的后期，突然出现的巨大量比，说明该股在现阶段位置彻底释放了下跌动能。

（3）量比达到 20 倍以上的情形基本上每天都有一两单，是极端放量的一种表现，这种情况的反转意义特别强烈。如果在连续的上涨之后，成交量极端放大，但股价出现"滞涨"现象，则是涨势行将死亡的强烈信号。当某只股票在跌势中出现极端放量，则是建仓的大好时机。

（4）量比在 0.5 倍以下的缩量情形也值得投资者好好关注，其实严重缩量不仅显示了交易的不活跃，同时也暗藏着一定的市场机会。缩量创新高的股票多数是长庄股，缩量能创出新高，说明庄家控盘程度相当高，而且可以排除拉高出货的可能。缩量调整的股票，特别是放量突破某个重要阻力位之后缩量回调的个股，常常是不可多得的买入对象。

（5）涨停板时量比在 1 倍以下的股票，上涨空间无可限量，第二天开盘即封涨停的可能性极高。在跌停板的情况下，量比越小则说明杀跌动能未能得到有效宣泄，后市仍有巨大下跌空间。

3. 了解量比指标

量比指标与各种技术指标完全不同，量比指标是即时每分钟平均成交量与之前连续 5 天每分钟平均成交量的比较，而不是随意抽取某一天的成交量作为比较，所以能够客观真实地反映盘口成交异动及其力度。从操盘的角度来看，量比指标直接反映在个股走势图中，其方便快捷胜过翻阅其他的技术指标曲线图。

量比反映的是分时线上的即时量相对近段时期平均量的变化，一般都默认为当日场内每分钟平均成交量与过去 5 日每分钟平均成交量之比。显然，量比大于 1 表明目前场内交投活跃，成交较过去几日有所增加。

把当日每分钟不同的量比数值描绘在一个坐标中，就形成了量比指标。通过量比指标可以得知当日量比如何变化，同时也能得知当日盘口成交量的变化，进而知道当日的量能相对近段时期量能的变化。

一般要注意，市场及人们的心理在经过一夜休整，在新的一个交易日开盘的时候，股价及开盘成交量的变化反差极大。反映在量比数值上就是新一交易日开盘时都显得很不稳定，因此我们应该静待量比指标有所稳定后再采取行动。

在使用过程中，当量比指标在分时图上沿着一种大趋势单边运行时突然出现量比急速翘头的迹象时，此时投资者不必急于采取行动，因为这仅仅是改变原来单一趋势的一种可能，可以等待量比曲线明显反向运行后的再一次走平并进一步修正后，再依据量价的更进一步变化采取行动。

量比指标的使用原则如下。

（1）量比指标线趋势向上时不可以卖出，直到量比指标线转头向下。

（2）量比指标线趋势向下时不可以买入，不管股价是创新高还是回落，短线一定要回避量比指标向下的。

（3）股价涨停后量比指标应快速向下拐头，如果股价涨停量比指标仍然趋势向上，那么此时可能有主力在借涨停出货，投资者应当回避！

（4）量比指标双线向上时应积极操作。股价上涨创新高，同时量比指标也同步上涨并创新高，这说明股价的上涨是受到量能放大的支撑的，投资者应当极积买入或持股。

（5）如果股价下跌、量比指标上升，那么这时应赶快离场，因为这时股价的下跌是受到放量下跌的影响，股价的下跌是可怕的。

（6）量比指标相对于成交量的变化来讲有明显的滞后性。

第 3 篇

基本面分析

第7章 宏观基本面分析

📚 炒股小词典

基本面分析——以判断金融市场未来走势为目标，对经济和政治数据的透彻分析。一般我们所讲的基本面分析是指对宏观经济面、公司主营业务所处行业、公司业务同行业竞争水平和公司内部管理水平包括对管理层的考察诸多方面的分析。

7.1 什么是股票的基本面分析

1. 影响基本面的因素

影响基本面的因素主要有以下八个方面，如图7-1所示。

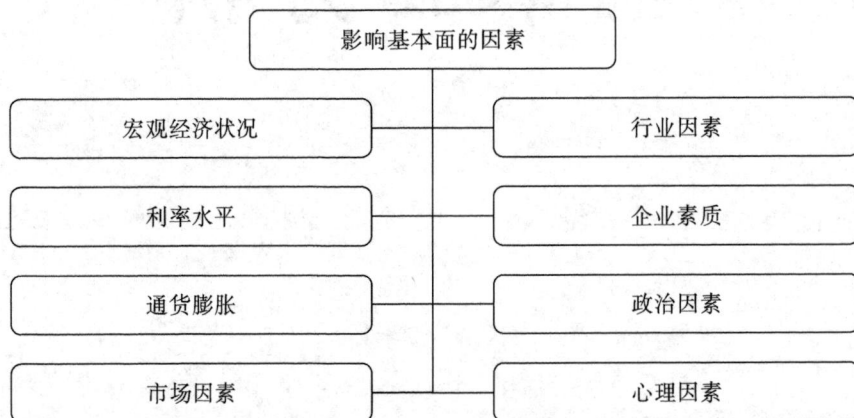

图 7-1 影响基本面的因素

（1）宏观经济状况

从长期和根本上看，股票市场的走势是由一国的经济发展水平和经济状况所决定的，股票市场价格波动也在很大程度上反映了宏观经济状况的变化。从国外证券市场的历史走势中不难发现，股票市场的变动趋势大体上与经济周期相吻合。经济衰退时，股市行情必然随之疲软下跌；经济复苏繁荣时，股价通常也会上升或呈现坚挺的上涨走势。根据以往的经验，股票市场往往也是经济状况的晴雨表。但是股票市场的走势与经济周期在时间上并不是完全一致的，通常，股票市场的变化要有一定的超前性，因此股市价格被称为宏观经济的晴雨表。

（2）利率水平

在影响股票市场走势的诸多因素中，利率是一个比较敏感的因素。一般来说，利率上升，可能会将一部分资金吸引到银行储蓄系统中，从而减少股票市场的资金量，对股价造成一定的影响。同时，由于利率上升，企业经营成本增加，利润减少，也相应地会使股票价格有所下跌。反之，利率降低，人们出于保值增值的内在需要，可能会将更多的资金投向股市，从而刺激股票价格的上涨。同时，由于利率降低，企业经营成本降低，利润增加，也会相应地促使股票价格上涨。

（3）通货膨胀

这一因素对股票市场走势的影响有利有弊，既有刺激市场的作用，又有压抑市场的作用，但总体来看是弊大于利。在通货膨胀初期，由于货币供应量增加会刺激生产和消费，企业的盈利水平提高，从而促使股票价格上涨。但通货膨胀到了一定程度时，将会推动利率上扬，从而促使股价下跌。

（4）市场因素

投资者的动向、大户的意向和操纵、公司间的合作或相互持股、信用交易和期货交易的增减、投机者的套利行为、公司的增资方式和增资额度等，均可能对股价形成较大影响。

（5）行业因素

行业在国民经济中地位的变更，行业的发展前景和发展潜力，新兴行业带来的冲击等，以及上市公司在行业中所处的位置、经营业绩、经营状况、资金组合的改变与领导层的人事变动等都会影响相关股票的价格。

（6）企业素质

对于具体的个股而言，影响其价位高低的主要因素在于企业本身的内在素质，包括财务状况、经营情况、管理水平、技术能力、市场大小、行业特点、发展潜力等一系列因素。

（7）政治因素

政治因素指对股票市场发生直接或间接影响的政治方面的原因，如国家的政策调整或改变、领导人更迭、国际政治风波频繁、国家政权转移、国家间发生战事、某些国家发生劳资纠纷甚至罢工风潮等都经常会导致股价波动。

（8）心理因素

投资者在受到各个因素的影响后，心理状态改变、情绪波动，往往导致判断失误，做出盲目追随大户、狂抛抢购的行为，这也是引起股价狂跌暴涨的重要因素。

2. 基本面分析的价值

一般而言，基本面的情况不会轻易发生根本性的改变，市场一旦形成某种趋势，则这个趋势就不会轻易结束，它将运行相当长的时间，也就是说，基本面的性质具有相对的稳定性。因为任何涨势的形成必然是由原来的跌势所导致。这种状态一直会延续到某一个时期的市场突然感到商品开始供不应求，这时价格第一个反应即开始上涨，而价格的上涨带来利润的增加，企业又开始增加投入，而从开始投入到产品上市这个过程绝不是几天时间就能做到的。所以，只要基本面发生根本改变导致新趋势开始，则可以认为趋势还将延续，此时若再配合一些技术工具，就可以利用基本面的研究成果来形成真正的交易利润。实际上，这才是基本面分析最有价值的地方。

另外，值得投资者关注的是，基本面分析关注的是公司的盈利及增长、销售额、利润率和股东权益收益率，它将帮助投资者缩小选股范围并选出那些质地良好的股票。概括来说，基本面对于相关上市公司的分析方法是：看公司的技术实力和产品开发能力。因为技术实力是公司进一步发展的重要保证，是公司获取超额利润的基础。新产品的不断开发永远是公司生存、发展、壮大的源泉；看公司在行业中的地位和产品的市场占有率，从中了解公司发展的稳定程度；看公司的主营业务是否突出，从中了解公司管理层是否一心一意在做主业；集中资源、搞好主营，是公司健康发展的重要基石；看公司的股本结构是否合理，一般而言，小盘股易于炒作，也利于今后股本扩张。而且，黑马股也常常是产生于小盘股的。

3. 基本面分析的特点

与技术分析相比，基本面分析有几个特点，如图7-2所示。

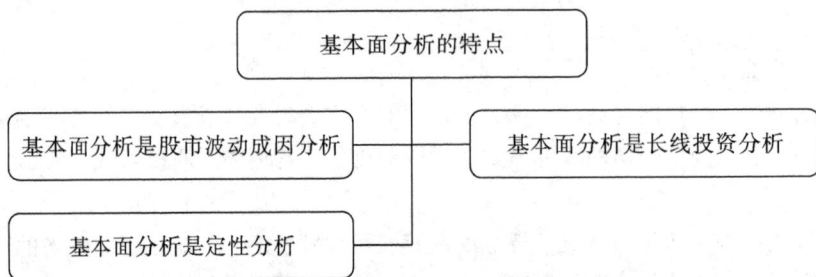

图7-2　基本面分析的特点

（1）基本面分析是股市波动成因分析

基本面分析要弄懂的是股市波动的理由和原因，因此投资者就必须对各种因素进行研究，分析它们对股市有何种方向的影响。如果股票市场大势向下，基本面分析就必须对近期股票市场的供求关系和影响因素做出合理的分析，并指明股市整体走向和个股的波动方向。由此可见，投资者可以借助基本面分析来解决买卖"什么"的问题，以纠正技术分析可能提供的失真信息。

（2）基本面分析是定性分析

在基本面分析过程中，涉及的虽主要是数量方面的经济指标，但这些指标对股市的影响程度却难以量化，只能把它们对股市的影响方向加以定性。

（3）基本面分析是长线投资分析

基本面分析的第二个特点就决定了它是长线投资的分析工具，而非短线投资的分析工具，因为基本面分析侧重于对大势的判断，分析时所考察的因素也多是宏观和中观因素，它们对股市的影响较为深远，由此分析得出的结论自然具有一定的前瞻性。基本面分析对长线投资具有一定的指导意义，依此作出的投资志在博取长期回报以及分享整体经济增长带来的成果，而非短线投机收益。

4. 基本面分析的不足之处

（1）投资者不可能全面、及时地掌握所有基本面情况

基本面包括很多内容，除了商品的供求关系外，还有本国及全球的经济情况、政策、政治、军事、安全等因素，同时还包括天气、自然灾害等内容。可以说，不仅没有个人，甚至也没有机构能够全面地了解基本面情况。

（2）基本面本身也是动态的、变化的，而不是静止的

基本面未来的变化和市场价格一样是无法预测的。未来的市场价格由未来的基本面情况决定，而不是由目前的基本面情况决定，投资者无法用目前所掌握的、静态的基本面情况来分析预测未来动态变化的市场。

（3）基本面的变化永远赶不上市场价格的变化

准确地说，投资者了解基本面变化的速度永远赶不上市场价格变化的速度。

7.2 财政政策对股价的影响

财政是国家为实现其职能的需要对一部分社会产品进行的分配活动，它体现着国家与相关各方面发生的经济关系。国家财政资金的来源，主要是企业的纯收入。其大小取决于物质生产部门以及其他事业的发展状况、经济结构的优化、经济效益的高低；以及财政政策的正确与否，财政支出主要用于经济建设、公共事业、教育、国防以及社会福利，国家合理的预算收支及措施会促使股价上扬，其重点使用的方向也会影响到股价。财政规模和采取的财政方针对股市有着直接影响。假如财政规模扩大，只要国家采取积极的财政方针，股价就会上涨；相反，国家财政规模缩小，或者显示出要紧缩财政的预兆，则投资者会预测未来经济状况不景气而减少投资，因而股价就会下跌。虽然股价反应的程度会依当时的股价水准而有所不同，但投资者可将财政规模的增减，作为辩认股价转变的根据之一。

财政政策的手段主要包括税收、预算、国债、购买性支出和财政转移支付等手段，下面主要讲述税收和国债对股市的影响。

1. 税收

税收是国家为维持其存在、实现其职能而凭借其政治权力，按照法律预先规定的标准，强制地、无偿地、固定地取得财政收入的一种手段，也是国家参予国民收入分配的一种方式。国家财政通过税收总量和结构变化，可以调节证券投资和实际投资规模，抑制社会投资总需求膨胀或者补偿有效投资需求不足。

（1）税收对上市公司的影响

国家向上市公司开征的税收包括流转税和所得税。流转税指的是以纳税人商品生产、流通环节的流转额或者数量以及非商品交易的营业额为征税对象的一类税收。流转税是商品生产和商品交换的产物，各种流转税（如增值税、消费税、营业税、关税等）是政府财政收入的重要来源。所得税又称所得课税、收益税，指国家对法人、自然人和其他经济组织在一定时期内的各种所得征收的一类税收。

一般来讲，国家向企业征税越多，企业用于发展生产和发放股利的盈余资金就越少，投资者用于购买股票的资金也越少，因而高税率会对股票投资产生消极影响，投资者的投资积极性也会下降；相反，低税率或适当地减免税则可以扩大企业和个人的投资和消费水平，从而刺激生产发展和经济增长。

（2）税收对股票投资者的影响

对证券市场的投资者的投资所得规定不同的税种和税率将直接影响着投资者税后的实际收入水平，从而起到鼓励、支持或抑制的作用。对证券市场投资者征收的税种主要是印花税。

印花税指的是以经济活动中签立的各种合同、产权转移书据、营业账簿、权利许可证照等应税凭证文件为对象所征的税。印花税由纳税人按规定应税的比例和定额自行购买并粘贴印花税票，即完成纳税义务。作为印花税的一部分，证券交易印花税是根据书立证券交易合同的金额对卖方计征，税率为1‰。印花税税率下调的影响有两个方面：其一，印花税税率下调降低了投资者的交易成本；其二，印花税税率下调符合国际趋势，有利于提高中国证券市场的竞争力，从全球范围内吸引投资。当市场的非理性行为骤增时，适度提高税率又可以抑制过度投机；而当市场低迷时，适当降低税率可以活跃市场交易。通过控制印花税率，可以使证券市场的非正常波动受到抑制。

全球证券市场税制的总体趋势就是税赋从轻，这是由于受经济全球化和增强本国证券市场竞争力压力的影响。有关专家认为，征税其实是证券市场的一种资金净流出，因此过高税率会在证券市场中产生一个巨大的资金漏斗，影响市场的良性发展；其次，征税提高了资金的交易成本，导致资金回报率下降，抑制投资者的交易行为，进而影响一级市场的发行，影响到整个国民经济与证券市场的发展。

运用税收杠杆可对证券投资者进行调节。不同的股票有不同的客户，纳税级别高的投资者愿意持有较多的收益率低的股票，而纳税级别低和免税的投资者则愿意持有较多的收益率高的股票。

2. 国债

国债又称国家公债，是国家以其信用为基础，按照债的一般原则，通过向社会筹集资金所形成的债权债务关系。国债是区别于银行信用的一种财政信用调节工具。国债对股票市场也具有不可忽视的影响。一方面，国债本身是构成证券市场上金融资产总量的一个重要部分。由于国债的信用程度高、风险水平低，如果国债的发行量较大，会使证券市场风险和收益的一般水平降低。另一方面，国债利率的升降变动，严重影响着其他证券的发行和价格。当国债利率水平提高时，投资者就会把资金投入到既安全、收益又高的国债上。因此，国债和股票是竞争性金融资产，当证券市场资金一定或增长有限时，过多的国债势必会影响到股票的发行和交易量，导致股票价格的下跌，如图7-3所示。

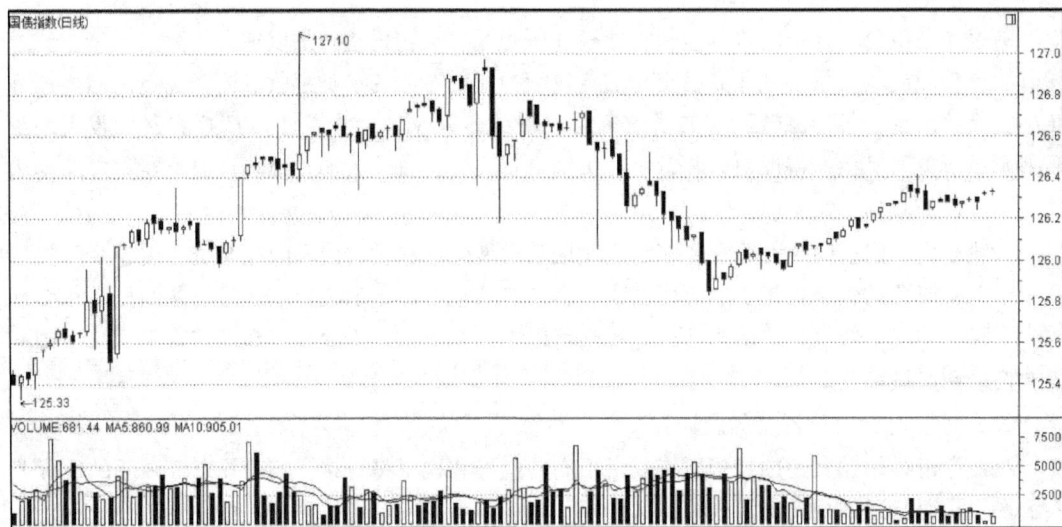

图7-3　国债指数

3. 分析财政政策时的注意要点

财政政策对股市的影响是十分深刻的，也是十分复杂的，投资者正确地分析财政政策有助于证券投资决策，应把握以下七个方面。

① 关注有关的统计资料信息，认清经济形势。

② 从各种媒介中了解非常时期，经济界人士的看法，政府官员的日常活动、讲话，分析其经济观点、主张、性格，从而预见政府可能采取的经济措施和采取措施的时机。

③ 分析过去类似形势下的政府行为及其经济影响，以作前车之鉴。

④ 关注政府人士的变动，它常常反映政府的政策倾向。

⑤ 关注年度财政预算，从而把握财政收支总量的变化趋势，更重要的是对财政收支结构及其侧重点做出分析，以便了解政府的财政投资重点和倾斜政策，受倾斜的产业必有好业绩，股价自然上涨。

⑥ 在非常时期对经济形势分析，预见财政政策的调整，结合行业分析做出投资选择，与政府政策密切相关的企业对财政政策极为敏感。

⑦ 在预见和分析财政政策的基础上，进一步分析相应的政策对经济形势的综合影响（比如通货膨胀、利率等），结合上市公司的内部情况，分析个股的变化趋势。

7.3　GDP 与股市的关系

1. 认识 GDP

国内生产总值（Gross Domestic Product，GDP）是指在一定时期内（一个季度或一年），一个国家或地区所生产出的全部最终产品和劳务的价值，常被公认为衡量国家经济状况的最佳指标。它不但可反映一个国家的经济状况，更可以反映一国的国力与财富。一般来说，国内生产总值包括消费、私人投资、政府支出和净出口额四个不同的组成部分。

2. GDP 变化对股市的影响

GDP 的变动率就是我们平常所说的经济增长率。根据长期的观察，股价波动与 GDP 的变化是一致的。以美国为例，1897 年到 1976 年的 80 年间，国民生产总值的年平均增长率是 5%，而同期道琼斯指数的年平均增长率也在 4.7%。另外，GDP 指标的变化实际上也反映了一个国家或地区景气状况的变化，对判断股市的长期走向具有一定的参考价值。但是，我们只能说，GDP 的增长与股市的上升有一定的相关关系，但是不能够简单地说，GDP 增长，股市就一定会出现上升行情，实际的情况有时候会不一致。对于 GDP 的变化也要根据不同的情况以分别对待。

（1）持续、稳定、高速的 GDP 增长

在这种情况下，社会总需求与总供给协调增长，经济结构逐步合理趋于平衡，经济增长来源于对需求的刺激并使得闲置的或利用率不高的资源得以更充分的利用，从而表明经济发展的良好势头，这时证券市场将基于上述原因而呈现上升走势。

（2）高通货膨胀下的 GDP 高速增长

当宏观经济处于严重失衡状态下的高速度经济增长时，总需求大大超过总供给会导致比较严重的通货膨胀，这是经济形势恶化的前兆。在严重的通货膨胀之下，必然会导致居民实际收入的下降，从而造成证券市场行情的下跌。另外，严重通货膨胀的出现会改变投资者对未来形势的预期，这也是导致证券市场行情转坏的一个因素。

（3）宏观调控下的 GDP 减速增长

当 GDP 呈失衡的高速增长时，政府可能采用宏观调控措施以维持经济的稳定增长，这样必然减缓 GDP 的增长速度，如果调控目标得以顺利实现，而 GDP 仍以适当的速度增长未导致 GDP 的负增长或低增长，则说明宏观调控措施十分有效，经济矛盾逐步得以缓解，为进一步增长创造了有利条件，这时证券市场也将反映这种良好形势而呈平稳渐升的态势。

（4）转折性的 GDP 变动

如果 GDP 一定时期以来呈现负增长，而负增长速度逐渐减缓并且向正增长转变，则表明恶化的经济形势正逐步得到改善，证券市场的走势也将由下跌转为上升；反之，如果 GDP 一定时期以来呈现正增长，而正增长速度逐渐减缓并且向负增长转变，则表明经济形势逐步恶化，证券市场也会逐步地趋于冷淡。转折性的 GDP 变动还包括 GDP 由低速增长转向高速增长，或者由高速增长转向低速增长，对此证券市场都会做出相应的反应。前者可能迎来证券市场的快速上升，而后者可能迎来证券市场的快速下跌。

7.4 CPI 和 PPI 对股市的影响

1. 认识 CPI

消费者物价指数（Consumer Price Index，CPI），是反映经济状况的一个重要指标，它在正常水平基础上的上涨或者下落，能够直接反映出经济是过热还是过冷。一般来说，当 CPI 增幅大于 3% 时，我们称为通货膨胀；而当 CPI 增幅大于 5% 时，我们把它称为严重的通货膨胀。它上涨和下落得快慢，也能够在短期内反映出经济中所酝酿的风险。如果 CPI 上涨过快，则表明商品市场上可能存在需求的异常增加、投机因素；或者是经济遭到了突然性的外部冲击，导致基础原材料价格上涨，并拉动消费品物价上涨。如果 CPI 突然下落，而且下落速度很快，则表明经济可能在迅速地进入衰退，存在失业增加的风险。如图 7-4 所示。

图 7-4　抗 CPI 农业股——登海种业

2. 了解 PPI

PPI 是生产者物价指数（Producer Price Index）的英文缩写，生产者物价指数是一个用来衡量制造商出厂价的平均变化的指数，它是统计部门收集和整理的若干个物价指数中的一个。如果生产物价指数比预期数值高时，则表明有通货膨胀的风险；如果生产物价指数比预期数值低时，则表明有通货紧缩的风险。

PPI 是衡量工业企业产品出厂价格变动趋势和变动程度的指数，是反映某一时期生产领域价格变动情况的重要经济指标，也是制定有关经济政策和国民经济核算的重要依据。

3. CPI 和 PPI 之间的关系

根据价格传导规律，PPI 对 CPI 有一定的影响。PPI 反映生产环节的价格水平，CPI 反映消费环节的价格水平。整体价格水平的波动一般先出现在生产领域，然后通过产业链向下游产业扩散，最后波及消费品。

由于 CPI 不仅包括消费品价格，还包括服务价格，CPI 与 PPI 在统计口径上并非严格对应，因此 CPI 与 PPI 的变化出现不一致的情况是有可能发生的。CPI 与 PPI 持续处于背离状态，这不符合价格传导规律。价格传导出现断裂的主要原因在于，工业品市场处于买方市场以及政府对公共产品价格的人为控制。

在不同市场条件下，工业品价格向最终消费价格传导有两种可能情形：一是在卖方市场条件下，成本上涨引起的工业品价格（如电力、水、煤炭等能源、原材料价格）上涨最终会顺利传导到消费品价格上；二是在买方市场条件下，由于供大于求，工业品价格很难传递到消费品价格上，企业需要通过压缩利润对上涨的成本予以消化，其结果表现为中下游产品价格稳定，甚至可能继续走低，企业盈利减少。对于部分难以消化成本上涨的企业来说，可能会面临破产。可以顺利完成传导的工业品价格（主要是电力、煤炭、水等能源原材料价格）目前主要属于政府调价范围。在上游产品价格（PPI）持续走高的情况下，企业无法顺利把上游成本转嫁出去，使最终消费品股票价格（CPI）提高，最终会导致企业利润的减少。

4. CPI、PPI 对股市的影响

股市是国民经济的晴雨表，CPI 和 PPI 作为整体经济运行的核心指标，对国民经济和资本市场有着深远的影响。我们可以做一个形象的比喻：整个国家经济就如同一辆飞驰的列车，普通居民是列车的乘客，各类企业则是列车的零部件，而国家经济政策就是要确保这辆列车又快又稳地行驶。如果说 GDP 增速反映的是速度指标，那么 CPI 和 PPI 就是表明列车运行稳定程度的核心指标。如果 CPI 太高，那么车上的乘客——广大居民会感到列车过于颠簸而受不了；如果 PPI 不正常，那么列车的零部件——众多企业则会承受过大的压力负荷。这两种情况一旦发生，都需要迅速对宏观经济进行"点刹"与调整，因此 CPI、PPI 的走势在某种程度上表明了整个经济运行的健康程度，并可由此预判未来国家的宏观经济政策。

对于资本市场来说，CPI 还有更重要的意义。高通胀会导致上市公司盈利前景不明，增加市场风险。广大投资者是资本市场的资金来源，他们的资金成本预期在很大程度上取决于 CPI。高涨的 CPI 通常会导致央行采取加息、收紧银根、减少货币供应等紧缩的货币政策，这样就造成流入股市的资金减少而资金回报要求提高，因此高通胀往往伴随股市的下跌。

7.5 汇率变动对股市的影响

1. 认识汇率

汇率是国际贸易中最重要的调节杠杆之一。因为一个国家生产的商品都是按本国货币来计算成本的，要拿到国际市场上竞争，其商品成本一定会与汇率相关。汇率的高低也就直接影响

该商品在国际市场上的成本和价格，直接影响商品的国际竞争力。

2. 汇率变动对股市的影响

外汇行情与股票价格有密切的联系。一般来说，如果一国的货币是实行升值的基本方针，股价便会上涨，一旦其货币贬值，股价即随之下跌。所以外汇的行情会带给股市以很大的影响。

在当代国际贸易迅速发展的潮流中，汇率对一国经济的影响越来越大。任何一国的经济都在不同的程度上受汇率变动的影响，而且，汇率变动对一国经济的影响程度取决于该国的对外开放度程度，随着各国开放度的不断提高，股市受汇率的影响也日益扩大。但汇率最直接的是对进出口贸易的影响，本国货币升值受益的多半是进口业，即依赖海外供给原料的企业；相反，出口业由于竞争力降低，而导致亏损。可是当本国货币贬值时，情形恰恰相反。但无论是升值还是贬值，对公司业绩以及经济局势的影响都各有利弊，所以，投资者不能单凭汇率的升降而买入或卖出股票，这样做过于简单化。

汇率变动会直接影响那些从事进出口贸易的公司的股票。它通过对公司营业状况及利润的影响，进而反映在股价上。

一是若公司的产品有相当一部分销售到海外市场，当汇率提高时，则产品在海外市场的竞争力会受到削弱，公司盈利情况下降，股票价格下跌。

二是若公司的某些原料依赖进口，产品主要在国外销售，那么汇率提高，使公司进口原料的成本降低，盈利水平上升，从而使公司的股价趋于上涨。

三是如果预测到某国汇率将要上涨，那么货币资金就会向上升转移，而部分资金将进入股市，股票行情也可能会因此而上涨。

因此，投资者可根据汇率变动对股价的一般影响，并参考其他因素的变化进行正确的投资选择。

7.6 利率变动对股市的影响

1. 了解利率

利率又称利息率。表示一定时期内利息量与本金的比率，通常用百分比表示，按年计算则称为年利率。其计算公式是：

$$利息率 = 利息量 \div 本金 \div 时间 \times 100\%$$

利率就其表现形式来说，是指一定时期内利息额同借贷资本总额的比率。利率是单位货币在单位时间内的利息水平，表明利息的多少。

2. 利率变动对股价的影响

对股票市场及股票价格产生影响的种种因素中最敏锐者莫过于金融因素。在金融因素中，利率的变动对股市行情的影响又最为直接和迅速。一般来说，利率下降时，股票的价格就上涨；利率上升时，股票的价格就会下跌。因此，利率的高低以及利率同股票市场的关系，也成为股票投资者据以买进和卖出股票的重要依据。

一般来说，利率的升降与股价的变化呈反向运动，主要原因有以下三个方面。

一是利率的上升不仅会增加公司的借款成本，而且还会使公司难以获得必需的资金，这样一来，公司就不得不削减生产规模，而生产规模的缩小又势必会减少公司的未来利润，因此股票价格就会下跌；反之，股票价格就会上涨。

二是利率上升时，投资者评估股票价格所用的折现率也会上升，股票值因此会下降，从而使股票价格相应下降；反之，利率下降股票价格则会上升。

三是利率上升时，一部分资金从投向股市转向银行储蓄和购买债券，从而减少市场上的股票需求，使股票价格出现下跌；反之，利率下降时，储蓄的获利能力降低，一部分资金又可能从银行和债券市场流向股市，从而增大股票需求，使股票价格上升。

投资者需要注意的是，利率与股价运动呈反向变化是一般情况，不能将此绝对化。在股市发展的历史上，也有一些相对特殊的情形。当形势看好、股票行情暴涨的时候，利率的调整对股价的控制作用就不会很大；同样，当股市处于暴跌的时候，即使出现利率下降的调整政策，股价也可能会回升乏力。美国在 1978 年就曾出现过利率和股票价格同时上升的情形，出现这种异常现象的原因为：一是许多金融机构对美国政府当时维持美元在世界上的地位和控制通货膨胀的能力没有信心；二是当时股票价格已经下降到极低点，远远偏离了股票的实际价格，从而使大量的外国资金流向美国股市，引起股票价格上涨。在香港，1981 年也曾出现过同样的情形。当然，这种利率和股票价格同时上升和同时回落的现象至今为止还是比较少见的。

3. 预测利率升降的方法

投资者在预测利率升降时可以参考以下三个方面。

（1）贷款利率的变化情况

由于贷款的资金是由存款来供应的，因此，根据贷款利率的下调可以推测出存款利率将出现下降。

（2）市场的景气动向

如果市场兴旺，物价上涨，那么国家就有可能采取措施来提高利率水准，以吸引居民存款来减轻市场压力；相反，如果市场疲软，那么国家就有可能用降低利率水准的方法启动市场。

（3）资金市场的松紧状况和国际金融市场的利率水准

国际金融市场的利率水准，往往也能影响国内利率水准的升降和股市行情的涨跌。在一个开放的市场体系中，金钱是没有国界的，如果海外利率水准低，一方面会对国内的利率水准产生影响；另一方面，也会吸引海外资金进入国内股市，拉升股票价格上扬；反之，如果海外水准上升，则会发生与上述相反的情形。

4. 利率变动对股价的影响机制

利率是影响股价的基本因素，利率变动对股价的影响主要有资本增值效应和投资替代效应两条途径。

（1）利率变动的资本增值效应

利率变动会影响公司经营环境的变化，改变公司经营业绩，引发公司资本价值及投资者预期的变化，从而使股价发生变动。

①利率调整引起社会总供求的变化，改变企业经营环境，从而引起企业经营业绩的变化。一方面，利率是货币资金的价格，利率的变化影响企业投资成本。当利率下调时，由于投资成本降低，预期投资收益提高，对投资有刺激作用。另一方面，利息是居民现期消费的机会成本。当利率下调时，现期消费的机会成本降低，从而对消费有刺激作用。利率下调通过刺激投资和消费，增加有效需求，改善市场条件，有利于企业经营业绩的提高。但是，投资者需要注

意的是，利率下调对有效需求的刺激同时受其他经济因素的制约。

②利率调整会改变企业经营成本，从而影响企业经营业绩。一般而言，降低利率，可以减少企业利息支出，改善经营业绩，提高公司资本价值。但是，利率下调对改善企业经营业绩的效应受宏观经济环境、真实利率、税收制度等因素的制约，在缺乏上述因素配合的情况下，利率下调并不能有效刺激公司业绩的提高。

（2）利率变动的投资替代效应

利率调整引起股票投资的相对收益率，即股票投资收益率与其他投资收益率对比的变化。当股票投资的相对收益率提高时，引起股票投资对其他投资的替代；反之，当股票投资的相对收益率下降时，引起其他投资对股票投资的替代。

第 8 章 公司基本面分析

炒股小词典

财务报表——是上市公司对外提供的反映自身财务和经营状况的会计报表，包括资产负债表、损益表、现金流量表以及财务状况变动表、附表和附注。

8.1 公司财务报表分析

按中国股票市场监管层的规定，上市公司每年都要提供年报、中报和季报，如表 8-1 所示。在对上市公司财务报表的分析中，投资者要重视下面十二个重要的技术指标和项目，如表 8-2 所示。

表 8-1 招商银行财务指标

财务指标（单位）	2010 - 09 - 30	2010 - 06 - 30	2010 - 03 - 31	2009 - 12 - 31
每股收益（元）	0.990 0	0.650 0	0.300 0	0.950 0
每股收益扣除（元）	0.980 0	0.650 0	0.300 0	0.930 0
每股净资产（元）	6.170 0	5.790 0	5.600 0	4.850 0
调整后每股净资产（元）	—	—	—	—
净资产收益率（%）	15.464 9	10.575 9	4.990 0	19.650 0
每股资本公积金（元）	1.865 6	1.818 5	1.689 9	0.950 3
每股未分配利润（元）	2.225 8	1.886 5	1.798 1	1.680 1
主营业务收入（万元）	5 129 800.00	3 293 400.00	1 562 000.00	5 144 600.00
主营业务利润（万元）	—	—	—	—
投资收益（万元）	108 600.00	44 900.00	15 900.00	102 800.00
净利润（万元）	2 058 500.00	1 320 300.00	590 900.00	1 823 500.00

表 8-2 公司财务报表名词解释

名词	解释
上市公司的市盈率	市盈率指在一个考察期（通常为 12 个月的时间）内，股票的价格和每股收益的比例。计算公式为： **市盈率 = 每股市价 ÷ 每股收益** 市盈率是股市投资者应关注的一个重要指标，它代表市场上投资者对公司每股盈利付出的价格。如公司的市盈率高于股市的平均市盈率，则代表投资者看好这家公司的未来成长性；反之是并不看好该公司的成长性。公司的市盈率也是一个评价该股票投机和泡沫成分的指标。如果市盈率高并超出该股票的成长性，那么这就是庄家和跟庄者的投机操作，这时投资者要离开该股票，防止掉入庄家和跟庄者的多头陷阱。

（续表）

名词	解释
每股收益	每股收益（Earning Per Share，EPS），又称每股税后利润、每股盈余，指税后利润与股本总数的比率。它是测定股票投资价值的重要指标之一，是分析每股价值的一个基础性指标，是综合反映公司获利能力的重要指标之一，它是公司某一时期净收益与股份数的比率。
每股股息的分配	每股股息的分配是评价一家上市公司对股东回报的一个重要指标。股息的分配包括现金分红、送红股和配股，股东从这些回报中得到投资的增值。尽管一些公司年年盈利，但从来不给股东回报，这些公司的投资价值会大打折扣，投资者最好远离。每股股息的分配也应该从纵向和横向两个方向进行对比，挖出它的投资价值。每年回报递增的公司股票是长线投资的首选股票。
每股净资产	每股净资产是指股东权益与总股数的比率。其计算公式为： **每股净资产 = 股东权益 ÷ 总股数** 这一指标反映每股股票所拥有的资产现值。每股净资产越高，股东拥有的资产现值越多；每股净资产越少，股东拥有的资产现值越少。通常每股净资产越高越好。
市净率	市净率指的是每股股价与每股净资产的比率。市净率可用于投资分析，一般来说，市净率较低的股票，投资价值较高；相反，则投资价值较低。但在判断投资价值时，投资者还要考虑当时的市场环境以及公司经营情况、盈利能力等因素。
净资产收益率	净资产收益率又称股东权益报酬率/净值报酬率/权益报酬率/权益利润率/净资产利润率，是衡量上市公司盈利能力的重要指标。它是指利润额与平均股东权益的比值，该指标越高，说明投资带来的收益越高；净资产收益率越低，说明企业所有者权益的获利能力越弱。该指标体现了自有资本获得净收益的能力。
成本费用率	**成本费用率 = 利润总额 ÷ 成本费用总额** 成本费用率反映每花掉1元的费用给公司带来的利润。对于投资者来说，该指标越高，给投资者带来的利润越高。
销售净利润	**销售净利润 = 净利润 ÷ 销售** 销售净利润反映每1元销售收入给公司带来的净利润量，评价销售收入的收益水平。该指标越高，公司的销售能力越强。

（续表）

名词	解释
流动比率和速动比率	流动比率也称营运资金比率（Working Capital Ratio）或真实比率（Real Ratio），是指企业流动资产与流动负债的比率。流动比率和速动比率都是反映企业短期偿债能力的指标。 　　一般来说，这两个比率越高，说明企业资产的变现能力越强，短期偿债能力也越强；反之则弱。一般认为流动比率应在 2∶1 以上，速动比率应在 1∶1 以上。流动比率 2∶1，表示流动资产是流动负债的两倍，即使流动资产有一半短期内不能变现，也能保证全部的流动负债得到偿还；速动比率 1∶1，表示现金等具有即时变现能力的速动资产与流动负债相等，可以随时偿付全部流动负债。当然，不同行业经营情况不同，其流动比率和速动比率的正常标准也会有所不同。这里应当说明的是，这两个比率并非越高越好。流动比率过高，即流动资产相对于流动负债太多，可能是存货积压，也可能是持有现金太多，或者两者兼而有之；速动比率过高，即速动资产相对于流动负债太多，说明现金持有太多。企业的存货积压，说明企业经营不善，存货可能存在问题；现金持有太多，说明企业不善理财，资金利用效率低下。
应收账款周转率	公司的应收账款在流动资产中具有举足轻重的地位。公司的应收账款如能及时收回，公司的资金使用效率就能大幅提高。应收账款周转率就是反映公司应收账款周转速度的比率。它说明一定期间内公司应收账款转为现金的平均次数。用时间表示的应收账款周转速度为应收账款周转天数，也称平均应收账款回收期或平均收现期。它表示公司从获得应收账款的权利到收回款项、变成现金所需要的时间。应收账款周转率越高，平均应收账款周期越短，资金回收越快。否则上市公司的资金过多地滞留在应收账上，会影响资金正常的周转。
负债比率	负债比率是企业全部负债与全部资金来源的比率，用以表明企业负债占全部资金的比重。负债比率是指债务和资产、净资产的关系，它反映了企业偿付债务本金和支付债务利息的能力。从债权人来说，这一比率越高，偿还债务能力越差。但对于投资者来说，负债比率高，表明当上市公司资本利润率大于借款支付的利率时，股东所得利润将增加。
现金比率	现金比率的计算公式如下： 　　现金比率 ＝ 现金余额 ÷ 现金负债 ×100% 　　现金比率直接反映企业的短期偿付能力，也是盈利的资本。过高的现金比率将会降低企业的获利能力。如新股上市，新上市公司的现金比率很高，长期保持在过高的水平，说明现金并没有被投到新的项目中去。

8.2　公司所在行业分析

投资者在分析公司基本面时，要对公司所在行业进行分析。

1. 上市公司行业的划分

上市公司所在行业的分析对长线投资相当重要。行业的当前状况和未来的发展趋势对该行业上市公司的影响巨大。在某个行业处于整体增长期间，未来的发展空间很大，该行业的所有上市公司都有较好的表现和较大的发展空间。例如，深沪两市的通信行业、电脑软件行业和高科技行业，其整体公司业绩都要高于其他行业。

股票市场上对行业的划分是：农业、工业品制造业、商业、交通运输、旅游、网络电信、高科技、家用电器、金融、化工、石油、建材、医药、纺织、外贸、生物工程、地产、汽车、综合类、食品加工、钢铁冶金、电力行业、造纸印刷、软件、电脑等（如图8-1所示）。

金融行业	煤炭行业	造纸行业
钢铁行业	建筑建材	环保行业
家具行业	水泥行业	陶瓷行业
石油行业	家电行业	服装鞋类
公路桥梁	电子信息	供水供气
汽车类	综合行业	发电设备
交通运输	机械行业	纺织机械
医疗器械	化纤行业	印刷包装
酒店旅游	农药化肥	塑料制品
房地产	电器行业	玻璃行业
商业百货	摩托车	飞机制造
物资外贸	开发区	仪器仪表
食品行业	自行车	其它类一
纺织行业	船舶制造	其它类二
电力行业	生物制药	其它类三
农林牧渔	电子器件	其它类四
传媒娱乐	有色金属	
化工行业	酿酒行业	

图8-1　广发证券板块划分

2. 上市公司行业的成长分类

每一个行业都有四个发展时期：形成时期、成长时期、稳定时期和衰退时期。

（1）形成时期

行业形成时期具有如下四个特点。

①只有为数不多的创业公司投资于这个新兴产业。

②创业公司财务上可能不但没有盈利，反而普遍亏损。

③企业还可能因财务困难而引发破产的危险，因此，这类企业更适合投机者而非投资者。

④在形成时期后期，随着行业生产技术的提高、生产成本的降低和市场需求的扩大，新行业便逐步由高风险低收益的初创期转向高风险高收益的成长期。

（2）成长时期

行业成长时期具有如下五个特点。

①新行业的产品经过广泛宣传和消费者的试用，逐渐以其自身的特点赢得了大众的欢迎或偏好，市场需求开始上升，新行业也随之繁荣起来。

②新行业出现了生产厂商和产品相互竞争的局面。这种状况会持续数年或数十年。由于这

一原因，这一阶段有时被称为投资机会时期。

③这种状况的继续将导致生产厂商随着市场竞争的不断发展和产品产量的不断增加，市场的需求日趋饱和。生产厂商不能单纯地依靠扩大生产量、提高市场的份额来增加收入，而必须依靠追加生产、提高生产技术、降低成本以及研制和开发新产品的方法来争取竞争优势，战胜竞争对手和维持企业的生存。

④这一时期企业的利润虽然增长很快，但所面临的竞争风险也非常大，破产率与被兼并率相当高。

⑤在成长期的后期，市场上生产厂商的数量在大幅度下降之后便开始稳定下来。

（3）稳定时期

行业稳定时期具有如下两个特点。

①厂商与产品之间的竞争手段逐渐从价格手段转向各种非价格手段，如提高质量、改善性能和加强售后维修服务等。

②行业的利润由于一定程度的垄断达到了很高的水平，而风险却因市场比例比较稳定、新企业难以打入稳定时期的市场而较低。

（4）衰退时期

行业衰退时期具有如下两个特点。

①原行业出现了厂商数目减少，利润下降的萧条景象。

②市场逐渐萎缩，利润率停滞或不断下降。当正常利润无法维持或现有投资折旧完毕后，整个行业便逐渐解体了。

处在衰退时期的行业称为夕阳行业；处在形成和成长时期的行业称为朝阳行业。当大盘从底部启动后，投资者最好挑选朝阳行业的股票，不要投资夕阳行业的股票。

朝阳行业和夕阳行业的划分是相对的，并有时间和地域的限制。某一个国家的夕阳行业可能是其他国家的朝阳行业，如美国的高速公路建设，几年前已决定不再新建，与高速公路建设有关的行业也处在夕阳时期，但高速公路建设在中国却处在朝阳时期。又如美国的汽车工业已处在下降的夕阳时期，而中国的汽车工业仍处在上升朝阳时期。某一个时期是朝阳行业，而在另一个时期可能就变成夕阳行业。几十年前，中国的纺织和钢铁行业处在上升的朝阳时期，现在却处在下降的夕阳时期。

投资者需要注意的是，每一个行业内部也有朝阳时期的企业和夕阳时期的企业之分。如纺织行业在中国处在下降夕阳时期，而采用新技术、新工艺和新材料的企业却处在上升朝阳时期。例如，采用纳米技术的纺织企业却处在形成时期，一旦纳米技术首先在我国的纺织行业应用，中国的纺织行业可能又会处在朝阳时期。新技术、新工艺和新材料的应用不仅可以改变企业本身的状况，也可能改变整个行业的状况。

8.3 公司产品和市场的分析

投资者在分析公司基本面时，还应分析公司的产品和市场。

1. 公司产品的市场占有分析

产品的市场占有应包括两方面的内容，即市场占有率和市场覆盖率。

市场占有率（Market Shares）指一家企业的销售量（或销售额）在市场同类产品中所占

的比重，直接反映企业所提供的商品和劳务对消费者和用户的满足程度，表明企业的商品在市场上所处的地位。市场占有率是企业产品在市场上所占的份额，也就是企业对市场的控制能力。市场占有率越高，表明企业经营、竞争能力越强。企业市场份额的不断扩大，可以使企业获得某种形式的垄断，这种垄断既能带来垄断利润又能保持一定的竞争优势。

市场覆盖率（Market Penetration）指某一商品在所有潜在的销售网点的覆盖比率。例如，可口可乐在我国 100 万的潜在销售网点，其有 80 万已进货销售，则其市场覆盖率为 80%。

① 当一个上市公司的产品的市场占有率和市场覆盖率都比较高时，这说明该公司的产品销售和分布在同行业中占有优势地位，产品的竞争能力强。

② 当一个上市公司的产品的市场占有率高而市场覆盖率低时，这说明公司的产品在某个地区受欢迎，有竞争能力，但大面积推广缺乏销售网络。

③ 当一个上市公司的产品的市场占有率低而市场覆盖率高时，这说明公司的销售网络强，但产品的竞争能力较弱。

④ 当一个上市公司的产品的市场占有率和市场覆盖率都低时，这说明公司的产品缺乏竞争力，产品的前途有问题。

2. 公司产品的成本优势分析

成本优势是指公司的产品依靠低成本获得高于同行业其他企业的盈利能力。在很多行业中，成本优势是决定竞争优势的关键因素。企业一般通过规模经济、专有技术、优惠的原材料和低廉的劳动力来实现成本优势。由资本的集中程度而决定的规模效益是决定公司生产成本的基本因素。当企业达到一定的资本投入或生产能力时，根据规模经济的理论，企业将会有效降低生产成本和管理费用。对公司技术水平的评价可分为评价技术硬件部分和软件部分两类：技术硬件部分包括机械设备、单机或成套设备；软件部分包括生产工艺技术、工业产权、专利设备制造技术和经营管理技术，具备了何等的生产能力和达到什么样的生产规模，企业扩大再生产的能力如何等。另外，企业如拥有较多的技术人员就有可能生产出质优价廉、适销对路的产品。原材料和劳动力成本则应考虑公司的原料来源以及公司的生产部门所处的地区。取得了成本优势，企业在激烈的竞争中便处于优势地位，意味着企业在竞争对手失去利润时仍有利可图，亏本的危险较小；同时，低成本的优势，也使其他想利用价格竞争的企业有所顾忌，成为价格竞争的抑制力。

3. 公司产品的品种分析

公司产品的品种分析是指公司的产品种类是否齐全、在同行业生产的品种中持有的品种数、这些品种处在市场生命周期的哪个阶段和各品种的市场占有分析。例如，电视行业，模拟电视品种已在走下坡路，大屏幕的数字电视和壁挂式电视将要取代模拟电视。一个没有新品种的电视生产公司将成为"昨日黄花"。在大屏幕的数字电视和壁挂式电视品种中，大屏幕液晶壁挂式数字电视将成为市场的主流。在大屏幕液晶壁挂式数字电视中，与电脑合二为一的品种又将成为主流。

4. 公司产品的价格分析

产品价格分析是指公司生产的产品和其他公司生产的同类产品的价格比较，如产品价格是高还是低，产品是否有竞争力等。同时还应分析产品的价位和消费者的承受能力，产品价位变化所引起的供需变化和市场变化等。

5. 公司产品的技术优势分析

企业的技术优势是指企业拥有的比同行业其他竞争对手更强的技术实力及其研究与开发新产品的能力。这种能力主要体现在生产的技术水平和产品的技术含量上。在现代经济中，企业新产品的研究与开发能力是决定企业竞争成败的关键，因此，任何企业都会确定占销售额一定比例的研究开发费用，这一比例的高低往往能决定企业新产品开发的能力。产品的创新包括：研制出新的核心技术，开发出新一代产品；研究出新的工艺，降低现有的生产成本；根据细分市场进行产品细分。技术创新不仅包括产品技术，还包括创新人才，因为技术资源本身就包括人才资源。现在大多数上市公司越来越重视人才的引进。在激烈的市场竞争中，谁先抢占智力资本的制高点，谁就具有决胜的把握。技术创新的主体是高智能、高创造力的高级创新人才，实施创新人才战略是上市公司竞争制胜的务本之举，具有技术优势的上市公司往往具有更大的发展潜力。

6. 公司产品的质量优势分析

质量优势是指公司的产品以高于其他公司同类产品的质量赢得市场，从而取得竞争优势。由于公司技术能力及管理等诸多因素的差别，不同公司间相同产品的质量是有差别的。消费者在进行购买选择时，虽然有很多因素会影响他们的购买倾向，但是产品的质量始终是影响他们购买倾向的一个重要因素。质量是产品信誉的保证，质量好的产品会给消费者带来信任感。严格管理，不断提高公司产品的质量，是提升公司产品竞争力行之有效的方法。具有产品质量优势的上市公司往往在该行业占据领先地位。

7. 产品的销售能力分析

主要考察上市公司的销售渠道、销售人员、销售策略、销售成本和销售业绩。其中销售渠道是指某种货物或劳务从生产者向消费者移动时，取得这种货物或劳务所有权或帮助转移其所有权的所有企业或个人。简单地说，销售渠道就是商品和服务从生产者向消费者转移过程的具体通道或路径。销售人员是指直接进行销售的人员，包括总经理、业务经理、市场经理、区域经理、业务代表等。销售策略是指实施销售计划的各种因素，包括产品、价格、广告、促销，是一种为了达成销售目的、各种手段的最适组合而非最佳组合。销售成本是指已销售产品的生产成本或已提供劳务的劳务成本以及其他销售的业务成本。销售业绩是指开展销售业务后实现销售净收入的结果。

销售环节的成本会极大地影响公司的利润。虽然上市公司在建立销售网络的初期将投入巨资，但在以后的经营中可减少中间环节的费用，从而增加企业的利润，但同时管理费用又将大大增加。如果借助另一个公司的网络销售产品，又必须让出一定的利润空间给销售公司，使管理费用大大降低。这两种销售方法各有利弊，要进行综合比较分析。

8. 公司原材料和关键部件的供应分析

公司的原材料和关键部件的供应与产品的销售一样，同样存在两种情况：一种是自己包打天下，产品的上游原材料和关键部件全部由自己供应和生产，它的好处是原材料和关键部件供应稳定，这一部分利润由该公司独自获得。但缺点是它的战线长、初期投资增加、管理费用增加以及产品抗风险性差。另一种情况是原材料和关键部件由专门的原材料公司供应和生产，公司让出一部分应得的利润。两种情况各有利弊。例如，电视生产的情况就是显像管由另外的厂家独立生产以供应主机生产厂家的。由于技术的不断发展，随着显像管向液晶和超大屏幕发展，就会使生产显像管厂家的生产线改动非常大，而主机生产厂家的生产线改动却非常小，这时生产传统的真空显像管厂家的生产线就面临报废的风险。

9. 品牌战略分析

品牌是一个商品名称和商标的总称，它可以用来辨别一个卖者或卖者集团的货物或劳务，以便同竞争者的产品区别。一个品牌不仅是一种产品的标识，而且是产品质量、性能、满足消费者效用的可靠程度的综合体现。品牌竞争是产品竞争的深化和延伸。当产业发展进入成熟阶段，产业竞争充分展开时，品牌就成为产品及企业竞争力的一个越来越重要的因素。品牌具有产品所不具有的开拓市场的多种功能：一是品牌具有创造市场的功能；二是品牌具有联合市场的功能；三是品牌具有巩固市场的功能。以品牌为开路先锋、为作战利器，不断攻破市场壁垒，从而实现迅猛发展的目标，是国内外很多知名大企业行之有效的措施。效益好的上市公司，大多都有自己的品牌和品牌战略。品牌战略不仅能提升产品的竞争力，而且能够利用品牌进行收购和兼并。

第 4 篇

K 线图分析

第9章 K线图基础知识

炒股小词典

盘整——通常指价格变动幅度较小，比较稳定，最高价与最低价相差不大的行情。

9.1 认识K线图

1. K线图的起源

K线图也叫蜡烛图，起源于18世纪的日本，当时日本粮食市场上有一位叫本间宗久的商人为了能够预测米价的涨跌，每天都仔细地观察市场米价的变化情况，以此来分析预测市场米价的涨跌规律，并将米价波动用图形记录下来，这种图形就是蜡烛图的雏形。

1990年，美国人史蒂夫·尼森以《阴线阳线》一书向西方金融界引进"日本K线图"，立即引起轰动，史蒂夫·尼森在《股票K线战法》一书中第一次向西方金融界展示了具有强大生命力的四种技术分析手段，破解了长期以来日本金融界投资人的秘密，展示了蜡烛图的魅力。史蒂夫·尼森因此被西方金融界誉为"K线之父"。

一根K线记录的是股票在一天内价格的变动情况，将每天的K线按时间顺序排列在一起，就组成了股票价格的历史变动情况，叫作K线图。K线将买卖双方力量的增减与转变的过程及实战的结果用图形表示出来。经过近百年来的使用与改进，K线理论已被投资者广泛接受。

2. 日K线

日K线是根据股价（指数）一天的走势中形成的四个价位，即开盘价、收盘价、最高价和最低价，绘制而成的（如图9-1所示）。下面先介绍一下阳线和阴线。

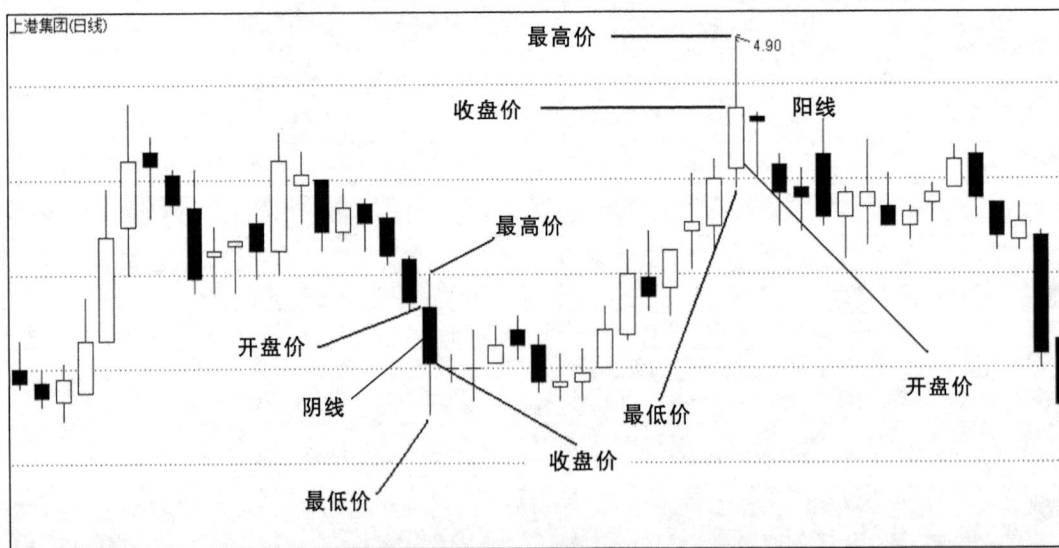

图9-1 K线

（1）阳线

阳线指的是收盘价高于开盘价的 K 线。K 线图中用红线标注表示涨势。K 线最上方的一条细线称为上影线，中间的一条粗线为实体，下面的一条细线为下影线。当收盘价高于开盘价，也就是股价走势呈上升趋势时，我们称这种情况下的 K 线为阳线，中部的实体以空白或红色表示。这时，上影线的长度表示最高价和收盘价之间的价差，实体的长短代表收盘价与开盘价之间的价差，下影线的长度则代表开盘价和最低价之间的差距。

投资者需要注意的是，通常所讲的股票的涨跌指的是当日收盘价与上个交易日收盘价之间的比较，而 K 线为阳线时，只是表示当天收盘价高于当天开盘价。

一般而言，阳线表示买盘较强、卖盘较弱，这时，由于股票供不应求会导致股价的上扬。

（2）阴线

阴线指的是开盘价高于收盘价的 K 线。K 线图上一般用绿色标注，表示股票下跌。当收盘价低于开盘价，也就是股价走势呈下降趋势时，我们称这种情况下的 K 线为阴线。此时，上影线的长度表示最高价和开盘价之间的价差，实体的长短代表开盘价比收盘价高出的幅度，下影线的长度则由收盘价和最低价之间的价差大小所决定。

阴线表示卖盘较强，买盘较弱。此时，由于股票的持有者急于抛出股票，致使股价下挫。

目前很多软件都可以用彩色实体来表示阴线和阳线，在国内股票和期货市场，通常用红色表示阳线，绿色表示阴线。但是投资者需要注意的是，欧美股票及外汇市场上通常用绿色代表阳线，红色代表阴线，和国内习惯刚好相反。

3. K 线的意义

K 线所包含的信息丰富多样，就以单根 K 线而言，一般上影线和阴线的实体表示股价的下压力量，下影线和阳线的实体则表示股价的上升力量；上影线和阴线实体比较长就说明股价的下跌动量比较大，下影线和阳线实体较长则说明股价的扬升动力比较强。K 线组合是由多根 K 线按不同规则组合在一起，K 线组合所包含的信息就丰富多样。例如，在涨势中出现乌云盖项 K 线组合说明可能升势已尽，投资者应尽早离场；在跌势中出现曙光初现 K 线组合，说明股价可能见底回升，投资者应不失时机地逢低建仓。可见，各种 K 线形态正以它所包含的信息，不断地向人们发出买进和卖出的信号，为投资者看清大势，正确地买卖股票提供了很大的帮助，从而使它成为投资者手中极为实用的操盘工具。

4. K 线的优缺点

（1）K 线图的优点

K 线图有直观、立体感强、携带信息量大的特点，蕴涵着丰富的东方哲学思想，能充分显示股价趋势的强弱、买卖双方力量平衡的变化，预测后市走向较准确。投资者从 K 线图中，既可看到股价（或大市）的趋势，也同时可以了解到每日市况的波动情形。

（2）K 线图的缺点

K 线图的绘制方法十分繁复，是众多走势图中最难制作的一种。阴线与阳线的变化繁多，对初学者来说，在掌握和分析 K 线图方面会相当困难，不及柱线图那样简单明了。

9.2 应用K线图时应注意的问题

投资者在应用K线时应注意以下八个方面问题：

1. 因为K线仅就股票价格进行观察，所以应用时投资者应配合成交量观察买方与卖方强弱状况，找出股价的支撑区与压力区。

2. 每日开盘与收盘价易受主力和大户影响，因此投资者也可参考周K线图。因为主力和大户难以全盘影响一周的走势。

3. 学会分析投资者心理。K线形态复杂多变、形态各异，所以投资者很难全部掌握。但是投资者需要认识到的是，这些形态的本质都是一样的。K线形态是股价波动的反映，而股价波动是多空双方力量权衡的结果，它反映了交易双方的心理变化过程。所以，透过股价波动的表象去分析投资者的投资心理，就可以把握各种K线的变化趋势。

4. 日线、周线、月线综合使用。同样的K线组合，周期越长，可信度越大。日K线在日常分析中运用的最多，但是骗线的概率最大，所以投资者在用日线进行分析的同时，应该结合周线、月线共同研判。

5. 学会还原形态。很多K线形态比较复杂，投资者可以将它还原成简单形态，例如，投资者可以用其第一个开盘价和最后一个收盘价将它还原为单根K线。投资者需要注意的是，如果还原后的K线的多空含义与原K线形态不一致，那么该K线则需要继续确认；如果还原后的K线能支持K线形态，则无需确认。

6. 掌握K线形态的精髓。投资者通过深入学习就会发现很多K线形态都具有相似性，这也在使用中给投资者带来了一定的困难。为了避免误认，对一些相近的图形要反复比较，投资者真正搞清楚它们的区别所在。

7. K线分析方法只能作为战术手段，不能作为战略手段，必须与其他方法结合。投资者在依据其他方法作出该买还是该卖的决定后，再用K线组合选择具体行动的时间和价格，这样做的效果要好些。

8. 根据实际情况，适当"修改"组合形态。组合形态只是经验总结的产物。在实际市场中，完全满足我们所介绍的K线组合形态是不多见的。实际上，倘若原封不动地对组合形态进行格式化操作，那么就非常有可能会在较长的一段时间内找不到合适的机会。因此，根据情况适当地改变组合形态也是可以的。

9.3 阴线、阳线和十字星的种类

1. 阴线的种类

一般来说，阴线的种类有以下七种，如图9-2所示。

（1）小阴线

小阴线是指开盘价与收盘价波动范围较小，上下影线时有时无，有也是很短的阴线。小阴线在盘整行情中出现较多，也可在下跌和上涨行情中出现，通常表示当前行情不明朗。

小阴线说明多空双方小心接触，但空方略占上风。单根小阴线研判意义不大，应结合其他K线形态一起研判。

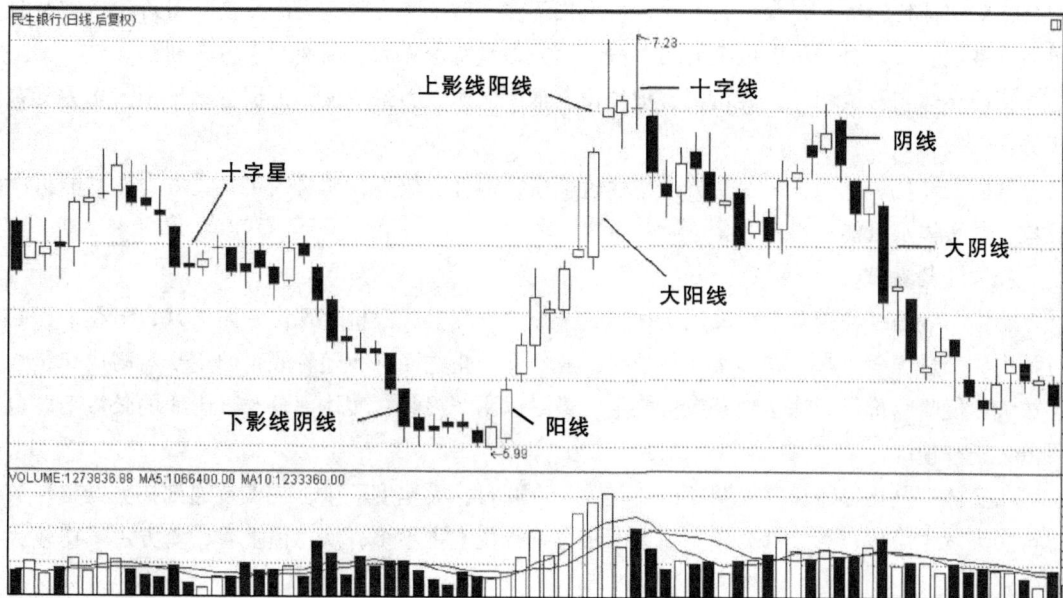

图 9-2　K 线种类

（2）中阴线

中阴线表示全日股票价格波动范围明显增大，卖方占据一定上风，行情发展正朝有利于卖方的方向发展。中阴线的波动范围在 1.6% ~ 3.5%。

中阴线常在股价下跌初期或股价上升回荡时出现，它具有较强的杀伤力。其表现为买方当天受到严重的打击，买方在卖方强大的攻势面前显得毫无办法，而且节节败退，其显示了买方的无奈与卖方的强大。投资者遇到此种 K 线应当谨慎对待，并且采取相应的措施保住自己的成果。

（3）大阴线

大阴线又称为长阴线，特征是当天几乎是以最高价开盘、最低价收盘的，它表示多方在空方打击下节节败退，毫无招架之力。目前我国股市在实行涨跌停板制度下，最大的日阴线实体可达当日开盘价的 20%，即以涨停板开盘，跌停板收盘。

大阴线的力度大小，与其实体长短成正比，即阴线实体越长，则力度越大；反之，则力度越小。大阴线的出现对多方来说是一种不祥的预兆。但事情又不是那么简单，我们不能把所有的大阴线都看成是后市向淡的信号，也就是说并非一见到大阴线就认为股价要跌。有时大阴线出现后，个股会出现不跌反涨的情况。

（4）上影阴线

上影阴线是一种带上影线的阴实体，上影阴线收盘价低于开盘价。上影阴线、倒 T 形线这两种线形中的任何一种出现在高价位区时，说明上档抛压严重，行情疲软，股价有反转下跌的可能；如果出现在中价位区的上升途中，则表明后市仍有上升空间。

上影阴线一开盘，买方与卖方举行征战。买方占上风，代价一路上升。但在高价位遇卖压阻力，卖方组织力量反攻，买方节节败退，最后在最低价收盘，卖方占优势，并充分发挥力量，使买方陷入"套牢"的困境。具体情况有以下三种。

①阴实体比影线长，表示买方对价位上推不多即碰到卖方强有力的反击，将价位压破开盘价后乘胜追击，再对价位下推很大的一段。卖方力量特殊强大，局面对卖方有利。

②阴实体与影线相等，表示买方把价位上推，但卖方力量更强，占据主动地位。卖方具有优势。

③阴实体比影线短，表示卖方虽将代价下压，但优势较少，明日入市，买方力量可能再次反攻，阴实体很可能被攻占。

（5）下影阴线

下影阴线是一种带下影线的阴实体。一开盘卖方强盛，股价表现出一路下跌，但在下探的过程中成交量萎缩；在下跌到某一价位后，股价开始止跌回升，随着股价的逐步盘高成交量均匀放大，但收盘价仍无法达到开盘价之上，最终以阴线报收。实体部分与下影线的长短不同也可分为三种情况。

①实体部分比影线长，说明卖压比较大。一开盘，大幅度下压，在低点遇到买方抵抗，买方与卖方发生激战，影线部分较短，说明买方将价位上推不多，从总体上看，卖方占了比较大的优势。

②实体部分与影线同长，表示卖方把价位下压后，买方的抵抗也在增加，但可以看出，卖方仍占一定的优势。

③实体部分比影线短，卖方把价位一路压低，在低价位上，遇到买方顽强抵抗并组织反击，逐渐将价位上推，最后虽以阴线收盘，但可以看出卖方只占极少的优势。后市很可能出现买方会全力反攻的情况，把小阴实体全部吃掉。

（6）光脚阴线

光脚阴线是一种带上影线的阴实体。收盘价即成为全日最低价。开盘后，买方稍占据优势，股票价格出现一定涨幅，但上档抛压沉重。空方趁势打压，使股价最终以阴线报收。

一般来说，如果在低价位区域出现光脚阴线，则表明买方开始聚积上攻的能量，但卖方仍占有优势；如果在高价位区域出现光脚阴线，则表明买方上攻的能量已经衰竭，卖方的做空能量不断增强，且占据主动地位，行情有可能在此发生逆转。

（7）光头阴线

光头阴线是一种带下影线的阴实体，开盘价是最高价。一开盘卖方力量就特别大，股价有一定的下跌，但在低价位上会遇到买方支撑，后市可能反弹。

这种线形如果出现于低价位区，则说明抄低盘的介入使股价有反弹迹象，虽然短期内不会立即出现大幅上涨，但由于有买盘在低价位区介入，后市会有一定的上涨机会。

2. 阳线的种类

一般来说，阳线的种类有以下八种。

（1）大阳线

大阳线表示最高价与收盘价相同（或略高于收盘价），最低价与开盘价一样（或略低于开盘价）。上下没有影线或影线很短。从一开盘，买方就积极进攻，中间也可能出现买方与卖方的斗争，但买方发挥最大力量，一直到收盘。买方始终占优势，使价格一路上扬，直至收盘。表示强烈的涨势，股市呈现高潮，买方疯狂涌进，不限价买进。握有股票者，因看到买气的旺盛，不愿抛售，出现供不应求的状况。

大阳线具有三个特征：无论股价处于什么态势都有可能出现；阳线实体越长，则力量越强，反之，则力量越弱；在涨停板制度下，最大的日阳线实体可达当日开盘价的20%，即以跌停板开盘，涨停板收盘。

如果股价刚开始上涨时出现大阳线，则表明股票有加速上扬的意味，投资者可买入；如果出现在股价连续上涨的过程中，则要当心多方能量耗尽股价见顶回落；如果在连续下跌过程中出现大阳线，则表明股价有见底回升的兆头，此时投资者可逢低适量买入。

（2）中阳线

中阳线的出现说明多空双方经过一天的战斗之后，多方把价格推高的幅度不如大阳线，多方占据的优势也不如大阳线那样大，只能说多方占据明显优势。中阳线的波动范围在1.6%~3.5%。

中阳线经常出现在盘整末期股价开始上扬初期的交汇点附近，或股价的上涨过程中以及股价大幅下跌后的强势反弹中。它表现为买方占据了优势，并且给予卖方强大的反击，卖方在这种情况下受到的挫折很大。

这种K线一般出现在强势中，但如果在股价大幅下跌过程中出现此种K线，也只是暂时性的止跌，股价并不会立即出现反转迹象。

（3）小阳线

所谓小阳线，顾名思义，就是实体部分相对比较小的阳线，通常情况下，小阳线的实体部分要比极阳线的星体部分大一些，比中阳线的实体部分又要小一些，在当天的交易日里，股价的波动幅度通常只有1.5%左右，很少会超过2%，投资者在分析研究小阳线时，特别需要注意把握这个标准。

小阳线的分类有三种。

①上下影线都比较短的小阳线。这种小阳线的上下影线比较短，或者有时候没有上影线，或者有时候没有下影线。这三种情形的实战意义略有不同，略带上下影线的小阳线，表示此时虽然空方具有一定的抛压，但是多方的支撑也不示弱，双方在寻找一种动态的平衡。

②上影线比较长的小阳线。它表示此时空方的抛压依旧沉重，但是多方的支撑力度也不可忽视，需要密切关注双方力量的变化情形。需要特别指出的是，有时候，长长的上影线并不一定是真实的抛压，主力炒家为了制造某种气氛，或者为了掩饰自己的某种企图，往往会刻意画图，人为地控制股价的走势，给投资者制造出一种假象来。

③影线比较长的小阳线。它表示此时多方的支撑是十分明显的，虽然实体并不长，但是长长的下影线已经表明，多方此时正在想做点什么！具体的内涵需要结合整个走势来加以分辨。千万记住，出现这样的小阳线时，主力炒家的意图已经昭然若揭了。

（4）下影阳线

下影阳线是一种带下影线的红实体。一开盘卖方强盛，股价表现为一路下跌，但在下探过程中成交量萎缩；当下跌到某一价位后，股价开始止跌回升，随着股价的逐步盘高，成交量均匀放大，并最终以阳线报收。

如果在低价位区域出现下影阳线，则表明该股票的股价探底成功，多方的攻击沉稳有力，股价先跌后涨，行情有进一步上涨的潜力。其中，下影线越长，说明后市的上涨力度越强。

（5）上影阳线

上影阳线是一种带上影线的红实体。一开盘买方强盛，价位一路上推，但在高价位遇卖方压力，使股价上升受阻。卖方与买方交战结果为买方略胜一筹。具体情况仍应观察实体与影线的长短。

①红实体比影线长，表示买方在高价位是遇到阻力，部分多头获利回吐。但买方仍是市场的主导力量，后市继续看涨。

②实体与影线同长，买方把价位上推，但卖方压力也在增加。二者交战结果，卖方把价位压回一半，买方虽占优势。但显然不如其优势大。

③实体比影线短，表明股价在高价位遇卖方的压力、卖方全面反击，买方受到严重考验。大多数短线投资者都纷纷获利回吐，在当日交战结束后，卖方已收回大部分失地。买方一块小小的堡垒（实体部分）将很快被消灭。这种K线如出现在高价区，则后市看跌。

（6）穿头破脚阳线

穿头破脚阳线是一种上下都带影线的红实体。开盘后价位下跌，遇买方支撑，双方争斗之后，买方增强，价格一路上推，临收盘前，部分买者获利回吐，在最高价之下收盘，这是一种反转信号。如在大涨后出现，表示高位震荡，若成交量大增，则后市可能会下跌；如在大跌后出现，后市可能会反弹。这里上下影线及实体的不同又可分为两种情况。

①上影线长于下影线的红实体。影线部分长于红实体表示买方力量受挫折；红实体长于影线部分表示买方虽受挫折，但仍占优势。

②下影线长于上影线的红实体。红实体长于影线部分表示买方虽受挫折，仍居于主动地位；影线部分长于红实体表示买方尚需接受考验。股价走出该图形说明多方已占据优势并展开逐波上攻行情，股价在成交量的配合下稳步升高，预示后市看涨。

（7）光头阳线

光头阳线是一种带下影线的红实体。最高价与收盘价相同，开盘后，卖气较足，价格下跌。但在低价位上得到买方的支撑，卖方受挫，价格向上推过开盘价，一路上扬，直至收盘，收在最高价上。总体来讲，出现先跌后涨，表明买方力量较大，但实体部分与下影线长短不同，买方与卖方力量对比不同。

光头阳线若出现在低价位区域，在分时走势图上表现为股价探底后逐浪走高且成交量同时放大，预示为一轮上升行情的开始。如果出现在上升行情途中，表明后市继续看好。

（8）光脚阳线

光脚阳线是一种带上影线的红实体。开盘价即为全日最低价，开盘后，买方占据明显优势，股票价格不断盘升，表示上升势头很强，但在高价位处多空双方有分歧，股价下跌，最终仍以阳线报收。总体来讲，出现先涨后跌，表明买方力量占优，但实体部分与下影线长短不同，买方与卖方力量对比不同。购票时应谨慎。

一般来说，如果在低价位区域出现光脚阳线，且实体部分比上影线长，则表明买方开始聚积上攻的能量，进行第一次试盘；如果在高价位区域出现光脚阳线，且实体部分比上影线短，则表明买方上攻的能量开始衰竭，卖方的能量不断增强，行情有可能在此发生逆转。

3. 十字星的种类

十字星有以下五种形态。

（1）普通十字星

十字星是一种只有上下影线，没有 K 线实体的形态。由于开盘价与收盘价相同（在指数中两者极为接近，如昨日沪市的十字星形态），通常表示在市场交易中，多空力量达到暂时均衡，盘中股价虽暂时出现高于或低于开盘价的成交，但收盘价仍然会回复到开盘价的位置，使得 K 线形态出现十字星形走势。普通十字星的最高价或最低价与收盘价的距离，均小于2.5%，这是所有十字星中最常见的一种。

（2）长十字星

长十字星的上下影线均较长，其最高价或最低价与收盘价的距离，均大于3%。虽然从外表看，长十字星似乎与普通十字星极为相似，都是上下影线几乎相等，也都是多空双方表现出势均力敌。但是长十字星的巨大振幅显示出市场格局将发生新变化，市场趋势将得以改变，特别是在高价位或低价位时出现长十字星，则意味着反转随时有可能出现。

（3）射击十字星

射击十字星是从收盘价位拉出一根较长的上影线或下影线，其形状像"射击"，俗称为射击之星。通常射击之星出现在底部是良好的买点，而出现在顶部则是良好的卖点。当射击之星出现在顶部时，投资者要注意及时获利了结；当射击之星出现在低位时，投资者要考虑买进。射击之星的出现，不单单是一个图形的出现，而是一个股价在底部开始启动或在顶部开始回落的预兆。投资者应及时调整投资行为。如果股价持续下跌时间较长，出现射击之星，则其底部通常比较安全；如果股价刚刚启动就出现了射击之星，投资者可以暂时等待；但股价持续涨高并出现射击之星时，投资者及时出货是必要的。射击十字星具体可分为，长上影线十字星和长下影线十字星。

（4）T 字线

T 字线可以分为"┳"字线和"┻"字线，"┳"和"┻"只是用来形容十字星只带上影线或下影线（如图9-3所示）。通常在行情萎靡不振的时期，股市处于缩量温和盘整阶段时，最容易出现这样怪异的十字星。

"┳"字线表示全天的开盘价、收盘价与最高价处于相同的价位，最低价小于这三个价位。如果其下影线较长，则表明个股现价的下档有一定的支撑力度，股价下方有十分活跃的低位承接盘；但如果"┳"字线出现在已经有一定上涨幅度的位置时，就不能排除有形成头部的可能。

"┻"字线与"┳"字线完全相反，"┻"字线是开盘价、收盘价与最低价处于相等的价位，最高价大于这三个价位。当上影线较长，显示股价上方存在一定的抛压阻力。但是如果"┻"字线出现在已经有一定下跌幅度的位置时，就不能排除其有最终演化成底部形态的可能。

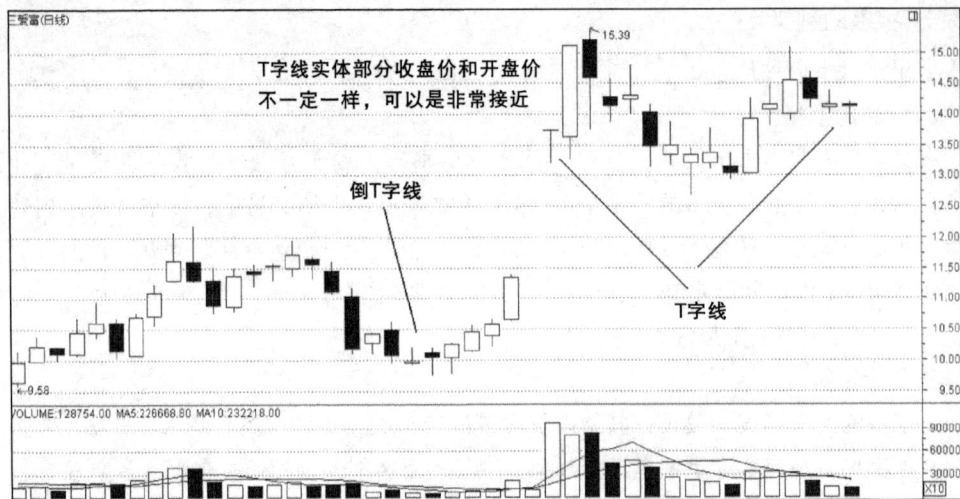

T字线实体部分收盘价和开盘价
不一定一样，可以是非常接近

倒T字线

T字线

图9-3　T字线

（5）一字星

一字星是指个股当天的收盘价、开盘价、最高价和最低价，这四个价位全部相等（如图9-4所示）。盘中股价没有任何波动起伏，股价被牢牢封在涨停或压制在跌停的位置。全天的开盘价、最高价、最低价、收盘价数值都是同一价位的现象，说明市场上极度看好或看空该股，造成其交投十分不活跃，股价无法出现正常的波动。这种星形在早期股市中，由于涨跌停板限制范围较紧，曾经一度频繁出现。在近年来的高控盘庄股和问题股跳水中也屡见不鲜，一些超级牛股也曾经有过类似的走势。一字星一般可以分为开盘涨停或开盘跌停两种状态。但无论是出现在上涨还是下跌的中途，一字星都是表示股价将继续原有趋势的强烈信号。

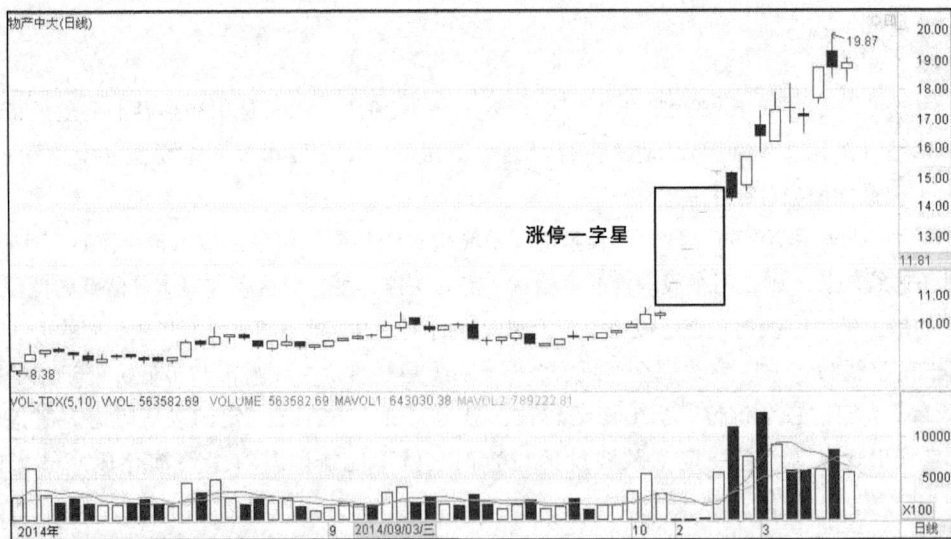

涨停一字星

图9-4　一字星

9.4 经典 K 线组合的应用

1. 锤头线

（1）锤头线的形态特征

锤头线的三个形态特征如下（如图 9-5 所示）。

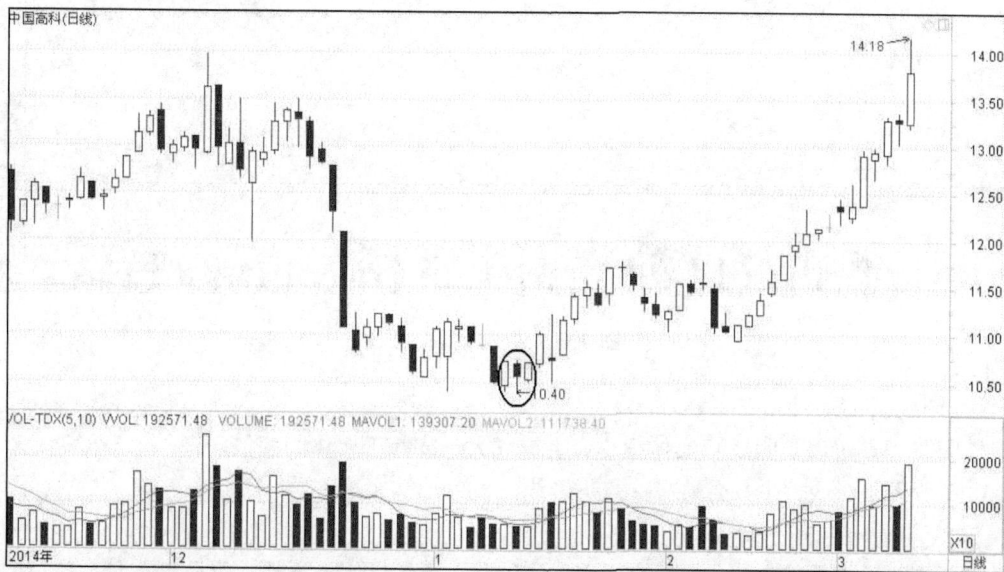

图 9-5 底部锤头线

①锤头线出现在下跌趋势中。

②阳线（亦可以是阴线）实体很小，一般无上影线（即使有，上影线也很短），但下影线很长。

③见底信号，后市看涨。

（2）锤头线的应用

投资者在下跌行情中常见到锤头线。激进型的投资者可试探性地做多；稳健型的投资者可在锤头线出现后再观察几天，如股价能放量上升，即可跟着做多。

（3）应用时的注意事项

锤头实体与下影线比例越悬殊，越有参考价值。如锤头与早晨之星同时出现，见底信号的可靠性强。通常，在下跌过程中，尤其是在股价大幅下跌后出现锤头线，股价转跌为升的可能性较大。这里要注意的是：锤头实体越小，下影线越长，止跌作用就越明显；股价下跌时间越长，幅度越大，锤头线见底信号就越明确；锤头线有阳线锤头与阴线锤头之分，作用意义相同，但一般来说，阳线锤头力度要大于阴线锤头。

2. 倒锤头线

（1）倒锤头线的形态特征

倒锤头线的三个形态特征如下（如图 9-6 所示）。

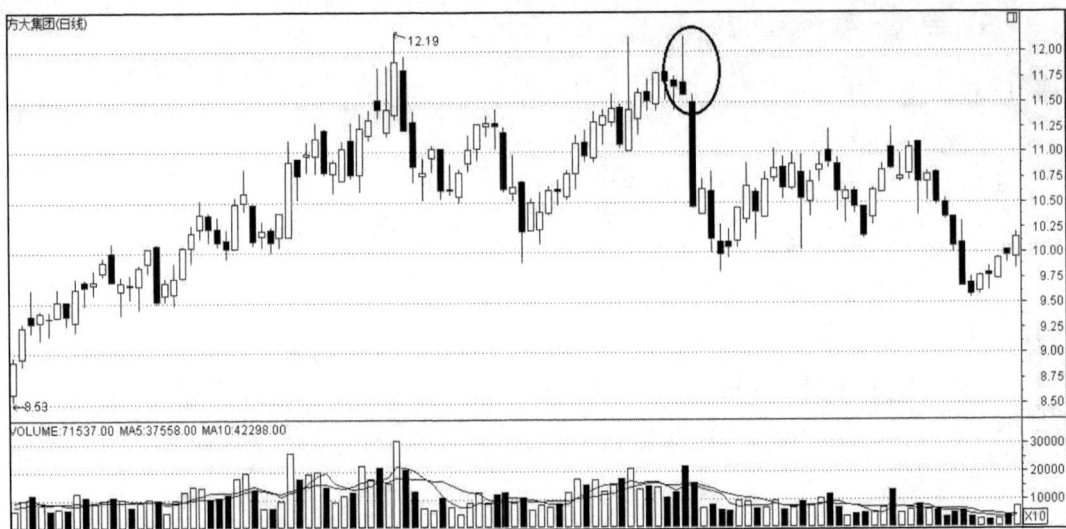

图9-6　顶部倒锤头线

①出现在下跌途中。

②阳线（亦可以是阴线）实体很小，上影线大于或等于实体的两倍。

③一般无下影线，少数会略有一点下影线。

（2）倒锤头线的应用

倒锤头线通常是见底信号，后市看涨。实体与上影线比例越悬殊，信号越有参考价值。如倒锤头与早晨之星同时出现，见底信号就更加可靠。

3. 吊颈线

吊颈线是空头K线形态之一。如当天大盘或个股股价平开盘或小幅跳高、跳低开盘，其后大幅下跌，但尾盘又大幅收高，留下长长的下影线，而K线实体无论是阳线还是阴线都相当小，仅为影线的1/3或1/4，这样的K线即是市场中人所称的"吊颈线"。

在这样的K线组合中，由于"吊颈线"是出现在高位，如同一根无钩的钓鱼线挂在高空，此时作多，无异于自投罗网，此时的钓鱼者就是最近一直在其中频密运作、在当天把股价拉回到高位的主力机构，而那些自以为"逢低吸纳"做多的股友，就是那种连无钩的钓鱼线都能把他们钓上来的笨鱼。一般来说，如果出现这样的股谱，有货的投资者都应该在尾市拉高时及早清货，至少，在第二天跳空低开后，就应该毫不犹豫地出清手上持有的股票。

吊颈线与黄昏之星一样，都不是从单个K线中便能得出短期或中期头部的可靠判断的，吊颈线或黄昏之星都需几根K线的组合，才能形成较稳定的形态以判断后市股指或股价趋势的空头走向。如吊颈线出现前有加速上涨的放量长阳线，吊颈线出现之后马上跟随着中阴或长阴线，则后市出现下跌趋势的信号较明朗。

4. 孕线

（1）认识孕线

孕线也是由两条图线组合成的图形，第一条图线是长线，第二条图线为短线，第二条图线的最高价和最低价均不能超过前一图线的最高价和最低价。这种前长后短的组合形态，形似怀有身孕的妇女一样，所以称为孕线（如图 9-7 所示）。孕线孕育着希望，趋势随时都可能会反转向上。

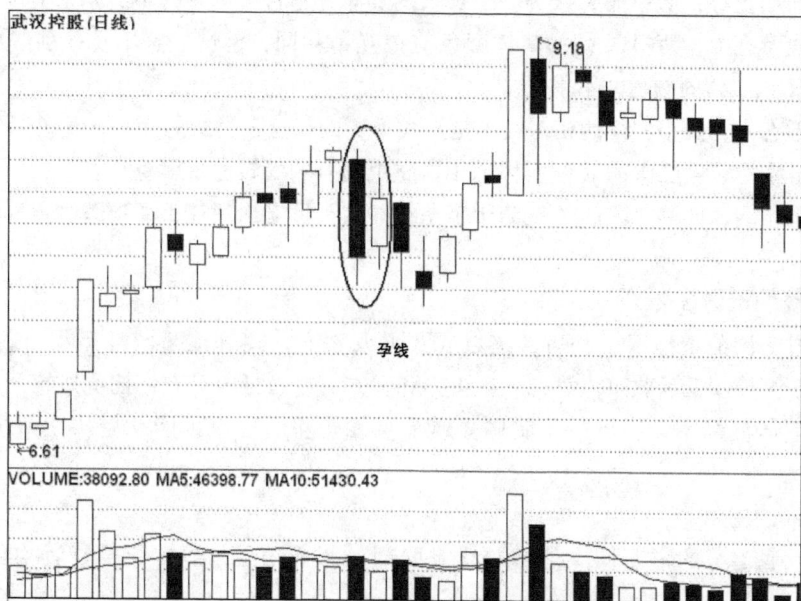

图 9-7 孕线

孕线一般分为三种形态：一是前一条图线是一条长大的阳线，第二条图线是一条短小的阴线，称为阴孕阳孕线，简称阴孕线；二是前一条图线是一条长大的阴线，第二条图线是一条短小的阳线，称为阳孕阴孕线，简称阳孕线；三是前一条图线是一条长大的阳线（或阴线），第二条图线是一条十字星线，为十字星孕线，简称星孕线（如图 9-8 所示）。

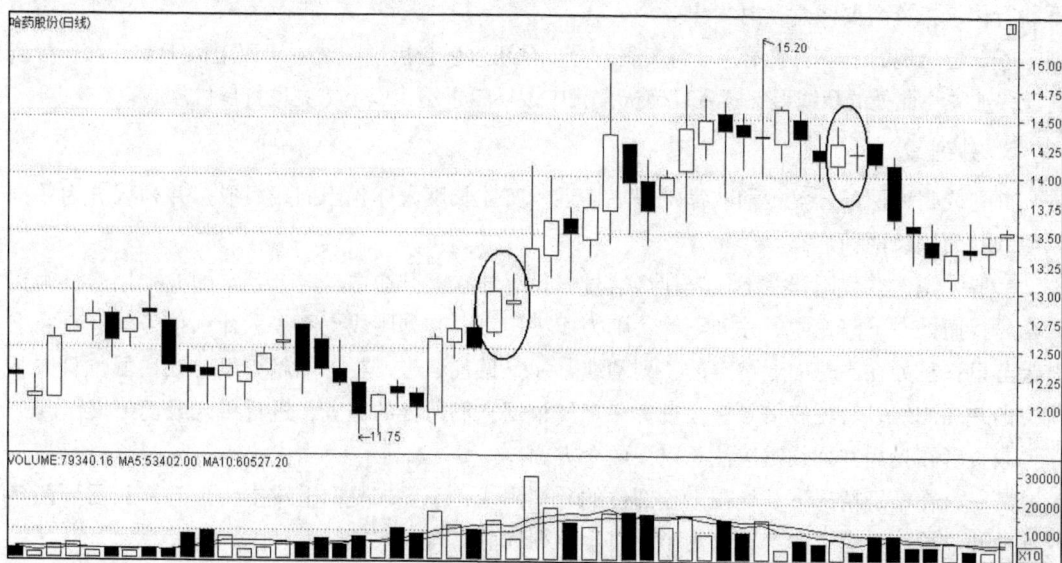

图 9-8 十字星孕线

（2）孕线的形态特征

孕线的五个形态特征如下。

①秉承前期走势，第一根 K 线为一个长长的实体，它将第二天的小实体完全包容起来。

②在孕线形态中，两根 K 线的实体颜色应该互不相同，但这一点不是一项必要条件。其中，第二根 K 线实体的颜色并不重要。

③孕线形态中，两个实体的相对大小是至关重要的，上下影线的大小，无关紧要。

④孕线形态中，第二天的 K 线实体越小，整个形态的反转力量就越大。

⑤十字星孕线，即第二天的 K 线为十字星线。这类形态出现在市场顶部时，反转意愿更为强烈。

（3）孕线的市场含义

价格经过一路的上涨或下跌后，主力（买方或卖方）内部能量消耗殆尽，做最后一搏，将价格推到新高或新低后收市。第二天，买方和卖方均尽力打压对方，把价格拉开，经过 1 天争持，价格整体波幅不大，形成小实体，或十字线走势。后市可能就是买卖双方交换战地之时。

（4）孕线的应用

①处在双底走势的右底低点处的孕线是强烈的买入信号，短中线投资者均可在此建仓做多。

②如果高位出现孕线，则是明显的见顶信号。

③左边的 K 线必须是实体阳线，可以带有上下影线，若是光头光脚的中阳线或大阳线并伴随着成交量放出，则可信度会比较高。

④右边的 K 线实体可以是阳线也可以是阴线，但是绝对不可以超过左边阳线的 K 线实体。右边的 K 线也可以带有上下影线，但是影线越短越可信。

⑤高位中的阴孕阳孕线，多为天顶信号，该孕线出现后，股价至少要出现一波中级以上的下跌行情，投资者要注意及时卖出。

⑥低位出现的阳孕阴孕线，多为大底信号，孕线过后会出现一波中级以上的上涨行情，投资者应多加关注此处的孕线形态，一旦确认，就应该果断进场，以免错失进货良机。

5. 并列线

并列线是由两条开盘价和收盘价基本接近、实体长度大体相当的线组成。并列线分为并列阳线和并列阴线两种形态。

一般来说，并列阳线并不代表什么信号，只有处在上升途中且向上跳空的并列阳线，为买入信号；而处在下降途中的并列阳线，则为卖出信号。并列阴线也不表示什么信号，只有在上升趋势里，且处在高位向上跳空的并列阴线，才是见顶信号；在下降趋势里，处在低位且向下跳空的并列阴线，为见底信号。投资者一定要根据它们所处的位置，进行买入或卖出操作。

投资者在运用并列线时应注意以下两个方面。

其一，在个别情况下，处在天顶部位的并列阴线，不要求是向上跳空的形态，只需要两条阴线的开盘价、收盘价和实体的大小均符合并列线的组合要求就行。

其二，此处的并列阳线和并列阴线指的是它们实体部分的并列，一般不考虑上下影线的长短。当然，当股价下跌到较低的位置后，出现向下跳空的并列阴线，若这两条阴线（或其中的一条）带有较长的下影线，则更能说明见底信号的可靠性，投资者更可放心操作；同样道理，如果在天顶部位出现的并列阴线，带有较长的上影线，就更可确认股价已涨到了极限，投资者应赶紧卖出。

投资者要注意区分并列阳线和并列阴线所处的高位和低位的问题。高位和低位的判断标准因人而宜。有些投资者以升降30%左右的幅度作为高位和低位的区分点，股价上升了30%左右时，就卖出；下跌到30%附近时，就抄底建仓。这一标准虽是比较理想的，但为了稳妥起见，一般散户投资者应把升降的幅度适当缩小一点，比如，以升降15%左右的幅度为区分点，风险会更小一些。

6. 并列三根阳线

并列三根阳线，一般指连续阴线后连续拉出三根阳线（红色）。并列三根阳线的出现往往预示着后市看涨。

（1）并列三根阳线的形态特征

并列三根阳线具有如下三个方面的形态特征（如图9-9所示）。

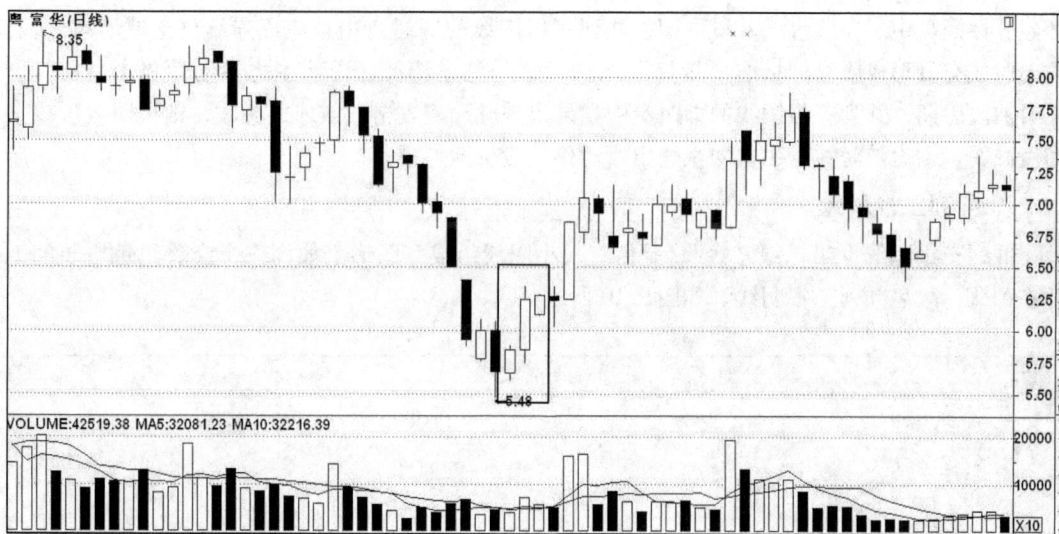

图9-9 并列三根阳线

①在股票运行过程中连续出现三根阳线，每天的收盘价均高于前一天的收盘价。

②每天的开盘价在前一天阳线的实体之内。

③每天的收盘价在当天的最高点或接近最高点。

（2）并列三根阳线的市场含义

在股价连续数日下跌后，机构或多数投资者都认为股票已经跌到自己能够接受的价位了，开始逐步建仓，股价由于主动性买盘的增加而慢慢上涨。一些持币观望的投资者看见股价已经止跌，也积极跟进，主动拉抬股价。由于投资者买入股票信心逐渐恢复，股票受到投资者的积极买入，一般说明股价还有进一步的上涨空间。并列三根阳线如出现在市场底部，则说明市场发出强烈的反转信号，股价将逐步拉升，后市看好；如股票在较长时间的横盘后出现并列三根阳线的走势形态，并且伴随着成交量的放大，则是股票即将启动的前奏。

（3）并列三根阳线形态的应用

①股价在上升阶段初期、中期和末期，出现较强的并列三根阳线结构时，投资者可以进行短线操作；股价在上升阶段初期和中期，出现较强的并列三根阳线结构时，投资者可以进行中线加仓操作；股价在上升阶段末期，出现较弱的并列三根阳线结构时，投资者可以进行中线或中长线波段减仓操作。

②注意并列三根阳线形态的具体特征。并列三根阳线形态比较少见，尤其是出现低位的并列三根阳线时，更是千载难逢的买入机会，所以它特别受到投资者的青睐，有不少投资者把凡是连续出现的三条上升的阳线都视为并列三根阳线，严格来讲，这是一种误解，标准的并列三根阳线，必须符合并列三根阳线的形态特征。

③在上升波段的初期出现并列三根阳线，如果成交量配合迅速放大，则是股价启动大行情的开始状态。如果出现在股价上升波段的中期，在成交量配合放大的情况下，股价将加速上涨。但如果出现在大幅上涨后的拉升阶段末期，则是主力盘中即将见顶的重要特征；而成交量持续放大，则说明主力已经开始展开大规模出货行动了。

④股价上升波段初期，并列三根阳线出现时，如果伴随有冲击波特征，则说明主力还在继续建仓性操盘中。在股价上升中期，并列三根阳线的即时盘中也应以连续攻击波形态出现，攻击时成交量形成明显的标准"量峰"结构，这是健康特征，说明主力主动性攻击。在股价上升波段后期，并列三根阳线的即时盘中如果出现脉冲型攻击波或才回头波，则说明股价攻击力度减弱，主力随时在盘中实施减仓出货动作，股价即见顶。

7. 并列三根阴线

并列三根阴线也叫"绿三兵"，是由三根小阴线组成，图形上如同三个穿着黑色服装的卫兵在列队，故名并列三根阴线。如图9-10所示。

图9-10　并列三根阴线

（1）并列三根阴线的形态特征

①可出现在涨势中出现，也可在跌势中出现。

②由三根小阴 K 线排列组合而成。

③三根小阴 K 线的开盘价、最高价、最低价、收盘价依次是一根 K 线比一根 K 线低。

（2）并列三根阴线的实战操作要点

在不同的趋势及位置中，并列三根阴线具有不同的技术含义。并列三根阴线在行情上升时，尤其是股价有了较大升幅之后出现，暗示行情快要转为跌势；但如果并列三根阴线在下跌行情后期出现，特别是在股价有了一段较大跌幅或连续急跌后出现，暗示探底行情短期内将结束，并有可能转为一轮升势。投资者见到并列三根阴线后，可根据并列三根阴线出现时的位置，决定不同的投资策略。也就是说，在上涨行情中出现并列三根阴线，要考虑做空；在下跌行情中出现并列三根阴线，要考虑做多。

8. 低档五阳线

（1）低档五阳线的特征

低档五阳线出现在下跌行情中，连续拉出五根阳线，多为小阳线。投资者需要知道的是，低档五阳线不一定都是五根阳线，有时也可能是六根或七根阳线。低档五阳线是见底信号，后市看涨。

（2）低档五阳线特征的说明

在下跌持续一段时期后，K 线图连续出现了五根阳线（有时可能是六七根），表示在此价位多方承接力量较强。

如果低位连续拉出五根以上小阳线，则可以说明出现了低档五阳线，那么此时投资者可逢低适量买进，风险不大，短线获利机会较多。

9. 下跌三连阴

下跌三连阴出现在跌势中，由三根阴线组成，阴线多为大阴线或中阴线，每根阴线都以最低价或次低价报收，最后一根往往是大阴线。在下跌初期出现，继续看跌。在下跌后期出现，是见底信号在连续阴跌不止的情况下，特别是在股价已有较大跌幅后出现三连阴，表明已经用尽。具体操作技巧如下。

（1）股价若没有突破阻力价位，则按兵不动。

（2）股价突破阻力价位，即可按照阻力价位买进。股价突破阻力价位后又跌破，可择机加仓。

（3）股价在阻力价位之上，不建议追涨加仓，以避免收益折损。

（4）设定止盈观察点，一旦达到该点，可考虑适时离场，资产落袋为安，然后瞄准其他个股。

（5）设定止损观察点，一旦股价跌破该点，应在 20 交易日之内观察，获利即出局，杜绝贪念，以免下跌行情带来损失。

（6）止盈止损设置：

止盈观察点 = 实际买入价格 × （1 + 个股20 个交易日之内的平均盈利额度 ÷6.18 ）

止损观察点 = 阻力价位 × （1 − 6.18% ）

（7）本方法只适用于 20 个交易日之内的超短线投资，不适用于中长线。

10. 三金叉见底

（1）认识三金叉见底

三金叉见底指的是均线、均量线与 MACD 的黄金交叉点同时出现，股价在长期下跌后开始启稳筑底，而后股价缓慢上升，这时往往会出现 5 日与 10 日均线、5 日与 10 日均量线以及 MACD 的黄金交叉点，这往往是股价见底回升的重要信号。如图 9-11 所示。

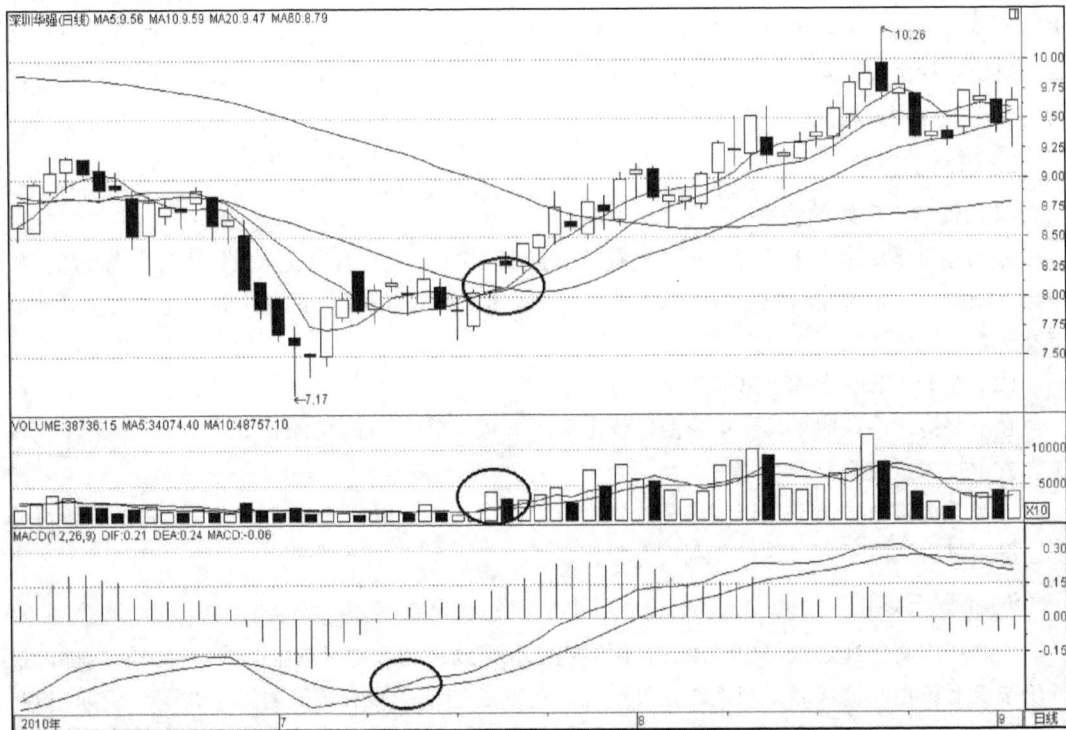

图 9-11　三金叉见底

（2）三金叉见底的市场意义

股价在长期下跌后人气涣散，当跌无可跌时开始进入底部震荡，随着主力的逐渐建仓，股价终于开始回升。刚开始的股价上涨可能是极其缓慢的，也有可能会潜龙出水、厚积薄发，但不管怎样最终都会造成股价底部的抬高与上攻行情的雄起。当成交量继续放大推动股价上行时，5 日、10 日均线、5 日、10 日均量线以及 MACD 会自然而然地发生黄金交叉，这是强烈的底部信号。随着股价的推高，底部买入的投资者开始盈利，而这种强烈的赚钱示范效应将会吸引更多的场外资金介入，从而全面爆发一轮气势磅礴的多头行情。

（3）三金叉见底的应用

①第一个买点为三金叉发生时。所谓的 5 日、10 日均线、均量线以及 MACD 三金叉并非绝对要求同时或同一天金叉，这仅是一种简单的描述。事实上均线、均量线及 MACD 三金叉只要在几个交易日之内发生，都可视同于"三金叉"，由于探底之前往往有一个放量的过程，均量线的金叉往往是第一个出现，三者当中最后一项发生金叉时就是短中线的买入信号。

②第二个买点为三金叉发生后上攻途中出现回档时。三金叉见底发生时，投资者当时有可

能没有注意到这种极好的短线介入点，其实在错过三金叉见底发生的买入信号之后，投资者仍可等待股价回档时出现的第二个买机，最有效的方法是股价在回档时可在 10 日或 20 日均线附近可逢低吸纳。只要股价仍保持原始上升趋势，这种逢低吸纳不失为较好的介入时机。

③在实际操作中，投资者应结合其他技术研判方法如 K 线买入法等来把握买点。在三金叉见底过程中，往往会伴随出现买入的 K 线组合或其他研判方法，而两阳夹一阴、阳后两阴阳、三阳开泰等买进信号出现，也从侧面进一步证明了三金叉见底的有效性，这也符合更多指标发出买入信号将极大地提高研判准确性概率的规律。

11. 早晨之星

早晨之星又称"黎明之星""晨星""希望之星"，是由三根 K 线组成的 K 线组合形态，它是一种行情见底转势的形态。这种形态假如出现在下降趋势中应引起注重，因为此时趋势已发出比较明确的反转信号，是一个非常好的买入时机。

早晨之星有三种形态特征：在下降趋势中某一天出现一根长阴实体；第二天出现一根向下跳空低开的星形线，且最高价低于头一天的最低价，与第一天的阴线之间产生一个缺口；第三天出现一根长阳实体。早晨之星一般出现在下降趋势的末端，是较强烈的趋势反转信号。

早晨之星的 K 线形式一般出现在下降趋势的末端，是一个较强烈的趋势反转信号，谨慎的投资者可以结合成交量和其他指标分析，得出相应的投资参考。

12. 黄昏之星

黄昏之星又称"暮星"，是一种类似早晨之星的 K 线组合形式，可以认为是后者的翻转形式，因此黄昏之星在 K 线图中出现的位置也与后者完全不同。

黄昏之星有三种形态特征：在上升趋势中某一天出现一根长阳实体；第二天出现一根向上跳空高开的星形线，且最低价高于头一天的最高价，与第一天的阳线之间产生一个缺口；第三天出现一根长阴实体。

黄昏之星的情况同早晨之星正好相反，它是较强烈的上升趋势中出现的反转信号。黄昏之星的 K 线组合形态假如出现在上升趋势中应引起注重，因为此时趋势已发出比较明确的反转信号或中短期的回调信号，对于投资者来说可能是非常好的卖入时机或中短线回避的时机。同时如能结合成交量研判，对于提高判定的准确性有更好的帮助。

第 10 章　K 线反转形态

炒股小词典

反弹——在下跌的行情中，股价有时由于下跌速度太快，受到买方支撑面暂时回升的现象。反弹幅度较下跌幅度小，反弹后恢复下跌趋势。

10.1　头肩顶和头肩底形态

1. 头肩顶

作为最为常见的反转形态，头肩顶跟随上升市势而行，并发出市况逆转的信号。头肩顶图形由左肩、头、右肩及颈线组成。当三个连续的价格形成左肩时，其成交量必需最大，而头部次之，至于右肩应较细。头肩顶为典型的熊态出货信号。

（1）头肩顶形态的形成过程

头肩顶形态的形成过程如下，如图 10-1 所示。

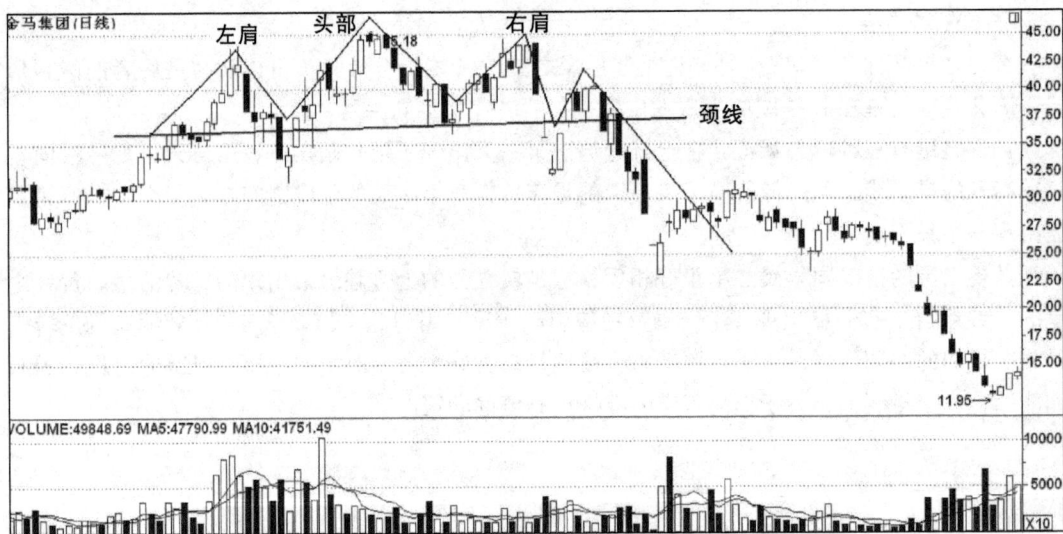

图 10-1　头肩顶

首先，股价经过一段时间的上涨，伴随成交量不断放大，积累了巨大的获利盘，于是，一些投资者选择落袋为安，导致价格出现回落。不过，当股价回落时，成交量却不断减少。这时候，头肩顶的左肩首先形成。

其次，当股价回落整理一段时间，一些投资者再次买进，于是股价重新上涨，成交量也随之重新放大。但是，这一高点的成交量比左肩明显减少。这时，价格突破上次高点，投资者大量抛售，导致股价再次回落，成交量在回落期间也同样减少。这时，头部形成。

最后，当股价下跌到接近上次的回落低点时，股价获得支撑。但是，由于追高买进者较少，成交量比左肩和头部时要大大减少，股价没有像上次一样冲破头部高点便下跌，于是形成右肩部分。

如果把两次短期回落的低点用直线连接起来，便可画出头肩顶的颈线，只要颈线支持跌破，头肩顶形态便正式形成。

（2）头肩顶的应用

头肩顶的应用主要有以下四个方面。

①这是一个长期性趋势的反转形态，通常会在牛市的尽头出现。

②当最近的一个高点的成交量较前一个高点低时，就暗示了头肩顶出现的可能性；当第三次回升股价没法升抵上次的高点，成交量继续下降时，有经验的投资者就会把握机会沽出。

③当头肩顶颈线击破时，就是一个真正的沽出信号，虽然股价和最高点比较，已回落了相当的幅度，但跌势只是刚刚开始，未出货的投资者继续沽出。

④当颈线跌破后，投资者可根据这个形态的最少跌幅量度方法预测股价会跌至哪一水平。这量度的方法是，从头部的最高点画一条垂直线到颈线，然后在完成右肩突破颈线的一点开始，向下量出同样的长度，由此量出的价格就是该股将下跌的最小幅度。

（3）头肩顶的注意事项

投资者在应用头肩顶时应注意以下四个方面。

①成交量。左肩时要求量价配合，头部时由于多空双方大量换手，成交量也很大，但与左肩相比成交量已呈现颓废之势，不能有效地放量或低于左肩的水平，右肩在回抽过程中由于元气大伤，成交量呈现出持续萎缩的态势。

②颈线。连接头部形态中的两点波谷所构成的水平压力线为颈线，在头肩顶中颈线不一定就是水平线，但不管颈线是向上还是向下倾斜，都改变不了自由落体下跌的命运。大盘 2 245 点时的头肩顶的颈线是向下倾斜的，表明下跌动力十分充足。

③突破。头肩顶向下突破颈线时，与头肩底不一样，不需要成交量的配合，即缩量突破也有效。跌破后经常伴有回抽确认，突破一般以超过颈线 3% 为标准。头肩顶的突破往往较头肩底要可靠得多，当然在实战中只要没有突破颈线，就不能断定将出现反转下行的情况，虽这将失去在头部的最佳出货机会，但要想卖出天价在实战中是十分困难的。

④量度跌幅。先量出头部至颈线的最大距离，由突破位置开始计算，向下减去最大距离即为头肩顶的量度跌幅。这仅是理论上的跌幅，股价在完成量度跌幅后仍有继续下跌的动力。

（4）头肩顶与其他指标的综合应用

一般来讲，当头肩顶的颈线被击破时，就是卖出信号。不过，任何一种技术形态都不是万能的。头肩顶的形态也一样。投资者在利用该形态时，要结合均线一起研判，这样，可以在一定程度上防止被形态的假突破所误导。简单来讲，头肩顶的卖出技巧上，要把握以下四点。

①头肩顶形成后，若股价在右肩位置向下跌破颈线位，同时，该股短期均线（5 日、10 日、20 日等）呈现空头排列，投资者应该高度警惕。

②若股价向下跌破颈线位后，短期均线虽呈现空头排列，但中、长期均线（60 日、120 日、250 日等）对股价存在有力支撑，投资者可以观望，或卖出部分股票，控制好仓位。

③若股价继续跌破中、长期均线，投资者就应坚决清仓卖出股票。同时，股价跌破颈线后，如果成交量降到很低，往往会产生一次反抽，投资者可以抓住这一机会卖出股票。

④另外，头肩顶形态也要结合 MACD 指标、KDJ 指标等卖出信号共同研判。

实战中投资者还需注意以下三个方面。

①头肩顶末期的指标超卖信号大多是多头陷阱。由于头肩顶发展到右肩或向下破位时，整个头部区域变成较大的整理区，因此 KDJ、RSI 等指标往往在弱势区内运行，这时不要迷恋于指标，因为股价略有回抽，指标就能被修复，从而为进一步暴挫腾出较大的空间。

②头肩顶属于可靠的反转形态，失败的情形较为罕见。不过头肩顶有时也会充当持续形态，演变成喇叭形或矩形，颈线被有效跌破的确认将十分重要。

③实战中有时会出现一头多肩或多头多肩的形态，虽较为复杂，但万变不离其宗，其实质仍为头肩底。

2. 头肩底

头肩底跟随下跌市势而行，并发出市况逆转的信号。顾名思义，该 K 线组合图形以左肩、头、右肩及颈线组成。三个连续的谷底以中谷底（头）最深，第一及最后谷底（分别为左、右肩）较浅及接近对称，因而形成头肩底形态。当价格一旦升穿阻力线（颈线），则出现较大幅上升。

（1）头肩底的形成过程

头肩底和头肩顶的形状一样，也包括左肩、头部和右肩，如图 10-2 所示。

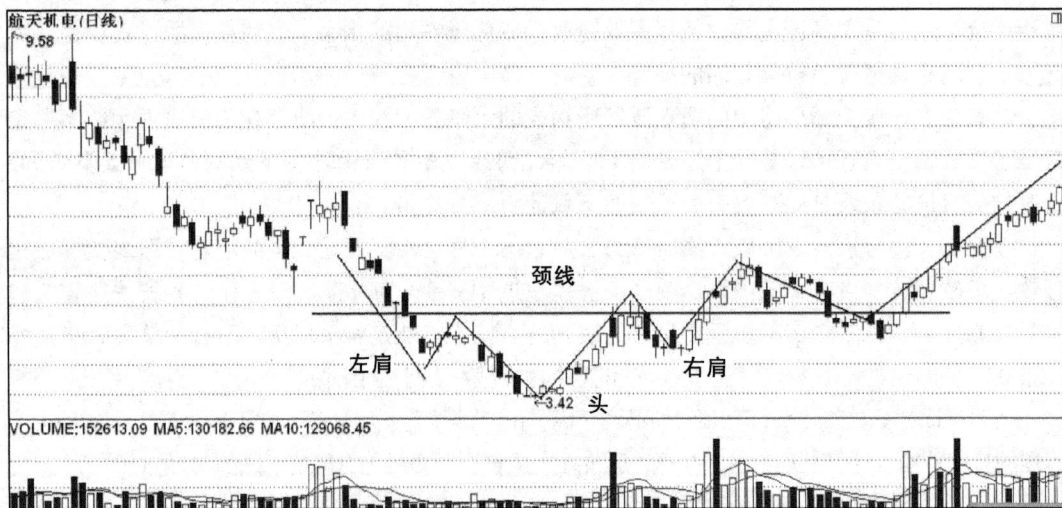

图 10-2　头肩底

左肩的形成过程为，股价在急速下跌过程中止跌反弹。形成这部分时，成交量在下跌过程中出现放大迹象，而在左肩最低点回升时则有减少的倾向。

头部的形成过程为，第一次反弹受阻，股价再次下跌，并跌破了前一低点，之后股价再次止跌反弹。形成头部时，成交量会有所增加。

右肩的形成过程为，第二次反弹再次在第一次反弹高点处受阻，股价又开始第三次下跌，但股价跌到与第一个波谷相近的位置后就不下去了，成交量出现极度萎缩，此后股价再次反弹。第三次反弹时，成交量显著增加。

（2）头肩底的应用

头肩底的应用主要有以下七个方面。

①头肩底告诉投资者过去的长期性趋势已扭转过来，买方力量代替卖方力量完全控制整个市场。

②头肩底是一个反转形态，通常在熊市的底部出现。

③当头肩底颈线突破时，就是一个真正的买入信号，虽然价格和最低点比较，已上升一段幅度，但升势只是刚刚开始，尚未买入的投资者应该继续追入。

④其最少幅度的量度方法是从头部的最低点画一条垂直线与颈线相交，然后，从右肩突破颈线的一点开始，向上量度出同样的高度，所量出的价格就是将会上升的最小幅度。

⑤在回抽颈线位时买入，适于稳健型投资者，但如果遇到走势强劲的黑马股，那么突破后往往并不做回抽，可能会因失去机会而令人失望。

⑥在突破颈线位当天收市前买入，适于进取型投资者，但由于追进价较高，可能要承担回抽时的暂时套牢，也可能是无效突破而高位套牢的风险。

⑦更为大胆的投资者为获取更大利润，往往在头肩底的右肩形成中即开始建仓，也就是根据一般情况下形态对称的特性，在右肩接近左肩低点时买入。

（3）头肩底的注意事项

①"头肩顶"和"头肩底"的形状差不多，主要的区别在于成交量方面。

②当颈线阻力突破时，必须要有成交量激增的配合，否则这可能是一个错误的突破。不过，如果在突破后成交逐渐增加，形态也可确认。

③一般来说，头肩底较为平坦，因此需要较长的时间来完成。

④在升破颈线后可能会出现暂时性的回跌，但回跌不应低于颈线。如果回跌低于颈线，又或是在颈线水平回落，没法突破颈线阻力，而且还跌低于头部，这可能是一个失败的头肩底形态。

⑤头肩底是极具预测威力形态之一，一旦获得确认，升幅大多会多于其"最少升幅"的。

（4）利用头肩底选择个股

①选择基本面良好、有长远发展前景的个股。因为即使短期的参与失败了，从长期来看成功概率依旧较大，并且此类个股往往是长线资金关注的对象，只要调整到一定位置，就会有相当多的资金逢低买入参与。

②应关注那些右肩略高于左肩并且有明显放量的个股品种。因为这意味着该股的反弹力度大，并且盘整中放量意味着参与资金充足，因此后市值得看高。

③要注意的是，所谓的"肩"的位置（即横盘整理的平台）不应太长，其时间在两周附近，太长时间横盘的个股往往有风险。

④向下突破探底的时候，其下跌的幅度不应太深，反弹的时候力度要大于下跌的速度。

⑤学会止损。投资者在运用头肩底操作个股的时候，应该注意风险的控制。一旦失败了要注意及时止损。如果右边平台盘整的时间过长，往往意味着新的下跌会来临，此时就应及时出局，以避免更大的损失。因为头肩底失败后，后市下跌的空间会更大，有的还会创出新低。

10.2 双重顶和双重底形态

1．双重顶

（1）双重顶的市场含义

股价的持续上升为投资者带来了相当的利润，于是他们沽售，这一股沽售力量令上升的行情转为下跌。当股价回落到某水平，吸引了短期投资者的兴趣，另外较早前沽出获利的亦可能在这水平再次买入补回，于是行情开始恢复上升。但与此同时，对该股信心不足的投资者会因觉得错过了在第一次的高点出货的机会而马上在市场出货，加上在低水平获利回补的投资者同样会在这一水平再度卖出，强大有沽售压力令股价再次下跌。由于高点两次都受阻而回，令投资者感到该股没法再继续上升（至少短期该是如此），假如越来越多的投资者沽出，令到股价跌破上次回落的低点（即颈线），于是整个双重顶形态便告形成。如图10-3所示。

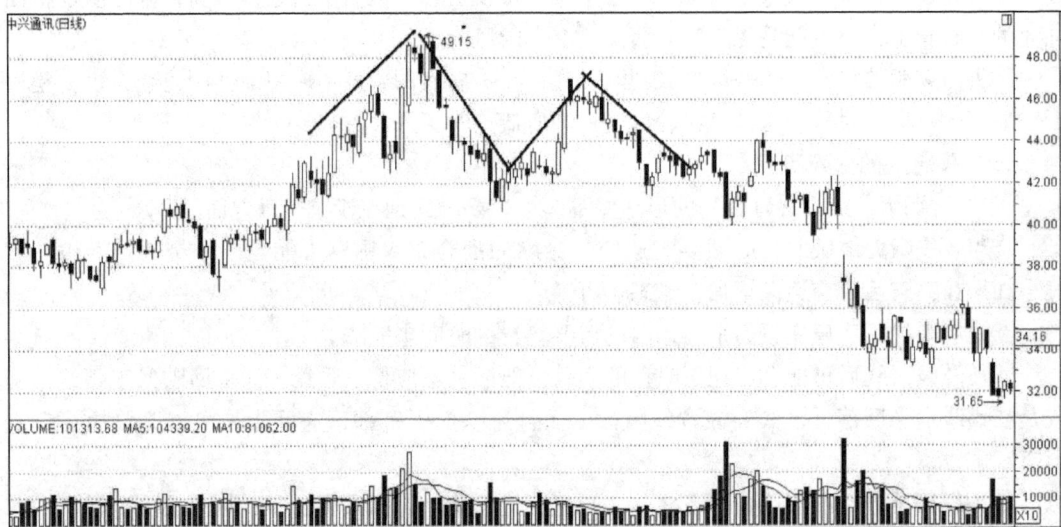

图10-3　双重顶

（2）双重顶的最佳卖点

①双重顶有两处卖点，第一处卖点是双重顶的右顶转折处，一般投资者大多都在此卖出。此处是双重顶的最佳卖点，在此卖出的投资者，都称得上是"先知先觉者"。双重顶的第二处卖点是颈线位，股价跌破颈线后，表明一轮较大的下跌行情即将来临，此时将手中的货全部卖出，为最明智的操作。

②双重顶有时出现在底部的调整行情中，下跌的空间有限，卖出后，投资者应密切关注其走势，一旦调整到位，应及时买回。因为双重顶处在复合型双重底的颈线位处，会出现较大的上涨行情，如不补回容易吃"踏空"的亏。

（3）双重顶的应用

①双重顶的两个最高点并不一定在同一水平，二者相差少于3%是可接受的。通常来说，第二个头可能较第一个头高出一些，原因是看好的力量企图推动股价继续再升，可是却没法使股价上升超逾3%的差距。一般双底的第二个底点都较第一个底点稍高，原因是先知先觉的投资者在第二次回落时已开始买入，令股价没法再次跌回上次的低点。

②双重顶最少跌幅的量度方法是，从突破颈线点开始计起，后市至少会再下跌一个从颈线到双头连线的垂直距离。

③双重顶的两个高峰都有较明显的大成交量，但第二个头部的成交量较第一个头部明显少得多，这反映出市场的买力已在转弱。

④双重顶跌破颈线时，无需大成交量的配合也可信赖。

⑤双重顶通常在向下突破后，会出现短暂的反方向移动，称为反抽，双头的反抽不高于颈线，则形态依然有效。

⑥该形态处在高位，前期上涨的幅度越大，后市下跌深度会越深，高位卖出的，不担心踏空。如果双重顶出现在低位，不能按顶部反转信号进行操作，应按其他形态对待。

⑦一般来说，双重顶的最终实际下跌幅度通常是最少跌幅的 1～3 倍。

⑧双重顶的两个顶点之间的距离越远，即形成双顶所持续的时间越长，则将来双重顶反转后的波动越剧烈，下跌更猛。

⑨双重顶由于构成所需时间较头肩顶短，套牢的浮动筹码也较头肩顶少，因此并不一定全出现在顶部反转形态中，有时候在多头行情的整理过程中，也会出现小型的双重顶形态。

⑩双重顶分标准型和复合型两种。标准型就是只有两个顶部；复合型 "M 头" 有时左右会出现多个小顶部。二者均是可信的反转信号，投资者应大胆操作。

2. 双重底

（1）双重底的市场含义

由于市场经过一段长时间的空头趋势后，股价跌幅已大，持货的投资者觉得价格太低而惜售，而另一些投资者则因为新低价的吸引而尝试买入，于是股价呈现回升态势，当上升至某一水平时，较早前短线投资买入者获利回吐，那些在跌市中持货的亦趁回升时卖出，因此股价再一次下挫。但对后市充满信心的投资者觉得他们错过了上次低点买入的良机，所以这次股价回落到上次低点时便立即跟进，当越来越多的投资者买入时，求多供少的力量便推动股价扬升，而且还突破了上次回升的高点（即颈线）。扭转了过去下跌的趋势。如图 10-4 所示。

（2）双重底的内在含义

真正的双重底形态反映的是，市场在第一次探底消化获利筹码的压力后下探，而后再度发力展开新的行情。既属于技术上的操作，也有逢低吸筹的意义，也就是在第一次上涨中获得的筹码有限，为了获得低位的廉价筹码，所以再度下探。这就反映出双重含义：一是做多的资金实力有限并且参与的时间仓促，所以通过反复的方式获得低位筹码同时消化市场压力，否则市场的底部就会是 V 形的；二是市场的空方压力较大，市场上涨过程中遇到了较大的抛盘压力，市场并没有达成一致看多的共识，不得不再次下探。

（3）双重底的最佳买点提示

①双重底有三次买入时机。第一次买入时机是当股价反弹后下跌至前次低点附近时，这实际上也就是前面介绍的二次探底不破，第二次买入时机是股价放量上涨突破颈线位时，第三次买入时机是股价有效突破颈线位后明显缩量回抽时。

②当时认为的双重底也有演化成下降三角形，或下跌过程中的箱形整理时，或假突破的可能，其后再创新低继续下跌。因此，投资者应有止损的准备。第二次下跌至前次低点附近时买入的股票，在股价有效跌穿第一个低点时应止损；股价向上突破颈线位和回抽颈线时买入的股

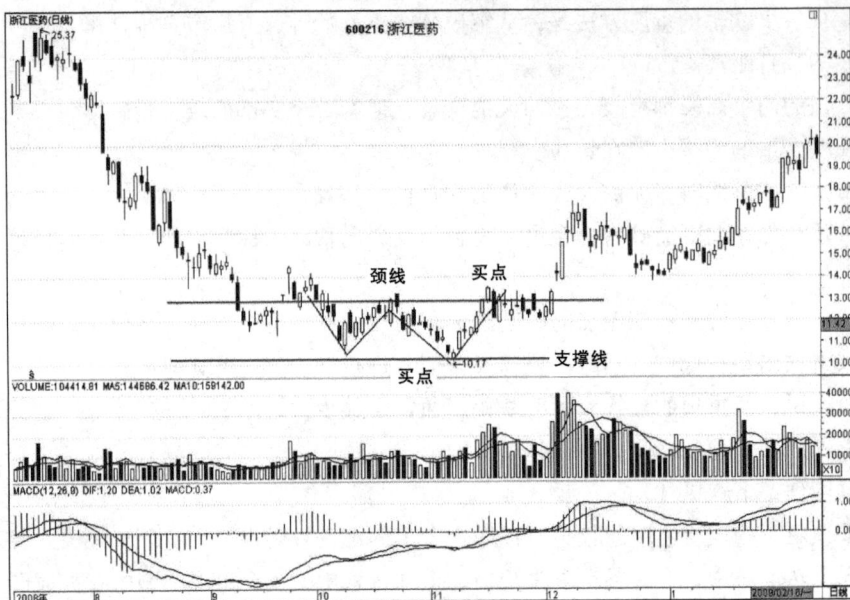

图 10-4　双重底

票，在股价跌至颈线位下而又无上涨迹象时，投资者应暂时出局观望。

③有时投资者在反弹结束下跌至第一个低点买入时以为是双重底，但股价仅上升至前一次反弹的高度附近就告回落且又在前两次的低点附近止跌回升，这次上涨至前次反弹的高度时才放量突破展开上行行情，这就是常说的三重底，它是由双重底演变而来，只是其完成的时间更长，突破后的上涨更有力、幅度更大。因此，三重底的第三个低点附近和放量突破颈线时是最佳买入时机。

（4）双重底的应用

①双重底形态中的颈线在实战中具有较强的参考意义。股价在颈线之下，颈线就是一条重要的长期压力线；颈线一旦被有效突破后，它就是一条极重要的长期支撑线。

②双重底形态一旦形成，其准确性很高且向上突破的力度很强。股价有效向上突破颈线后，其上升的幅度最少相当于底部至颈线的垂直距离，即基本量度升幅。而且实际中双重底的上升幅度往往会超过基本量度的升幅，特别是流通股在 1 亿股以下的中小盘股。

③颈线和基本量度升幅是双重底形态中两个重要的研判标准，在实际研判和操作中，投资者一定要加以注意。

④双重底的两个底点（即底部）往往不是在同一水平上，只要两者间幅度相差不超过10%就不影响分析。在一般情况下，双重底形态中后一底应该比前一个底位置要高，而且后一个底的成交量要大于前一个底的成交量，这样的双重底形态更为可靠。

10.3　三重顶和三重底形态

1. 三重顶

（1）认识三重顶

三重顶又称为三尊头，是以三个相近的高位而形成的反转形态，通常出现在上升市况中。

三重顶形态也和双重顶十分相似，只是多一个顶，且各顶分得很开、很深。成交量在上升期间一次比一次少。如图10-5所示。

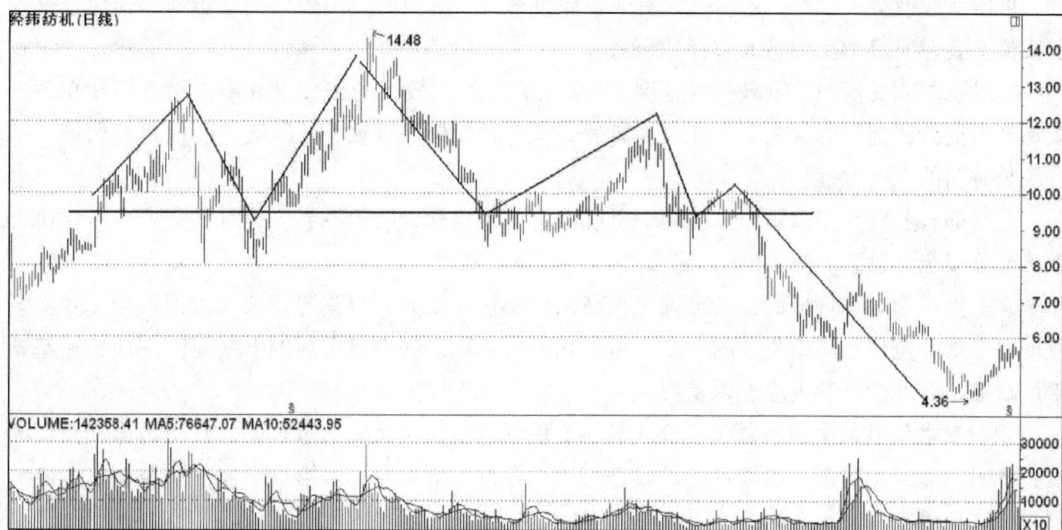

图 10-5 三重顶

（2）三重顶的特征

三重顶有如下四个方面的特征。

①三重顶的三个顶部的高度相差不多（这是与头肩顶的区别，没有"头部"），只要幅度不超过10%，就不会影响形态的分析。在实际走势中，常见的是第三个顶最高，第一个顶高度最低。

②在第一个顶形成前，股价在底部已经有了相当大的涨幅（个股70%以上），涨幅越大越可靠。

③在三重顶中，第一个成交量可能最大，第二个顶成交量次之，最后一个顶成交量最小，最好是成交量明显萎缩。

④三重顶的形成周期从第一个顶算起至少要在两个月以上，如果时间少于两个月很可能就是失败的三重顶。

（3）三重顶的市场含义

价格上升到某一高度后，投资者开始获利回吐，市场在他们的沽售下从第一个峰顶回落，当股价落至某一区域即吸引了一些看好后市的投资者的兴趣，另外以前在高位沽出的投资者亦可能逢低回补，于是行情再度回升，但市场买气不是十分旺盛，在股价回复至与前一高位附近时即在一些减仓盘的抛售下令股价再度走软，但在前一次回档的低点被错过前一低点买进机会的投资者及短线投资者的买盘拉起，但由于高点两次都受阻而回，令投资者在股价接近前两次高点时都纷纷减仓，股价逐步下滑至前两次低点时一些短线买盘开始止蚀，此时若愈来愈多的投资者意识到大势已去均沽出，令股行跌破上两次回落的低点（即颈线），于是整个三重顶形态便告形成。三重顶形成后，做多的投资者大多会在此平仓。同时有些投资者会在第三个顶部出现时做空，两股空头力量汇聚在一起，价格就会向下跌落。

（4）三重顶的应用

①三重顶形态中的颈线位在实战中具有重要的参考意义。股价在颈线以上就有强劲的支撑，可以持股或买入股票，股价一旦有效下破颈线位，应及时卖出股票或持币观望，而且这条颈线位就会对股价的反弹构成较强的压力。

②股票的收盘价向下跌破颈线幅度3%以上，并有比较大的成交量放出，而且不能在3个交易日内重新回到颈线位之上，此时为有效突破。颈线位一旦被有效跌破，股价将开始进入一个较长时间的下跌过程。

③有部分股票在完成颈线突破后，可能会有一个反抽颈线的机会，此时投资者应抓住机会卖出部分或全部股票。

④三重顶形态一旦形成，其准确性很高而且杀伤力极大。与头肩顶和双重顶一样，基本量度跌幅也是三重顶形态很关键的一点。由于在股价实际走势中三重顶的下跌幅度往往超过基本量度跌幅，因此投资者更应加以重视。

⑤在三重顶形态中，如果在股价从第一个顶下跌至第一个底的过程中，成交量出现极度萎缩，说明主力只是洗盘，投资者可以放心买入，等待股价拉升；从第二个顶下跌至第二个底的过程中成交量没有并没有萎缩多少，说明在大肆出货，投资者应及时卖出股票，更不可轻易买入。

（5）三重顶的注意事项

①三重顶的顶峰与顶峰，或底谷与底谷的间隔距离与时间不必相等，同时三重顶的底部不一定要在相同的价格处形成。

②三个顶点价格不必相等，大致相差在10%以内就可以了。

③三重顶的第三个顶，其成交量非常小时，即显示出下跌的征兆。

④三重顶形态中，如果是一个顶比一个顶低，可能是失败的三重顶，投资者可综合三角形整理形态来加以研判。

⑤三重顶形态中形成三个顶点的时间跨度越长，反转形态就越成立。如果三顶之间的间隔很近，就可能是整理形态，而非大势反转。

2. 三重底

（1）认识三重底

三重底既是头肩底的变异形态，也是W形底的复合形态，三重底相对于W形底和头肩底而言比较少见，却又是比后两者更加坚实的底部形态，而且形态形成后的上攻力度也更强。如图10-6所示。

三重底形态的成立必须等待有效向上突破颈线位时才能最终确认。因为，三重底突破颈线位后的理论涨幅，将大于或等于低点到颈线位的距离。所以，投资者即使在形态确立后介入，仍有较大的获利空间。

（2）三重底的形态特征

三重底有如下三个方面的形态特征。

①该形态多发生在波段行情的底部或是多头与空头行情的修正走势之中。不是上述两种位置的三重底，不能认定价格跌到了低位，做多容易被套，更谈不上获利。

②该形态的三个底部低点应大体处在同一水平线上，即三个底部的最低价位应基本接近，

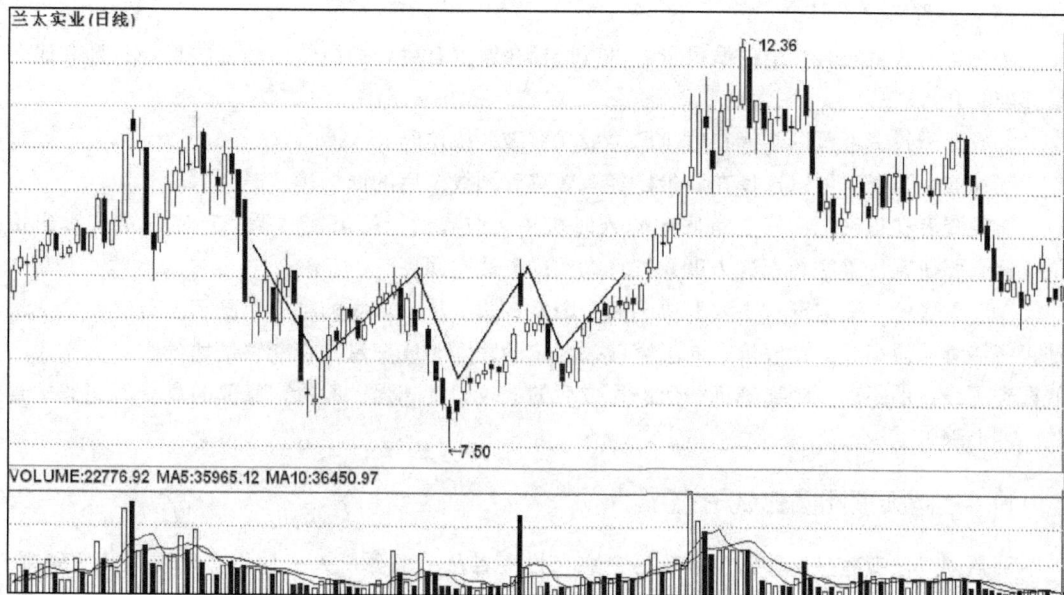

图 10-6　三重底

三个底部的低点如果相差过大，就不能按三重底操作。

③该形态的三个底部低点之间应保持一定的间隔，间隔的距离越大，后市上涨的空间就会越大。

（3）三重底的市场含义

由于市场经过一段长时间的空头趋势后，股价跌幅已大，使得部分胆大的投资开始逢低吸纳，而另一些高抛低吸的投资者亦部分回补，于是股价出现第一次回升，当升至某一水平时，前期的短线投资者及解套盘开始沽出，股价出现再一次回挫。当股价落至前一低点附近时，一些短线投资者高抛后开始回补，由于市场抛压不重，股价再次回弹，当回弹至前次回升的交点附近时，前次未能获利而出的持仓者纷纷回吐，令股价重新回落，但这次在前两次反弹的起点处买盘活跃，当越来越多的投资者跟进买入，股价放量突破两次转折回调的高点，三重底走势正式成立。

（4）三重底成立的确认标准

①三重底形态的三次低点时间，通常至少要保持在 10～15 个交易日以上，如果时间间隔过小，往往说明行情只是处于震荡整理中，底部形态的构筑基础不牢固，即使形成了三重底，由于其形态过小，后市上攻的力度也会有限。而近期的三重底的第一和第二低点之间间隔 9 天，第二和第三低点之间间隔 11 天，只是勉强符合标准。

②三重底的三次上攻行情中，成交量要呈现出逐次放大的态势，否则极有可能反弹失败。如果大盘在构筑前面的双底形态时，在期间的两次上升行情中，成交量始终不能有效放大的话，将极有可能导致三重底形态的构筑失败。

③在三重底的最后一次的上攻行情中，如果没有增量资金积极介入的放量，仍然会功败垂成。所以，三重底的最后一次上涨必须轻松向上穿越颈线位时才能最终确认。股价必须带量突破颈线位，才能有望展开新一轮升势。

（5）三重底的应用

①在运用三重底时，激进型投资者可以选择在股价有突破颈线位的确定性趋势并且有成交量伴随时介入。

②成熟型投资者可以选择在股价已经成功突破颈线位时介入。

③稳健型投资者可以选择在股价已经有效突破颈线位后的回档确认时介入。

④投资者在正确把握好三重底的介入时机买入股票后，就需要掌握三重底的最佳卖出价位。这需要研判三重底的上涨力度并推算大致的上涨空间。

⑤三重底的上涨力度，主要取决于四个因素：股价从三重底的第三个底部上升时，成交量是否能持续性温和放大；股价在向上突破颈线位的瞬间时成交量是否能够迅速放大；三重底的低点到颈线位的距离。距离越远，形态形成后的上攻力度越强；股价在底部的盘旋时间通常越久，其上涨力度越大。

10.4　圆弧顶和圆弧底形态

圆弧顶与圆弧底是两种常见的反转形态，投资者及市场分析人士均相当重视对其的研判，在头肩顶和头肩底反转形态中，股价起伏波动较大，反应多空双方争斗激烈，在突破颈线后，形态成立；而圆弧顶及圆弧底形态是渐进的过程，市场多空双方势均力敌，交替获胜，使股价维持一段较长时间的盘整，最终才会出现向上或向下的反转行情。

1. 圆弧顶

（1）认识圆弧顶

在圆弧顶形态中，股价呈弧形上升，虽然顶部不断升高，但每一个高点微升即回落，先是出现新高点，回升点略低于前点，如果把短期高点相连接，就可形成一个圆弧顶。同时在成交量方面也会呈圆弧状。如图 10-7 所示。

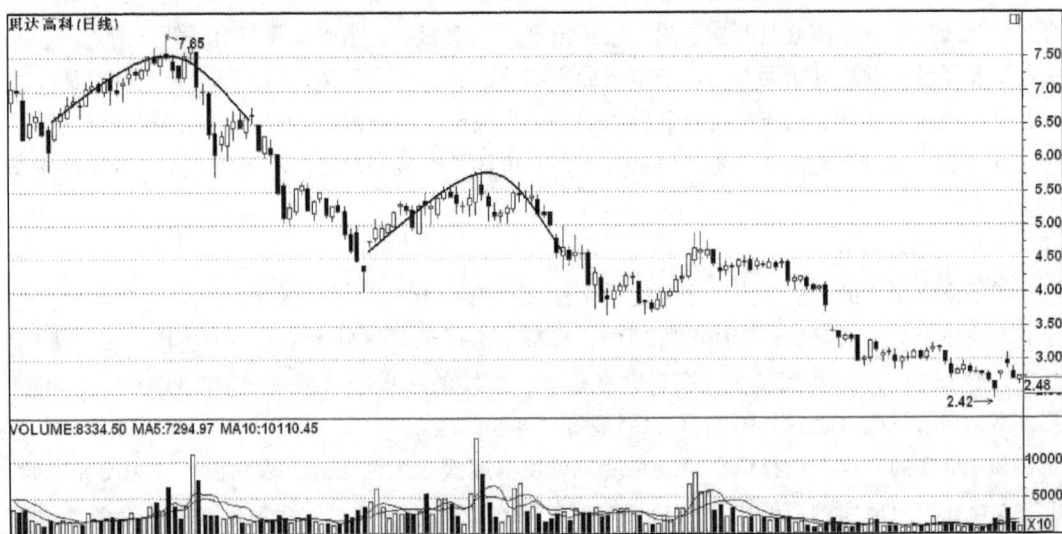

图 10-7　两次圆弧顶

（2）圆弧顶的市场含义

多方在维持一段股价或指数的升势后，力量逐步趋弱，难以维持原来的购买力，使涨势缓和，而空方力量却有所加强。导致双方力量均衡，此时股价保持平台整理的静止状态。一旦空方力量超过多方，股价开始回落，起初只是慢慢改变，跌势不明显，但后来空方完全控制市场，跌势转急，表明一轮跌势已经来临。圆弧反转在股价的顶部出现，等股价跌破前一次形成圆弧顶始点时形态才能确立。

（3）圆弧顶的应用

①由于圆弧顶形态耗时较长，没有像其他图形一样有着明显的卖出点，但其有足够的时间让投资者在趋势线、均线系统及其他指标形成之前及早退出。

②圆弧顶最小跌幅为圆弧顶至颈线的垂直距离，在跌破颈线3%，向下突破确立后，可采取卖出策略。

③圆弧顶成交量多呈现不规则状，一旦圆顶右侧量小于左侧量甚为明显时，圆弧顶形成的概率就高。投资者应密切关注，当发现有风险时，及时卖出。

（4）圆弧顶的注意要点

①有时圆弧顶部形成后，股价不一定会马上下跌，只是横向发展形成平台整理区域，这平台整理区称为碗柄。不过，这碗柄很快会被突破，股价继续朝预料中的趋势下跌。

②圆弧顶出现在高价区，是下跌浪的开始。圆弧顶的最小跌幅一般是，圆弧头部颈线到圆弧顶最高点之间的直线距离。

③"圆弧顶"常出现于绩优股中，由于持股者心态稳定，多空双方力量很难出现急剧变化，所以主力在高位慢慢派发，K线形成圆弧。

④在顶部形成过程中，成交量巨大而不规则，常常在股价上升时成交量增加，在上升至顶部时反而显著减少，在股价下滑时，成交量又开始放大。

⑤在"圆弧底"末期，股价缓慢盘跌到一定程度，引起持股者的恐慌，使跌幅加剧，常出现跳空缺口或大阴线，此时是一个强烈的出货信号，应果断离场。

⑥投资者需要注意的是，实盘中圆弧顶出现的位置在很多情况下都不代表真正的顶部位置，它往往比最顶部稍矮一些。这也就意味着，现实中的圆弧顶往往出现在价格的中高位置上。我们可以看到历史上炒作比较激烈的老庄股的走势：在经过一段时间的价格上涨后，在上涨的末期阶段，股价走势会形成加速上涨，暂时摆脱以前的运行轨道，此后形成回落，但当股价下跌到稍低一点的位置后，圆弧顶形态将会逐步出现。

2. 圆弧底

（1）认识圆弧底

顾名思义，是指呈圆弧状的一种底部反转上攻形态，也称碗形，股价多处于低位区域，与潜伏底相似之处在于，交投清淡，耗时几个月甚至更久，体现了弱势行情典型特征，是投资者于跌市中信心极度匮乏在技术走势上的体现，由于价格经过长期下跌之后，很多投资者被高位深度套牢、亏损巨大，只好改变操作策略，长期持仓不动，被动等待解套。此时空方的能量也基本释放完毕，但由于前期下跌杀伤力强，短时间内买方也难以汇集买气，无法快速拖离底部上涨，只有长期停留在底部休整，以时间换空间，慢慢恢复元气，价格陷入胶着状态，振幅很小，此时便会形成圆弧底形态。如图10-8所示。

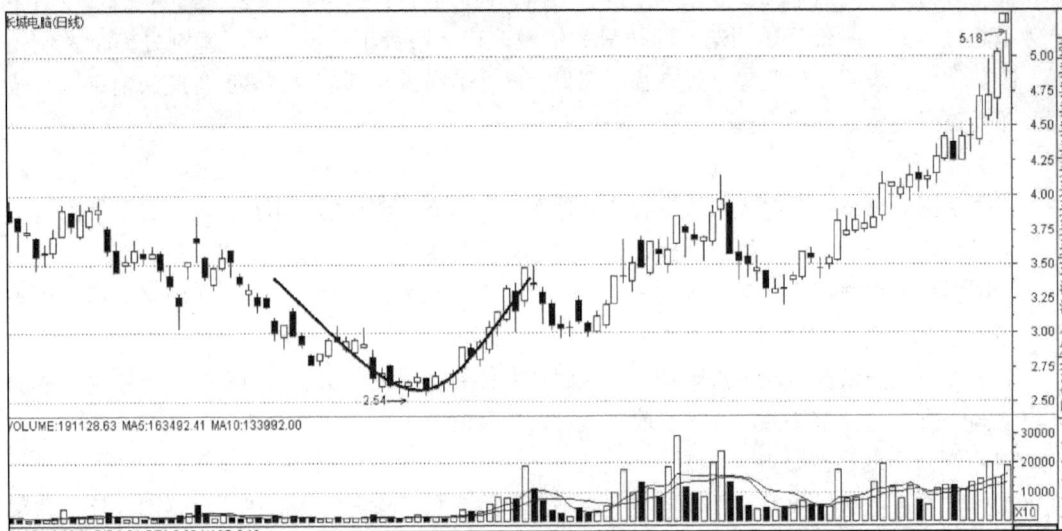

图 10-8　圆弧底

（2）圆弧底的市场含义

股价从高位跌下来，卖方的势力逐步减弱，主动性抛盘减少，买方力量畏缩不前，于是成交量随着股价下跌而持续下降。随着股价的持续下跌，买卖双方都已接近精疲力竭，所以股价跌幅越来越小，直至水平发展，同时成交量也极度萎缩。当股价跌至极低位时，开始有主力机构或先知先觉者入场悄悄收集，多方力量渐渐增强，股价及成交量缓缓上扬。到最后阶段，收集完成后，买方势力完全控制市场，股价迅速攀升，因为底部耗时长，换手充分，所以向上突破后，卖方无力抵抗，往往无需回档，短期升幅相当惊人。

（3）圆弧底的应用

①投资者有时会发现当圆弧的底部形成后，股价并不随即上涨，而是先走出一个来回窄幅拉锯的平台，此处是庄家进货的良好时机。

②在圆弧底形成中，由于多空双方皆不愿意积极参与，成交量极小，价格显得异常沉闷，这段时间显得很漫长，所以投资者不要过早介入，可选择在突破颈线时买入。

③主力庄家通常在圆弧底时吸货，投资者如在圆弧底形态内买进，则要注意在启动前的震仓洗盘。因为在涨升初期，会吸引大量散户买进，给机构庄家后期拉抬增加负担，一批浮动筹码与短线投资者被清扫出局后，机构才会大幅拉抬股价，在上涨途中，还会不断地利用旗形、楔形等多种整理形态调整上升角度，延续涨升，所以圆弧底形态从某种角度上说是黎明前的黑暗，在形态内价格貌似平静如水，实际上是在酝酿着一波滔天巨浪。

（4）应用时的注意要点

①由于圆弧底耗时长，所以投资者不应过早介入，首先，在买入之前必须确认成交量的底部已形成；其次，要在连续几日温和放量收阳线之后；另外，如果在圆弧底形成末期出现整理平台，则应在成交量萎缩至接近突破前成交量的水平时及时抢进。

②圆弧底的最终上涨高度往往是弧底最低点到颈线距离的 3～4 倍，但是圆弧底如果距离前期的成交密集区太近，尽管底部形成的时间足够长了，后市的上涨高度也有限，因为原有的

股票持有者没有经历一个极度绝望的过程，导致底部的换手率不高，限制了未来的涨升空间。

③圆弧底常见于低价股中，呈现一种平底延伸状，通常需要数月才能完成。在圆弧底形成期间，有时还常伴随蝶形底。

④投资者需要注意的是，圆弧底出现的概率较低，这是因为形成圆弧底的条件严格。首先它要求股价处于低价区；其次低价区的平均价格应该至少低于最高价的 50% 以上，距离前期成交密集区要尽可能的远；最后在形成圆弧底之前，股价应该是处于连续下跌状态。

10.5　V 形与倒 V 形反转形态

1. V 形反转

（1）V 形反转的形态特征

V 形反转具有如下三个方面的形态特征，如图 10-9 所示。

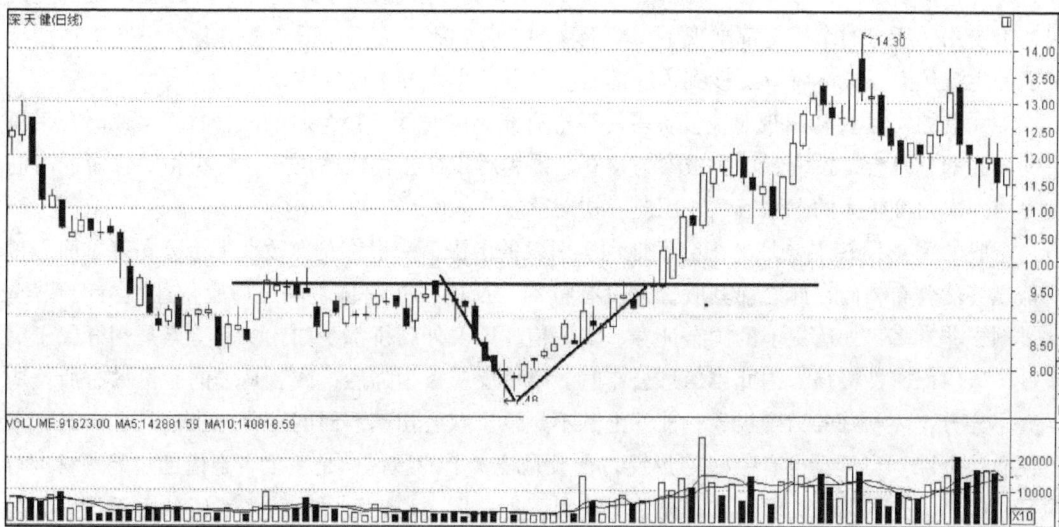

图 10-9　V 形反转

①下跌阶段：通常 V 形的左方跌势十分陡峭，而且持续一段短时间。

②转势点：V 形的底部十分尖锐，一般来说形成这转势点的时间仅两三个交易日，而且成交在这低点明显增多。有时候转势点就在恐慌交易日中出现。

③回升阶段：接着股价从低点回升，成交量亦随之而增加。

"伸延 V 形"是"V 形"的变形。在形成 V 形反转期间，其中上升（或是下跌）阶段呈现变异，股价有一部分出现向横发展的成交区域，其后打破这徘徊区，继续完成整个形态。

（2）V 形反转的市场含义

由于市场中卖方的力量很大，令股价稳定而又持续地下挫，当这股抛售力量消失之后，买方的力量完全控制整个市场，使得股价出现戏剧性的回升，几乎以下跌时同样的速度收复所有失地；因此图表上股价的运行形成一个像 V 字般的移动轨迹。

（3）V 形反转的注意要点

①V 形走势在转势点必须有明显成交量配合，在图形上形成 V 形。

②股价在突破伸延 V 形的徘徊区顶部时，必须有成交量增加的配合，在跌破倒转伸延 V

形的徘徊底部时，则不必要成交量增加。

③发现个股呈现显著的 V 形反转，结合个股基本面的研判，当有快刀斩乱麻般的勇气介入。

④V 形反转的底部最好是前期的底部附近，或者有上升趋势的支撑。

⑤前期该股曾是市场的牛股（新股除外），或者有一波力度不俗的涨幅，这样的个股庄家通常未出局，则 V 形反转比较可信。

（4）大盘 V 形反转和个股 V 形反转

大盘的 V 形反转主要是前期股指过度急跌导致的，它能在短期内出现惊人的上涨，最典型的例子是 2014 年的反转行情。2014 年 10 月 27 日至 31 日，受电力、银行等权重股的走强影响，上证综指一改五连阴走出了 V 形反转，盘中一度创下逾 20 个月的新高。此类行情往往在发生之前就有较大的跌幅，继之出现超跌，之后在一些利好消息的刺激下开始报复性反弹。也就是说，它是由于累计亏损巨大导致的、有内外双重因素刺激的反弹行情。而且，在初期阶段，市场几乎所有的个股全都出现了大幅上涨的走势，不久之后个股走势分化，但会出现持续上涨的主流热点，投资者只要抄到了底部，就可以获得十分丰厚的收益。

当大盘的 V 形反转出现时，投资者一般都有充足的时间选择个股的品种，而且此时几乎所有的个股都有机会，投资者可积极参与建仓。因为后市往往会快速拉升，会在相对较短的时间内完成一次力度较大的上涨行情，因此，初期就应介入。

个股的 V 形反转主要是由于突发性利多引发的上涨，一般都是有改变上市公司基本面的重要信息突然公布，而在此之前其股价并没有特别的反应，在消息明确之后股价往往持续涨停。此类例子非常多，如历史上的国金证券、安信信托以及外高桥都是如此。其特点是利好属于突发性，事前保密性极强，因此当信息公布时，股价反应极为强烈；或者是之前股价虽有所反应但并不充分，因利好的力度极大，前期上涨不足以反映公司基本面的变化，当信息公布时，股价便急速上涨。当然，也有一些 V 形反转个股是技术上的炒作，是主力资金借助短期题材进行疯狂的拉升，介入的主力资金往往是快进快出。但一般来说，V 形反转多数还是由于重大利好刺激而引发的行情。

个股的 V 形反转往往难以把握，这是因为许多个股往往连续涨停，不给机会，但涨到相当幅度、投资者有机会买入的时候，一般来说就是风险较大的时候。但此类个股有两种机会：一种是如果第一个涨停不坚定，投资者可积极参与；另一种是当上涨一波后有短暂的调整，之后会再度发力发起第二波冲击，因此在中期调整时可积极介入。但此类情况不太多，因为它需要非常大力度的利好刺激。

2. 倒 V 形反转

倒 V 形反转是指股价先一路上涨，随后股价一路下跌，头部为尖顶，在图形上就像倒写的英文字母 V。如图 10-10 所示。

（1）倒 V 形反转的形态特征。倒 V 形反转具有如下三个方面的形态特征。

①多发生于行情的末升段，指数在急涨之后，又再急速下跌，非常类似 K 线形态的 "一日反转"。

②最常引发此种行情的原因为，多为消息面的因素令投资者来不及反应市场的快速变化。

③在行情发展过程中，比较难马上发现是倒 V 形反转，但该形态很容易发生在对称三角形

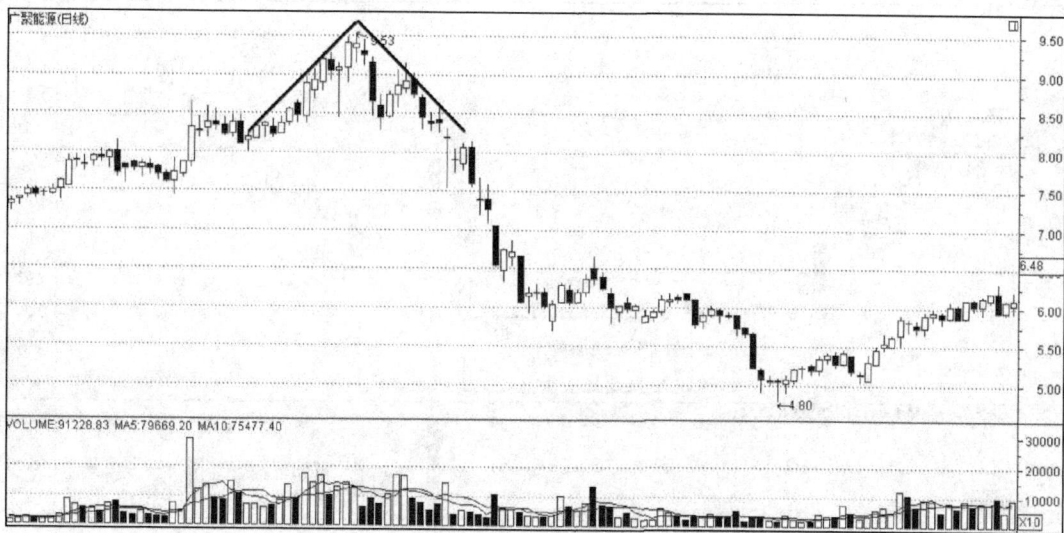

图 10-10 倒 V 形反转

的形态之后。

（2）倒 V 形反转的市场含义。股价在上涨趋势中，由于市场看好的气氛使得买盘强劲增多，股价上涨的速度越来越快，最后出现宣泄式暴涨，多头得到极度宣泄之后，便出现了危机，短线投资者见股价上涨乏力便会反手做空，这种现象越演越烈，股价走势也出现了戏剧性的变化，股价触顶后便一路下跌，这样就产生了倒 V 形反转。

（3）倒 V 形反转的行情研判。

①行情判断极为不易，无法从先前的指数走势来预推发生的可能性。

②反转发生后，低点爆大量才是指数比较容易出现的止跌点，但并不表示后续走势会反转。

10.6 岛形反转

1. 底部岛形反转

（1）认识底部岛形反转

在下跌行情中，股价已有了一定的跌幅后，某日突然跳空低开，留下了一个缺口，日后几天股价继续下沉，但股价下跌到某低点又突然峰回路转，股价开始急速回升，并留下了一个向上跳空的缺口。这个缺口与前期下跌时的缺口基本上处于同一价位区域。从图形上看，股价明显的分成了两块，中间被左右两个缺口隔开，使得图表中的下边一块成了漂离海岸的岛屿一般（有时候这个岛屿也可能由一根 K 线组成），如图 10-11 所示。底部岛形反转时常会伴随着很大的成交量。如果成交量很小，这个底部岛形反转图形就很难成立。

（2）底部岛形反转的市场含义

底部岛形形态的出现主要是由于股价在不断的下跌途中，原来想卖出的没法在预期的价位抛售，而持续的跌势却令他们终于忍不住不计成本地抢先出局，于是就形成一个向下的跳空缺口。可是股价却没有因为这个缺口而继续向下，而是在跌到较低价位时明显受到了强力的支撑，经过一段短时间的争执后，市场发现先前的抛售是一种错误，转而反手开始大量买入，这

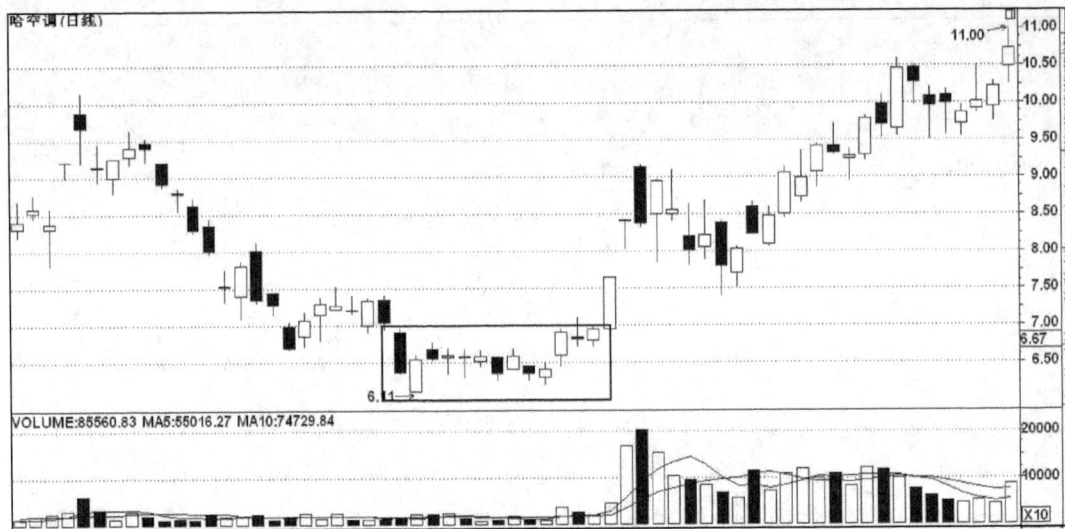

图 10-11　底部岛形反转

也就形成了一个向上的跳空缺口。从这点可以看出，岛形反转是由于投资者对市场有了重新的认识而形成的。因此，岛形反转是出现在一个中继行情中或一个长期行情中，一旦形成岛形，我们可以当机立断做出判断，而且其爆发力度相对来说很强。

（3）底部岛形反转的应用

底部岛形反转是个转势形态，它表明股价见底回升，将从跌势转化为升势。虽然这种转势并不会一帆风顺，多空双方有一番激烈的斗争，但总体形势将有利于多方。通常在底部岛形反转后，股价免不了会出现激烈的上下震荡，但在多数情况下，股价在下探上升缺口处会戛然止跌，然后再次发力向上。

投资者面对这种底部岛形反转的个股，应首先想到形势可能已经开始逆转，不可再看空了。激进的投资者可在岛形反转后向上跳空缺口的上方处买进；稳健的投资者可在股价急速上冲回探向上跳空缺口获得支撑后再买进。当然，如果股价回探封闭了向上跳空缺口，则不要买进，投资者应继续密切观望。

2. 顶部岛形反转

（1）认识顶部岛形反转。股价在经过持续上升一段时间后，某日出现跳空缺口性加速上升，但随后股价在高位徘徊，不久股价却以向下跳空缺口的形式下跌，而这个下跌缺口和上升向上跳空缺口，基本处在同一价格区域的水平位置附近，使高位争持的区域在 K 线图表上看来，就像是一个远离海岸的孤岛形状，左右两边的缺口令这岛屿孤立地立于海洋之上，这就是顶部岛形反转形态，如图 10-12 所示。

（2）顶部岛形反转的市场含义。顶部岛形往往在人们一片看好股市时出现，想买入股票但又没法在预期价格上买进，而平缓的升势又使人们按耐不住高价买进，于是出现缺口。但股价却无法继续上涨，看好看淡的开始相互易手，但多空争斗的结果无法维持高股价，出现跳空缺口向下转折，开始一轮跌势。

（3）顶部岛形反转的应用。顶部岛形反转一旦确立，说明近期股价向淡已成定局，此时持筹的投资者只能认输出局，如果继续持股必将遭受更大的损失；而空仓的投资者近期最好也

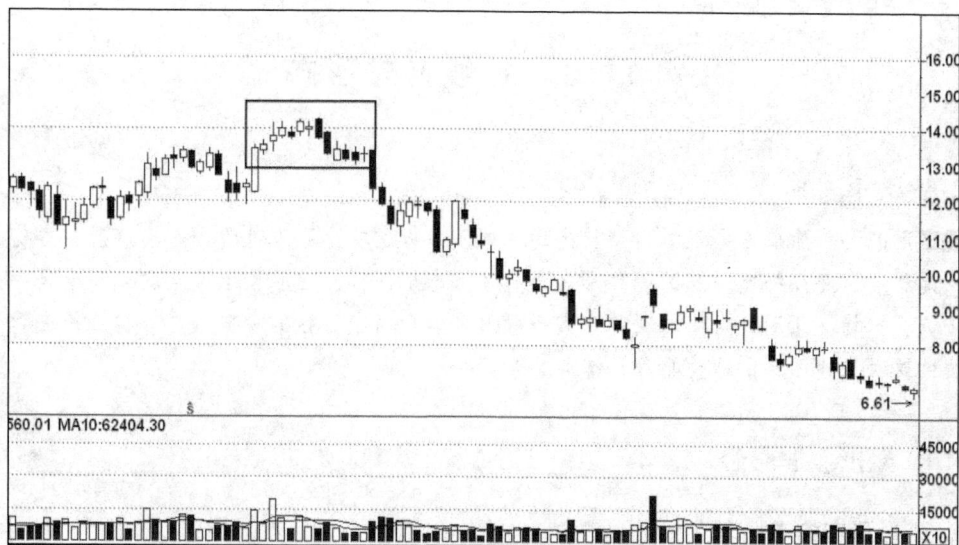

图 10-12　顶部岛形反转

不要再过问该股，即使中途有什么反弹，也尽量不要参与，可关注其他一些有潜力的股票，另觅良机。

3. 岛形反转有效性的研判

一般而言，研判岛形反转形态需要三个条件。

（1）形成岛形的两个缺口大多在同阶段价格范围之内。

（2）岛形前一缺口为空头力量耗尽的缺口；而后一缺口为多方开始反攻的突破缺口，该缺口在较长的时间内是不会回补的。

（3）成交量在岛形反转中应有较大的放量。

一旦满足了以上条件，投资者则可以放心地开始建仓。如果缺口被回补就不能再看作是岛形反转了。因为从技术分析的角度来看，跳空缺口是市场情绪发生极度变化在股价上的反映。

4. 岛形反转分析要点

（1）顶部岛形（底部岛形）首先出现的缺口为衰竭性缺口，其后在反方向移动中出现的缺口为向下（向上）突破性缺口，而该缺口在较长的时间内是不会回补的。

（2）这两个缺口往往在很短时间内先后出现，最短的时间可能只有一个交易日，亦可能长达数天至数个星期左右。

（3）形成岛形的两个缺口大多在同等价格段范围内。

（4）岛形以消耗性缺口开始，突破性缺口结束。经典的理论认为岛形反转后一个缺口是否被回补是这种形态成立与否的关键。一旦回补这时不能再看其为岛形反转。因为从技术分析的角度来看，跳空缺口是市场情绪发生极度变化在股价上的反映。如果缺口被回补，那么它就不再是突破性缺口，岛形反转形成的基础没有了。投资者需要注意的是，在大的反转级别中确是如此。但许多小级别的上涨图形中第二个跳空的缺口往往会被反抽回补，成为庄家打压洗盘的一种常见形态而被反复的运用。若投资者能从原理上去运用这一反转形态会对庄家打压洗盘的意图了然于胸。

第 11 章　K 线整理形态

炒股小词典

整理形态——随着多空双方对峙状态的瓦解，一方猛攻，一方逃跑，而当得胜一方穷追猛打到一定程度，必须补充弹药的休整形态为整理形态。同样，在股市上多空双方不会是一方始终占上方，市场必须用一定的时间稳定某一股价，然后向实力强的一方倾斜。在股价变化过程中形成的这种过渡图形，即为整理形态。

11.1　矩形整理形态

1. 矩形形态的市场含义

矩形形态也是描述实力相当的多空双方的争斗。这一形态明显告诉投资者多空双方的力量在该范围之间几乎完全达到均衡状态，看多的一方认为其价位是较理想的买入点，于是股价每次回落到该水平便立即买入，形成了一条水平的需求线；与此同时，另一批看空的投资者对后市没有信心，认为股价难以升越其水平，于是股价每次回升至该价位时，便沽售，形成一条平行的供给线。

从另一个角度来看，矩形也可能是投资者因后市发展不明朗，投资态度变得迷惘和不知所措造成的。所以当股价回升时，一批对后市缺乏信心的投资者退出；而当股价回落时，一批憧憬未来前景的投资者又加入，由于买卖双方实力相当，于是股价就来回在这一段区域内波动。

2. 矩形形态的应用

（1）一般来说，短线投资者比较喜欢矩形整理形态，当矩形形态初步形成后，在矩形下界线低价买入；在矩形上界线附近高价抛出，通过来回的短信操作来博得差价。但是，短线投资者需要注意两点：矩形的上下界线相距较远；一旦矩形形成有效突破则需要审慎决策，即在上升趋势中矩形带量向上突破盘局时则要坚决捂股待涨（如图 11-1 所示），而在下降趋势中，矩形向下突破时，则要尽快止损离场。

（2）一般来说，矩形形态大多出现在整理形态中，但有些情况下，矩形也可以作为反转形态出现，这需要引起投资者的特别注意。当矩形是整理形态时，矩形有效突破后股价会按照原有的趋势运行；当矩形是反转形态时，矩形有效突破后，股价会按照相反的趋势运行。

（3）股价的涨幅和跌幅在 30% ~50% 的情况下出现的矩形形态，可以视为整理形态；当股价的涨幅和跌幅超过 80% 出现的矩形形态，大多数是矩形反转形态。

（4）投资者可以利用收盘价来判断矩形形态的有效突破。在上升趋势中，当股价的收盘价突破了矩形上边的压力线，涨幅为 3% 左右，且成交量放大，视矩形有效向上突破，此后通常意味着大量新的买盘将进场，股价将开始一轮新的上涨行情，这时投资者应持股待涨或逢低吸纳；在下降趋势中，当收盘价跌破了矩形下边的支撑线，跌幅为 3% 左右，且成交量放大，视矩形有效向下突破，此后通常意味着大量的卖盘将涌出，股价将开始一轮新的下跌行情，这时投资者应持币观望或尽快卖出股票。

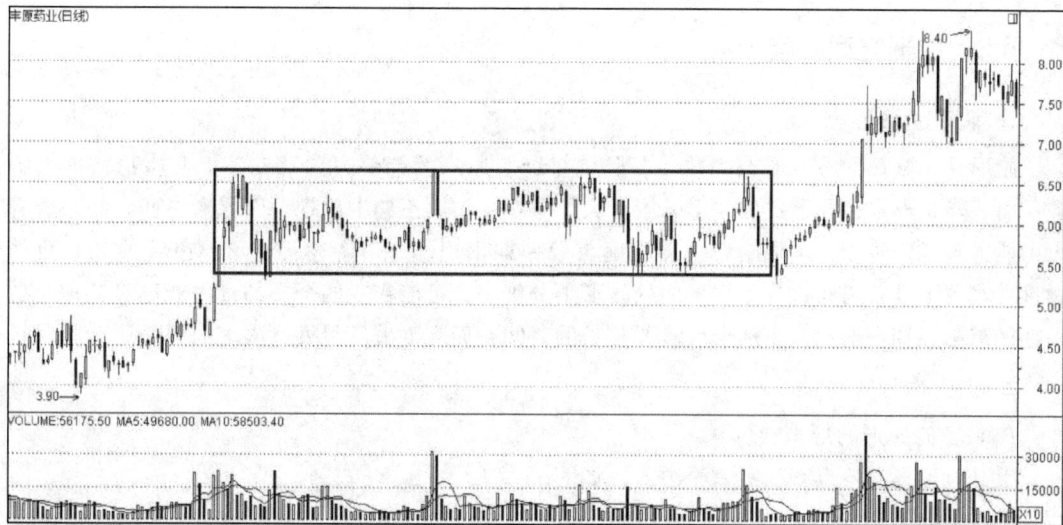

图 11-1　上升途中的矩形整理

3. 矩形形态应用时的注意要点

投资者在运用矩形形态时应该注意以下八个方面。

（1）一般来说，矩形形态出现在整理形态出现。在空头行情里，矩形整理是股价下降中途的一次抵抗形态，它维持的时间越长，下跌的概率越大；在多头行情中，矩形整理只是股价上涨过程中的一次盘整形态。

（2）矩形整理形态的整理周期在时间上属于中期整理，它的形成时间要比三角形、旗形等整理形态都长，一般至少有30个交易日以上。

（3）矩形整理在形成的过程中，除非有突发性的消息扰乱，其成交量应该是不断减少的，如果在该形态的形成期间，有不规则的高成交量出现，那么形态可能失效。当股价突破矩形上限水平时，必须有成交量激增的配合；但若跌破下限水平时，就不需大成交量的配合，即上破要大量而下破可少量。

（4）矩形的突破是以收盘价矩形的上界线或下界线为矩形形态完成的标志，突破的方向取决于多空双方力量的对比或各种消息面的配合。

（5）作为整理形态出现时，在股价突破后有时会出现反抽来确认突破是否有效。这种情形通常会在突破后的3天至3星期内出现。反抽将止于顶线水平之上，往下跌破后的假性回升，将受阻于底线水平之下。随后股价仍按原有趋势的方向运动。

（6）股价向上突破整理形态后，矩形的上边的界线将变成支撑线；而股价向下突破整理形态后，矩形的下边界线将变成压力线。

（7）矩形整理形态在突破后有个理论上的突破高度。与其他形态不同的是，矩形的突破高度通常等于矩形本身的高度，即从矩形上边线向上或向下量出相等距离处的价位，这就是股价上升或下降时的理论目标位。

（8）一个高低波幅较大的矩形，较一个狭窄而长的矩形形态，未来更具突破力。即一旦向上突破，将是迅猛涨升，而一但下破，也将是快速下跌。

11.2 旗形整理形态

1. 认识旗形形态

旗形是个整理形态。形态完成后，股价将继续原来的趋势方向移动，上升旗形将向上突破；而下降旗形则是往下跌破。上升旗形大部分在牛市第三期中出现，因此形态通常暗示着升市可能进入尾声阶段；下降旗形大多在熊市第一期出现，这形态通常显示大市（或介）可能做垂直式的下跌，因此这阶段中形成的旗形十分细小，可能在三四个交易日内就已经完成，如果在熊市第三期中出现，旗形形成需要较长的时间，而且跌破后只做有限度的下跌。

2. 上升旗形

（1）上升旗形的形态特色

上升旗形形态特点有如下六个方面，如图 11-2 所示。

图 11-2　上升旗形

①上升旗形大多出现在多头走势的整理阶段，未来走势将会上涨。

②在指数整理期间，若出现指数高点愈来愈低、低点也愈来愈低、成交量却呈现背离的情况，则上升旗形的形态更容易完成。

③指数突破下降趋势线压力时，必须要有成交量的配合。突破后有时也会有回落的可能，若回落不跌破原下降趋势线反压时，形态更可确立。

④上升旗形在形成之前，股价已经有了一段相当大的涨幅。一般情况下要达到30％以上的幅度，牛股要达到50％以上的涨幅。

⑤旗形上下的两条平行线起着压力和支撑的作用。股价向上突破并站稳旗形上边的压力线，为上升旗形的有效突破；股价向下突破旗形下边的支撑线时，为失败的上升旗形。

⑥理论上，上升旗形突破后再次上涨的高度等于旗形出现前的高度，即等于旗杆的高度。

（2）上升旗形的市场含义

旗形经常出现于急速上升或下降的行情中途。在急速的直线上升中，成交量逐渐增加，最后达到一个短期最高记录，早先持有股票者，已为获利而卖出，上升趋势亦遇到阻力，股价开始小幅下跌，形成旗形。不过大部分投资者对后市依然充满信心，所以回落的速度不快，幅度也十分轻微，成交量不断减少，反映出市场的沽售力量在回落中不断地减轻。经过一段时间整理，到了旗形末端，股价突然上升，成交量亦大增，而且几乎形成一条直线。股价又像形成旗形时移动速度一样急速上升。这是上升形成的旗形。

（3）上升旗形的应用

①向上突破确立后（3%），投资者可采用买进策略。

②回测趋势线下破时，投资者可采取加码买进策略。

③上升旗形整理形态突破以后，投资者还可以参照均线理论，在比较适当的时机内出货。由于上升旗形被突破后，股价将至少要走到旗杆的高度。因此，股价突破后，待股价达到旗杆高度时，如果股价掉头朝下跌破短期（以5日均线为准），即可以卖出股票。

④如果上升旗形整理形态是出现在股价的长期均线（如200日均线等）上方附近时，上升旗形形态的突破将比较强劲，突破高度也相对较高；如果是出现在股价长期均线的上方但远离均线时，上升旗形的突破力度则会减弱，高度也将降低；如果上升旗形整理形态是出现在股股价的长期均线下方时，上升旗形突破的高度将非常有限，有时可能还是失败的上升旗形。

（4）上升旗形的研判要点

①在上升旗形出现前，一般应有一个旗杆。在一般情况下，旗杆的高度应在股价涨幅的30%以上，但旗杆也不能太高。如果旗杆的高度很高，则未来旗形整理后的高度有限。

②上升旗形整理的持续时间不能太长。如果太长，它保持上升趋势的能力和力度将下降。一般而言，股票整理时间最好不要超过30个交易日。

③上升旗形整理形态在旗形形成之前和被突破之后，成交量都很大。在旗形形成过程中，成交量从左向右逐渐减少。

3. 下降旗形

（1）下降旗形的形态特征

下降旗形有如下八个形态特征，如图11-3所示。

①多发生在空头走势中的整理阶段。

②在明显的空头行情中，旗形整理是股价下降的中途的一次抵抗形态。不过和上升旗形整理形态不同的是，下降旗形整理过程中的成交量可能比较少。

③与上升旗形整理形态相反，在下降旗形整理形态中，股价的高点和低点依次上移，但股价旗形整理区域的上下幅度即旗形的变动幅度相当窄。

④虽然整理期间的指数高低点不断上升，但成交量却无法随之放大而形成量价背离时，最容易形成下降旗形。

⑤在下降旗形形成之前，股价已经有了一段相当大的跌幅。一般情况下，要达到30%以上的跌幅，在熊市中，股价从最高点算起应该要达到50%以上的跌幅。

⑥在下降旗形整理形态中，随着旗形整理时间的延续，股价无力上攻，会在旗形末端突然下跌，并伴有一定的成交量放出，股价又恢复原来的下降趋势。

⑦下降旗形的旗面上下边的两条平行线起着压力和支撑的作用。股价向下突破下边的支撑线，为下降旗形的向下有效突破；股价向上突破旗形上边的压力线时，则要看股价后来的走势

图 11-3 下降旗形

而定。

⑧理论上，下降旗形突破后再次下跌的幅度等于旗形出现前的跌幅，即等于旗杆的高度。

（2）下降旗形的市场含义

在下跌时所形成的旗形，其形状为上升时图形的倒置，在急速的直线下降中，成交量增加达到一个高点，然后有支撑反弹，不过反弹幅度不大，成交量减少，股价小幅上升，形成旗形，经过一段时间整理，到达旗形末端，股价突然下跌，成交量大增，股价继续下跌。

（3）下降旗形的应用

①下降旗形是股价长期下降通道中途的一种短期抵抗整理形态，因此，旗形整理的出现，可能是投资者卖出股票的一次机会。一般而言，空仓的投资者应以观望为主，尽量不做短线投资，更不宜做中长线投资；已经买入或套牢的投资者应抓住这次整理机会，趁早逢高卖出股票。

②由于下降旗形整理是股价走熊的一种表现，因此，投资者在下降旗形整理形态形成后，不可轻易建仓，要到股价达到下降旗形形态向下突破的跌幅后，才可以考虑短线操作。

③下降旗形整理形态还可以参照均线理论一起研判，这样可以减少研判失误。如果旗形整理形态是出现在股价的长期均线（如200日均线等）上方附近时，则旗形形态应以有效突破长期均线为标志；如果股价虽然跌破旗形下边的支撑线，但没有跌破长期均线，下降旗形整理形态就不一定成立；如果旗形整理形态是出现在股价的长期均线下方，所有中长期均线都对股价构成压力时，只要股价一碰到均线就掉头向下，下降旗形突破更为有效。

（4）下降旗形的研判要点

①在下降旗形出现前，一般应有个旗杆。在通常情况下，旗杆的高度应在30%以上。但旗杆的高度也不能太高，如果旗杆的高度很高，则未来旗形整理的向下突破后的空间有限。

②下降旗形整理的时间周期不会很长。在熊市里，股票整理时间一般不会超过20天，大多数是10天左右。

③下降旗形整理形态在旗形形成之前和被突破之后，成交量可能比较大（但与上升旗形相

比而言要小）。在旗形形成过程，成交量从左向右逐渐减少。

11.3　楔形整理形态

1. 认识楔形整理

楔形整理是指股价在两条收敛的直线之间变动所形成的形态。楔形的价格形态类似于三角形形态，也是发生在价格整理中的一种常见形态。在价格出现上下小幅波动的整理区间内，楔形的波峰或波谷所连接形成的趋势线是呈收敛走向的，但与三角形形态不同的是，其收敛的趋势线是呈相同的走势。楔型又分为上升楔形和下降楔形。

2. 上升楔形

（1）认识上升楔形

上升楔形是指，股价经过一段下跌后，出现强烈的技术性反弹，价格反弹至一定的水平高点即掉头下落，但回落点转前次为高，随后又回升创出新高点，即比上次反弹点高，形成后浪高于前浪之势，把短期高点和短期低点分别相连，形成两条同时向上倾斜的直线，组成了一个上倾的楔形，下边各低点的连线较上边的连线陡峭，这就是所谓的上升楔形形态。如图 11-4 所示。

图 11-4　上升楔形

上升楔形是发生在一个大跌市，然后上升和交易价格一路收窄。上升楔形实质上是股价下跌过程中的一次反弹波，是多方遭到空方连续打击后的一次挣扎而已，结果往往是股价继续向下突破发展。

（2）上升楔形的形态特征

①多发生于空头行情的反弹中，多头行情的末升段亦可能出现。

②上升楔形往下突破上升趋势线之后，盘势极容易出现爆量长黑以及向下跳空的走势，恰与其上升之名的走势相反。

③上升楔形成形后，指数向下突破的几率有七成；维持在上升楔形高档横盘整理的几率较小。

④上升楔形两线延长所形成的交叉点，往往是未来指数的压力点。

⑤上升楔形形态在底部与顶端之间的2/3处向下突破时，该形态的破坏力愈强。

（3）上升楔形的应用

①指数向下突破确立后，投资者可采卖出策略。

②预估未来指数最少会跌回楔形的底部。在整个上升楔形的形成过程中，成交量不断减少，整体上呈现价升量减的反弹特征，上升楔形整理到最后，以向下突破居多。作为投资者应该明白，上升楔形只是反弹，并不能改变股价下跌的均势。因此，持筹的可趁反弹时卖出一些股票，进行减磅操作，而一发现股价跌穿上升楔形的下边线，这时就不要再存幻想了，应立即抛空离场，以避免股份继续下跌带来的更大风险；持币的要经得起市场考验，不为反弹所动，要相信自己的判断，持币观望，不买股票。不过投资者需要知道的是，上升楔形最后也可能往上突破，这种可能性较小，即使是往上突破，也并非无端倪可寻，如楔形形态内成交量出现逐步放大迹象、向上突破时放出巨量等。投资者如果能密切注意上升楔形内的成交量变化。对上升楔形究竟会朝下突破，还是会朝上突破，大致还是能分得清楚的。

③上升楔形整理形态还应参照均线理论一起研判，这样可以提高行情研判的准确性。在上升楔形中，上升楔形所在的位置与长期均线的位置有很大的关联。如果上升楔形整理形态是出现在股价从高位下跌至长期均线上方附近时，上升楔形的有效向下突破是以股价跌破了长期均线为主。也就是说即使股价跌破了上升楔形的下边线，但没有跌破长期均线，也不能就此判断楔形向下突破有效，只有当股价既跌破了形态支撑线又跌破了长期均线，才能算是股价的有效突破。如果上升楔形整理形态是出现在长期均线的下方时，形态的有效突破就只是以股价跌破支撑线为标志。

（4）应用时的注意要点

①大多数情况下，上升楔形形态是出现在股价下降途中的中继整理形态，但少数情况下，楔形也会以底部形态出现。如果上升楔形是出现在股价的低位（以跌幅超过100%为准），则表示股价底部形态的完成，紧接着股票可能开始一轮较大的反弹行情。

②由于上升楔形形态是出现在股价长期下跌的途中，而它的整理方向却是向上的，因此，这种形态具有一定的欺骗性，投资者遇到上升楔形整理形态时一定要谨慎。空仓者不可轻易在形态整理过程中买入股票，最多进行少量的短线操作，快进快出；而持有股票者最好能逢高减磅。

③在大多数情况下，楔形的突破一般发生在形态横向长度的2/3～3/4处，也有直到楔形末端才发生突破的情况，不过与三角形突破相比，楔形更倾向于在接近形态末端才发生突破。

3. 下降楔形

（1）认识下降楔形

下降楔形和上升楔形恰恰相反，下降楔形也是个整理形态，一般出现在长期升势的中途，下降楔形指股价经过一段大幅上升后，出现强烈的技术性回抽，股价从高点回落，跌至某一低点即掉头回升，但回升高点较前次低，随后的回落创出新低点，即比上次回落低点低，形成后浪低于前浪之势，把短期高点和短期低点分别相连，形成两条同时向下倾斜直线，组成了一个下倾的楔形，这就是所谓的下降楔形形态。如图 11-5 所示。

图 11-5　下降楔形

（2）下降楔形的市场含义

股价经过一段时间上升后，出现了获利回吐，虽然下降楔形的底线往下倾斜，似乎说明市场的承接力量不强，但新的回落浪较上一个回落浪波幅为小，并且跌破前次低点之后，并没有出现进一步下跌反而出现回升走势，说明沽售抛压的力量正在减弱，抛压的力量只是来自上升途中的获利回吐，并没有出现新的主力做空，所以经过清洗浮筹后股价向上突破的概率很大。下降楔形也是个整理形态，通常在中长期升市的中途出现，下降楔形的出现告诉投资者的是升市尚未见顶，目前仅是升势中途中的一次正常的、暂时性的调整。

（3）下降楔形的形态特点

①常发生于多头行情中的修正波。在整理过程中，会有空头占优的假象。

②下降楔形往上突破必须有成交量的配合，而且指数在完成突破之后，常会有回测楔形的下降压力线的走势。

③下降楔形向上突破下降趋势线的压力后，指数未来走势将向上发展，刚好与其下降之名相反。

④两线延长所形成的交叉点，往往是未来指数的支撑点。

⑤下降楔形若在头部与底端之间的 2/3 处向上突破，则形态的有效性会更高。

（4）下降楔形的应用

①指数向上突破确立后（3%），投资者可采买进策略。

②指数回测时不破下降趋势线，投资者可以加码买进。

③预估指数未来最小涨幅为楔形的高点位置。

（5）应用时的注意要点

①在大多数情况下，下降楔形形态是出现在股价上升途中的整理形态，但在少数情况下楔形也会以顶部形态出现。如果下降楔形是出现在股价的高位（以涨幅超过 70% 为准），则表示

股价顶部形态的完成，紧接着股票可能开始一轮较大的下跌行情。

②由于下降楔形形态是出现在股价长期上涨的途中，而它的整理方向却是向下的，因此，这种形态具有一定的欺骗性，投资者遇到下降楔形整理形态时也应谨慎对待，在股价缩量下跌时不要轻易抛出股票，在股价开始放量上涨时，投资者可做短线买入股票。

③理论上，下降楔形有效突破是以股票的收盘价向上突破形态上边的压力线为准。但与上升楔形突破后走势不同的是，下降楔形在往上突破阻力后，股价有时不会出现急涨行情。而是先横向整理，过一段时间再放量向上突破。

④同上升楔形一样，在大多数情况下，下降楔形的突破一般发生在形态横向长度的2/3 ~ 3/4处，也有部分走势是在楔形末端才发生突破。

11.4 三角形整理形态

三角形是一种重要的整理形态，根据收敛的表现，可分为对称、上升、下降三种形态。

1. 对称三角形

（1）认识对称三角形

对称三角形又称收敛三角形，是比较常见的整理形态，有时也会出现趋势逆转突破的情况，但几率较低，根据市场不完全统计，对称三角形中大约有3/4属整理形态，1/4则属升市顶部或跌市底部出现的转势形态。

对称三角形由一系列的价格变动所组成，其变动幅度逐渐缩小；也就是说，每次变动的最高价都低于前次的水准，而最低价比前次水准高，呈一压缩图形，如从横的方向看股价的变动区域，其上限为向下斜线，下限为向上倾线，把短期高点和低点分别以直线连接起来，就可以形成一个相当对称的三角形。对称三角形成交量，因愈来愈小幅度的股价变动而递减，然后当股价突然跳出三角形时，成交量也随之变大。

（2）对称三角形的市场含义

对称三角形是因为多空双方的力量在该段价格区域内势均力敌，暂时达到平衡状态所形成的。股价从第一个短期性高点回落后，但很快便被买方推动而价格回升，但多方的力量对后市没有太大的信心，或是对前景有点犹疑，因此股价未能回升至上次高点已告掉头再一次下跌；在下跌的阶段中，那些沽售的投资者不愿意太低价贱售或是对前景仍存有希望，所以回落的主动性卖压不强，股价未跌到上次的低点便告回升，多空双方犹豫性的争持，使得股价的上下波动范围日渐缩窄，所以形成了此形态。

（3）对称三角形的特征

①颈线。对称三角形必须有两条聚拢的直线，即颈线。上面的颈线向下倾斜，起压力作用；下面的颈线向上倾斜，起支撑作用。要求股价在两条直线内应有至少四个以上的转折点，即两个短期高点和两个短期低点，股价向上遇到颈线掉头向下，遇到下面的颈线掉头向上。

②突破。对称三角形的突破不一定发生在顶点位置，实际上越接近顶点位置，突破的力量越小，股价将来的力度也越弱。通常突破压力和支撑的两条颈线的位置一般应在三角形横向宽度的1/2 ~ 3/4的位置，这种突破后的力度较大；否则在三角形尾端才突破时，其力度会消失。

③成交量。在对称三角形形成的过程中，成交量不断减少，反映出多空力量对后市犹疑不决的观望态度，使得市场暂时沉寂。一般向上突破必须有成交量的配合，即带量突破、快速上

升，突破后的回抽确认是买进时机；向下突破不需要成交量的配合，但突破后要有补量的过程，这是后知后觉者在大势已去时被动斩仓所致。有一点必须注意，假如对称三角形向下跌破时有极大的成交量，可能是一个错误的跌破信号，股价在跌破后并不会出现快速回落；倘若股价在三角形的顶端跌破，且有高成交的伴随，情形尤为准确，股价仅下跌一两个交易日后便迅速回升。

（4）对称三角形的应用

①一般情形下，对称三角形属于"整理形态"，即经过"对称三角"的徘徊调整后，会继续原来的趋势移动。在上升或是下跌的过程中，都有可能出现这种形态。该形态也可说是一个"不明朗形态"，反映出投资者对后市感到迷惘，没法作出买卖决策。

②行情必须往其中一方明显突破后，才可以采取相应的买卖行动。如果往上冲阻力（必须得到大量成交量增加的配合），就是一个短期买入信号；反之若是往下跌破（在低成交量之下跌破），便是一个短期沽出信号。

③对称三角形的"最少升幅"量度方法是往上突破时，从形态的第一个上升高点开始画一条和底部平行的直线，可以预期至少会上升到这条线才会遇上阻力。至于上升的速度，将会以形态开始之前同样的角度上升。因此，从这量度方法可以估计到"最少升幅"的价格水平和所需的完成时间。形态的"最少跌幅"，量度方法也是一样。

（5）应用时的注意事项

①一个对称三角形的形成，必须要有明显的两个短期高点和短期低点出现。

②在对称三角形形态完成之前，应该不断按照市场最新的变化把形态加以修订。例如，行情从三个底点回升，虽然轻微突破从高点连成的阻力线，但缺乏成交量的认同，又告回落在形态中。分析者这时候就该放弃原有的连线，通过第一和第三个短期高点，重新修订出新的对称三角形。

③越接近三角形的尖端，未来突破的冲击力也就越小。在整个形态的1/2 ~ 3/4处突破，所呈现的指示信号最为准确。如果价格在对称三角形内移动，走过了3/4处，反复走到形态的尖端才告突破，所呈现的买卖信号无大意义，不宜相信。

④回抽。在突破后可能会出现短暂的回抽确认，上升的回抽止于高点相连而成的颈线，下跌的回抽则受阻于低点相连的颈线之下，倘若股价的回抽大于上述的位置，则说明形态突破的可能有误。

⑤谨防主力骗线。当投资者都掌握了投资技巧后，主力有时会逆向操作，先来假突破，在你卖出或买进股票时，股价却又向相反的方向快速发展。有经验的投资者一般是在突破时买进或卖出，这样做虽然会减少一部分利润，但成功率却大大提高了。主力骗线主要有：向下跌破颈线时成交量放大，可能为假突破；对称三角形形态内的成交量呈现忽大忽小的不规则状时，其如向上突破往往也是假突破。

2. 上升三角形

（1）认识上升三角形

上升三角形是指股价在某一水平呈现强大的卖压，价格从低点回升到水平便告回落，但市场的购买力十分强，股价未回至上次低点即告弹升，这情形持续使股价随着一条阻力水平线波动日渐收窄。我们若把每一个短期波动高点连接起来，可画出一条水平阻力线；而每一个短期

波动低点则可相连出另一条向上倾斜的线。成交量在形态形成的过程中不断减少。如图11-6
所示。

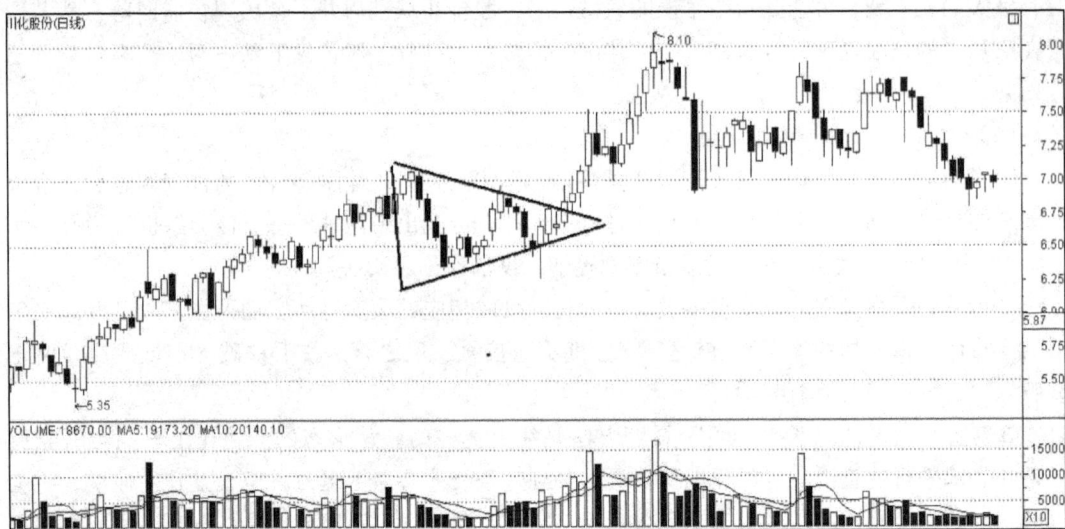

图11-6　上升三角形

（2）上升三角形的市场含义

上升三角形显示买卖双方在该范围内的较量，但买方的力量在争持中已稍占上风。卖方在
其特定的股价水平不断沽售，不急于出货，却不看好后市，于是股价每升到一个理想的沽售水
平，卖方便沽出，这样在同一价格的沽售形成了一条水平的供给线。不过，市场的购买力量很
强，他们不待股价回落到上次的低点，更迫不及待地购进，因此形成一条向右上方倾斜的需求
线。另外，也可能是有计划的市场行为，部分人士有意把股价暂时压低，以达到逢低大量吸纳
的目的。

（3）上升三角形的特征

①上升三角形属于中期下整理形态，但大多数情况下带有向上突破的可能，是一种看涨的
形态。

②与对称三角形不同的是，上升三角形的每个高点基本都接近，但每个低点都是依次上
移，即压力几乎是水平的而支撑却是越来越高。由此可见上升三角形比对称三角形有更明显的
上升态势。

③与其他整理形态一样，上升三角形在形态形成之前，股价已经有了一段比较大的涨幅。
一般情况下，从股价启动的低位算起至少达到30%以上的涨幅。

④上升三角形整理时间一般是30个交易日以上，而且在形态的形成过程中，成交量是逐
渐减少的。

⑤与对称三角形的突破一样，上升三角形突破的位置一般应在三角形横向宽度的1/2～3/4
处，如果一旦超过横向距离的3/4处才有突破，那么该上升三角形的形态参考价值就会降低。

（4）上升三角形的应用

①在向上突破上升三角形顶部水平的供给阻力时（并有成交激增的配合），就是一个短期

买入信号。

②其"最少升幅"的量度方法和对称三角形的相同，从第一个短期回升高点开始，画出一条和底部平行的线，突破形态后，将会以形态开始前的速度上升到这条线之处，甚至是超越它。

（5）应用时的注意事项

①在形态形成期间，可能会出现轻微的错误变动，稍为突破形态之后又重新回到形态之内，这时候技术性分析者须根据第三或第四个短期性低点重新修订出新的上升三角形形态。有时候形态可能会出现变异，形成另外一些形态。

②虽然上升三角形暗示往上突破的机会较多，但也有往下跌的可能存在，所以投资者在形态明显突破后才应采取相应的买卖决策。倘若往下跌破 3%（收市价计算），投资者宜暂时沽出。

③上升三角形向上突破阻力，如果没有成交量激增的支持，信号可能出错，投资者应放弃这指示信号，继续观望市势进一步的发展。倘若该形态往下跌破，则不必成交量增加支持。

④上升三角形越早突破，错误越少发生。假如价格反复走到形态的尖端后跌出形态之外，这突破的信号不足为信。

⑤上升三角形整理形态还应参照均线理论一起研判，这样可以提高行情研判的可靠度和准确性。如果上升三角形形态是出现在股价突破了长期均线（如 200 日均线等）的上方附近整理，则三角形形态向上突破的力度相当强，涨幅也相当可观；如果上升三角形形态是出现在股票长期均线上方较远的地方，则三角形形态向上突破的力度和高度都将有限；如果上升三角形形态是出现在股票长期均线下方附近，股价的向上有效突破不仅要突破三角形形态上方的压力线，而且还要向上突破长期均线，这样才是股价的真正向上突破；如果三角形形态是出现在离长期均线下方较远的地方，股价突破后高度和空间也比较有限，而且股价到达长期均线附近时会面临较强的压力。另外，由于上升三角形被突破后，股价一般至少要涨到形态高度的距离，因此，股价有效突破达到理论高度后，如果股价掉头向下跌破短期均线（以 5 日线为基准），则可以考虑卖出股票。

3. 下降三角形

（1）认识下降三角形

下降三角形是多空双方在某价格区域内的较量表现，然而多空力量却与上升三角形所显示的情形相反。看空的一方不断地增强卖出压力，股价还没回升到上次高点便沽出，而看多的一方坚守着某一价格的防线，使股价每回落到该水平都获得支持。此外，该形态的形成亦可能是有人在托价出货，直到货源沽清为止。如图 11-7 所示。

（2）下降三角形的形态特征

①颈线。下降三角形必须有两条聚拢的直线，即颈线。上面的由左向右下方倾斜的颈线起压力作用；下面的水平颈线起支撑作用。股价在两条直线内应有至少四个以上的转折点，即两个短期高点和两个短期低点，股价向上遇到颈线掉头向下，遇到水平颈线转身向上。

②突破。下降三角形的突破不一定发生在顶点位置，与对称三角形以及上升三角形有所区别的是，其不要求突破支撑颈线的位置在三角形的横向宽度的 1/2～3/4 处。当发展到下降三角形尾端才向下突破时，股价仍然会向下突破，因为在空头市场中多头无法有效凝聚做多力

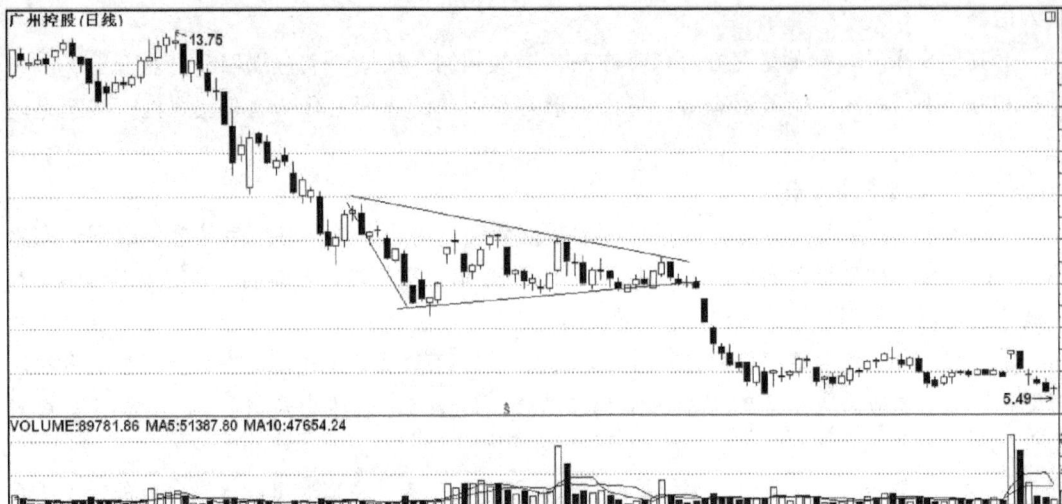

图11-7　下降三角形

量，股价可以毫无理由的下跌。

③性质。下降三角形属于整理形态，其走势的最终方向将是股价下降。根据有关资料统计，与此相反的例外现象不到15%。因此下降三角形的准确度极高，很少出现失败，投资者在实战中不能因为其暂时止跌的效应，而贸然认定底部形成，错失逃命时机。

④成交量。在完成下降三角形过程中，成交量一般是由左向右逐步递减。与上升三角形明显不同的是下降三角形向下突破时，不需要成交量的配合，即可以无量空跌，当然若成交量放大则下降动量增大。

（3）下降三角形的应用

①这是个整理形态，通常出现在下跌的过程中，而且具有往下跌破的倾向。

②当购买的实力消耗尽时，沽售的力量把水平的需求线支持力击破，就是一个短期沽出信号。

③其"最少跌幅"的量度方法和上升三角形相同。

（4）应用时的注意事项

①虽然该形态反映出卖方的力量占优势（供给线向下倾斜），形态往下跌破的机会较高。但在过去的图表中显示，也有向上突破的可能存在。因此投资者宜在形态明显突破后方可采取行动。

②在向下跌破后，有时可能会出现假性回升，回升将会受阻于下降三角形的底线水平之下。

③和其他三角形形态没有分别，下降三角形越早突破，出错的机会越低。在接近三角形的尖端跌出形态以外，其预测的有效程度越高。

11.5　菱形整理形态

菱形是一个比较特殊且少见的形态，无论出现在行情的哪个位置，其技术意义都只有两个字——看跌。由于其一旦形成往往有较大的杀伤力，所以在目前以单边市为主的内地市场上，投资者不可不防。

1. 菱形形态的市场含义

从投资者的心理角度看，扩散三角形和收窄三角形正好揭示了两种不同的状态。市场在形成扩散三角形的时候，往往反映了参与的投资者变得越来越情绪化，使得行情的震荡逐渐加剧；而当行情处于收窄三角形的整理阶段，由于市场暂时在等待方向的选择，导致越来越多投资者转向观望。因此当菱形形态出现的时候，说明市场正由一个比较活跃的时期逐渐萎缩下来。也因为这个阶段的市场参与者在不断减少，使得行情经过菱形调整后大多时候选择了向下调整。如图 11-8 所示。

图 11-8　菱形形态

2. 菱形形态的应用

（1）一般情况下，当构成扩散三角形的主要支撑线被有效跌穿，便宣告这种形态已基本完成。此外，由于菱形的形成初期是扩散三角形，而扩散三角形在大多数情况下属于看跌形态，所以投资者在该形态形成之初就可以选择卖出。

（2）投资者需要注意的是，其他一些技术分析方法也可能会在同一时间发出相应的卖出信号。如 RSI、KDJ 等技术指标在形成扩散三角形的时候会出现顶背驰的现象；OBV 在股价不断创新高时并未同步向上，从而使得量能不配合，这些都是卖出的主要依据。

第 5 篇

技术分析理论和指标

第12章　股票技术分析综述

技术分析——是指以市场行为为研究对象，以判断市场趋势并跟随趋势的周期性变化来进行股票及一切金融衍生物交易决策的方法的总和。技术分析派认为市场行为包容消化一切。

12.1　了解股票的技术分析

1. 股票技术分析的目的

技术分析派认为，只要关注价格趋势的变化及成交量的变化就可以找到盈利的线索。技术分析的目的主要是预测短期内股价涨跌的趋势，寻找买入、卖出、止损信号，并通过资金管理而达成在风险市场中稳定获利。

2. 技术分析的三个前提条件

（1）市场行为包容消化一切

技术分析者认为，能够影响某种证券价格的任何因素（不管是宏观的或是微观的）都可以反映在其证券价格之中。研究影响证券价格的因素对普通投资者来说是不可能实现的，即使是经济学家，对市场的分析也是不确定的。因此，研究证券的价格就是间接地研究影响证券价格的经济基础。技术分析者通过研究价格图表和大量的辅助技术指标，让市场自己揭示它最可能的走势。

（2）价格以趋势方式演变

技术分析者通过长时间的经验总结，认为证券的价格运动是以趋势方式演变的。研究价格图表的全部意义，就是要在一个趋势发生发展的早期，及时准确地把它揭示出来，达到顺应趋势交易的目的。正是因为趋势的存在，技术分析者通过对图表、指标的研究，发现趋势即将发展的方向，从而确定买入和卖出股票的时机。

（3）历史会重演

技术分析者认为，人类的本性就是"江山易改本性难移"。投资者可以从荷兰1636年郁金香泡沫、英国南海公司泡沫以及美国华尔街1929年大崩盘中看出，历史是会重演的，从中可以看出人性的贪婪和恐惧。尽管随着时代的变迁，人类的生活发生了翻天覆地的变化，但是人性却很难改变。

通过对图表的研究，可以找到相似的形态，从而找到未来价格运动的方向。

3. 技术分析包含的内容

技术分析法从股票的成交量、价格、达到这些价格和成交量所用的时间、价格波动的空间四个方面分析并预测未来价格走势。目前常用的有K线理论、波浪理论、形态理论、趋势线理论和技术指标分析等。

4. 技术分析的特性

技术分析区别于其他分析方法的关键是它更像一门艺术。技术分析是成千上万证券市场投资者经验的结晶。

（1）在技术分析的各种理论体系中，从定义到规则都带有明显的经验总结色彩，不具备严格的数学推理过程。

（2）技术分析包含的理论很多，每位技术分析家都有不同的见解，这些分支理论并不能形成一整套相互辉映的理论体系。

因此，技术分析是经验的不断总结，有很浓的主观色彩。对于投资者来说，市场经验越丰富，对于技术分析的理解、应用就越有深切体会。

12.2 技术分析方法的分类和注意事项

1. 技术分析方法的分类

一般说来，可以将技术分析方法分为如下五类：指标类、切线类、形态类、K线类、波浪类。

（1）指标类

指标类要考虑市场行为的各个方面，建立一个数学模型，给出数学上的计算公式，得到一个体现证券市场某个方面内在实质的数据，这个数据叫指标值。指标值的具体数值和相互间关系，直接反映了证券市场所处的状态，为我们的操作行为提供了指导方向。股票技术指标属于统计学范畴，一切以数据来论证股票趋向、买卖等。指标组要分为三大类，即趋向类的技术指标、强弱的技术指标和随机买入的技术指标。

指标反映的东西大多无法从行情报表中直接看到的。目前，证券市场上的各种技术指标数不胜数，如均线指标（MA）、相对强弱指标（RSI）、随机指标（KDJ）、趋向指标（DMI）、平滑异同移动平均线（MACD）、能量潮（OBV）、心理线（PSY）、乖离率（BIAS）等。这些都是很著名的技术指标，在证券市场应用中长盛不衰。而且，随着时间的推移，新技术指标还在不断涌现。

（2）切线类

切线类指的是按一定的方法和原则，在由股票价格的数据所绘制的图表中画出一些可以推测股票价格未来趋势的直线。切线主要是起支撑和压力的作用。目前，画切线的方法有很多种，主要有趋势线、通道线、黄金分割线、甘氏线、角度线等。

（3）形态类

形态类是根据价格图表中过去一段时间走过的轨迹形态来预测股票价格未来趋势的方法。技术分析第一条假设告诉我们，市场行为包括一切信息。价格走过的形态是市场行为的重要部分，是证券市场对各种信息感受之后的具体表现，用价格图的轨迹或者说形态来推测股票价格的将来是有道理的。从价格轨迹的形态中，可以推测出证券市场处在一个什么样的大环境之中，由此对今后的投资给予一定的指导。形态类技术分析主要有M头、W底、头肩顶、头肩底等十几种。

（4）K线类

K线类是进行各种技术分析的最重要的图表。K线类研究手法是根据若干天的K线组合情况，推测证券市场多空双方力量的对比，进而判断证券市场多空双方谁占优势，且这种优势是暂时性的还是决定性的。关于K线的问题，前篇已有详细说明，这里就不多叙述了。

（5）波浪类

波浪理论的发明者和奠基人是美国证券分析家拉尔夫·纳尔逊·艾略特，股价的波动与自然潮汐现象极其相似。在多头市况下，每一个高价都会是后一波的垫底价；在空头市况下，每一个底价都会是后一波的天价。波浪理论较之于其他技术分析流派，最大的区别就是能提前很长的时间预计到行情的底和顶，而其他流派往往要等到新趋势已经确立后才能看到。但是，波浪理论又是公认的、较难掌握的技术分析方法。

以上五类技术分析流派从不同的方面理解和分析证券市场，有些有相当坚实的理论基础，有些就没有很明确的理论基础。但它们都有一个共同的特点，即都经过了证券市场的实践考验。这五类技术分析方法尽管考虑的方式不同，但目的是相同的，彼此并不互相排斥，在使用上可互相借鉴。比如，技术指标分析经常会借用切线和形态学派中的一些结论和手法。另外，这五类技术分析方法考虑的方式不同，有些方法注重长线，有些方法注重短线；有些方法注重价格的相对位置，有些方法注重绝对位置；有些方法注重时间，有些方法注重价格。

2. 应用技术分析方法时的注意事项

投资者在使用技术分析方法时应注意的事项如图12-1所示。

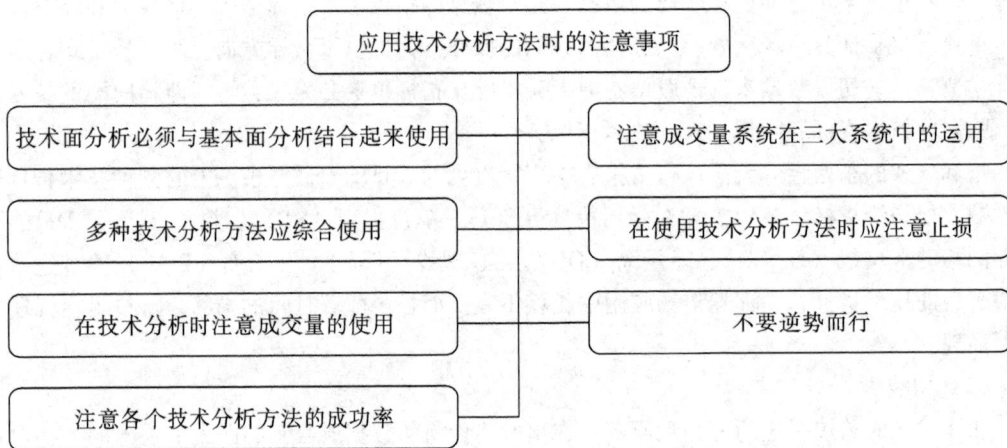

图12-1　应用技术分析方法时的注意事项

（1）技术面分析必须与基本面分析结合起来使用

在我国证券市场上，技术分析有较高的预测成功率，但投资者需要注意的是，由于我国证券市场还不够完善，市场突发消息较频繁，人为影响因素较多，所以仅靠过去和现在的数据、图表去预测未来不可靠。基本面分析法把对股票的分析研究重点放在它本身的内在价值上，从研究宏观经济大气候开始，逐步开始中观的行业兴衰分析，进而根据微观的企业经营、盈利现状和前景，对企业所发行的股票做出接近现实的客观评价，并尽可能预测其未来变化。所以，技术分析与基本面分析结合起来使用的话，效果会相当好。

（2）多种技术分析方法综合使用

投资者应用技术分析对行情变动进行预测时，应在全面研讨之后下结论。实践证明，单独使用一种技术分析方法有相当大的局限性，如果应用几种方法后都得到同一结论，那么依据这一结论所作投资决策出错的可能性就很小。

正统而被投资大众广泛使用的三大系统是 K 线系统、移动平均线系统、成交量系统。有些投资者认为这三种操作系统是独立且不相关的，如果检视各种股票专业杂志或刊物所提供的各种股票线路图，就会发现这三种技术分析系统会同时出现在一张图纸上，就位置而言，K 线纵横于全张图纸，忽上忽下；移动平均线则穿梭于 K 线间；成交量则乖乖地待在图纸下端，亦是起伏不定，这就是一张较完整的且极具参考价值的股价变动图，因为它将股市里的"势"毫无隐瞒地全部表现出来。

从上面的举例我们可以看出，投资者要判断未来行情动向，如果单用一种技术分析方法来研判行情发展，准确性会降低，而且时常会被"骗线"所惑，导致违背大势的错误操作。相对地，同时使用三种技术分析系统研判行情，便有了三种指标，其中若有一种或两种指标背道而驰，显示出相异的股价变动，使投资者对行情趋势不能掌握且迷惑不解，那么此时最佳的折中方法便是停止操作。等到三项指标趋于一致时，再度进场操作，如此就能减少错误操作次数。

（3）技术分析时注意成交量的使用

在传统的技术分析中，成交量一般都会被忽略，像比较常用的江恩理论、波浪理论等，都没有涉及成交量。对于追随型投资，最主要的依据便是主力介入的情况，而对于主力而言，只有资金介入情况才是根本。除了从财务报表中可看到股东的变化情况外，成交量也能够在一定程度上反映出资金的进出情况。因此，对于个股技术分析来说，成交量分析是不可或缺的一部分。

（4）注意各个技术分析方法的成功率

技术分析是建立在市场行为反映一切、价格呈趋势变动、历史会重演这三大假设基础上的。成功率也正是由于技术分析是基于以上三大假设，所以投资者在现实运用中要时刻注意的是，技术分析是一个基于历史的统计结论，是一种追求成功概率的方法。在使用任何一种技术分析方法进行投资操作时，投资者首先要考虑的是这种方法的成功率有多高，适用于哪种情况下的行情。有些方法适用于牛市，有些方法适用于超跌反弹，有些方法适用于震荡行情，不同的方法在不同的行情下成功率又各有不同。没有万能的技术分析方法，不同的环境通常有不同的操作方法相对应。

（5）注意成交量系统在三大系统中的运用

若 K 线系统、移动平均线系统与成交量系统三大指标显示未来股价变动不一致时，应以成交量值变动情形作为预测行情的主要依据。股价升高表示需求大于供给，持续下去，买卖自然活络，在量逐价的情况下股价稳定上升，基础扎实，虽然股价偶尔回跌，在适度调整供需情况后，股价又将顺利回升。没有量配合的上升，即使表现出大幅上涨，但由于缺乏基础，维持的时间短暂而不能长久。同样，空头市场里成交量萎缩至极限，持者惜售，即使继续下跌，跌幅也有限，将会出现强力反弹。股市名谚"先见量，后见价"的正确性可想而知。然而，移动平均线系统与 K 线系统常受外界（多空争斗）干预，无法立即对未来的股价变动提出肯定预测，尤其是在短线中，"骗线"经常出现，诱使投资者作出错误决定，抢买或抢卖，造成无谓损失，因此三大操作系统不能协调时，应从成交量系统来分析股价趋势。

（6）使用技术分析方法时应注意止损

追随型投资大多数投资者在操作的过程中最不明确的就是投资方式的性质。一般情况下，股票投资分两种情况，一种是主动性投资，通过分析上市公司的经济价值来寻求资本溢价；另一种就是被动投资，也可以称为追随型投资，主要是通过追随主动投资者的步伐来获取投机收益。技术分析投资方式就属于典型的追随型投资策略，因此在投资的过程中不可避免地会遇到信息不对称，以及对于个股判断的被动。因此在用技术分析选股的过程中难免会错误判断主力机构的动向，止损不可避免。

（7）不要逆势而行

技术分析着重于势的探讨。无论大势或个别股，从各种角度研判，已可大致确定未来数月股价的变动趋向，此时就应顺应潮流，多头市场里不放空，空头市场里不做多，不逆势而行，免遭失败命运。

12.3 道氏理论

1. 认识道氏理论

道氏理论是所有市场技术研究的鼻祖。尽管他经常因为"反应迟钝"而受到批评，但只要是在股市稍有经历的人都对它有所听闻，并受到大多数人的敬重。

道氏理论的形成经历了几十年。值得一提的是，这一理论的创始者——查尔斯·亨利·道（Charles Henry Dow），曾声称其理论并不是一种用于预测股市、用于投资指导的工具，而是一种反映市场总体趋势的晴雨表。大多数人将道氏理论当作一种技术分析手段——这是非常遗憾的一种观点。其实，道氏理论的最伟大之处在于其宝贵的哲学思想，这才是它的精髓。

威廉姆·皮特·汉密尔顿（William Peter Hamilton）一直在道氏的指导下研究道氏理论。道氏去世后，汉密尔顿于 1903 年接替道氏担任《华尔街日报》的编辑，直至 1929 年去世为止，他一直致力于阐明与改进道氏的观念，这些内容主要发表在《华尔街日报》上。另外，他于 1922 年出版《股票晴雨表》一书，使道氏理论具备更为详细的内容与正式的结构。

罗伯特·雷亚（Robert Rhea）是汉密尔顿与查尔斯·道的崇拜者，他一直在利用两人的理论来预测股票市场的波动。雷亚对于道氏理论的贡献极多，他将成交量的观念正式引入道氏理论，使价格预测又多了一个判断依据。雷亚在所有相关著述中都强调，道氏理论在设计上是一种提升投机者或投资者知识的配备或工具，并不是脱离经济基本条件与市场现况的一种全方位的严格技术理论。根据定义，道氏理论是一种技术理论；换言之，它是根据价格模式的研究，推测未来价格行为的一种方法。

2. 道氏理论的运用前提

道氏理论有极其重要的三个假设，与人们平常所看到的技术分析理论的三大假设有相似的地方，不过，在这里，道氏理论更侧重于其市场含义的理解。

（1）人为操纵无法影响原始波动

指数的短期波动有可能受到人为的操纵，中级趋势也有可能受到这方面的有限影响，但是原始波动是绝对不会受到人为操纵的。这是因为股票市场异常庞大，没有任何的个人或团体有能力影响整体股票市场的长期趋势。如果市场的长期趋势能被操纵，这样的道氏理论也就没有意义了。

（2）市场指数会反映每一条信息

每一位对于金融事务有所了解的市场人士，他们所有的希望、失望与知识，都会反映在大盘指数（如上证指数、深圳指数或其他的什么指数）每天的收盘价波动中；因此，市场指数永远会适当地预期未来事件的影响。如果发生火灾、地震、战争等灾难，市场指数也会迅速地加以评估。

道氏本人也同意这个相应的看法，他在 1901 年 7 月 20 日的《华尔街日报》上说道："市场价格并不像风中摇摆不定的气球，就总体价格而言，它代表一种严肃而经过仔细考虑的行为结果，那些眼光深远而信息灵通的人，都会根据已知的事件预期不久将发生的事件，调整价格。"

股市指数的波动反映了一切市场行为，在股票市场上你可能觉得政治局势稳定，所以买股票；另外一些人可能觉得宏观经济向好，所以买股票；还有人认为利率可能调低，值得买进股票；更有一些人因为有内幕消息，或认为所谓大公司即将出现收购合并，所以要及早买入。

反之，当大家有不同恐惧因素时，有人以为自然灾害会日趋严重；有人以为政局动荡会引起恐慌；有人恐怕通货膨胀来临；有人听到内幕消息说大股东要出货，这些都会导致他们卖出手中持有股票。总之，无论大家抱有什么态度，即使是不同的观点，无论是什么原因，股票指数的升跌变化反映了一切。投资人士应该分析反映整个市场心态的股市指数，股市指数代表了群众对后市的看法，是市场行为的总和。

（3）道氏理论并非不会出错

道氏理论并不是一种万无一失并可以击败市场的系统。投资者成功利用它协助投机或投资行为，需要深入研究，并客观判断。当投资者主观地使用它时，就会不断犯错，不断亏损。

事实上，不仅是道氏理论会出错，没有任何的市场研判方法有十分的把握。自然界的很多领域并不存在精确预测，因为他们没有必然的定式，这里面就包括证券市场的股价变动，它就和天气的变化一样是不可精确预测的。这是因为市场是由人组成，而人是有选择能力的生物，他们并没有特定的研判依据，每一天在证券市场上有数以百万计的人在做市场决策。每一项决策都会影响股价的波动，而且股价的波动又会影响人的买卖意愿，然后反过来再影响股价的走势。因此，最好的理论可以做到的也就是在大部分的时候看清市场做出正确的决策，而不能永远地不出任何错误。

3. 道氏理论的五个定理

定理一：道氏的三种走势

股票指数与任何市场都有三种趋势，即短期趋势、中期趋势和长期趋势。短期趋势，持续数天至数个星期；中期趋势，持续数个星期至数个月；长期趋势，持续数个月至数年。在任何市场中，这三种趋势都必然同时存在，彼此的方向可能相反。

定理二：主要走势

主要走势（Primary Movements）代表整体的基本趋势，通常称为多头或空头市场，持续时间可能是一年以内，或数年之久。正确判断主要走势的方向，是投机行为成功与否的最重要因素之一。没有任何已知的方法可以预测主要走势的持续期限。

定理三：主要的空头市场

主要的空头市场（Primary Bear Markets）是长期向下的走势，其间夹杂着重要的反弹。它来自各种不利的经济因素，唯有股票价格充分反映可能出现的最糟情况后，这种走势才会结束。

定理四：主要的多头市场

主要的多头市场（Primary Bull Markets）是一种整体性的上涨走势，其中夹杂次级的折返走势，平均的持续期间长于两年。在此期间，由于经济情况好转与投机活动转盛，所以投资性与投机性的需求增加，并因此推高股票价格。

定理五：次级折返走势

次级折返走势（Second Reactions），就此处的讨论来说，是多头市场中重要的下跌走势，或空头市场中重要的上涨走势，持续的时间通常在三个星期至数个月；此期间内折返的幅度为前一次级折返走势结束之后主要走势幅度的33%～66%。次级折返走势经常被误以为是主要走势的改变，因为多头市场的初期走势，显然可能只是空头市场的次级折返走势，相反的情况则会发生在多头市场出现顶部后。

4. 应用道氏理论时的注意事项

（1）道氏理论对大形势的判断有较大的作用，对于每日每时都在发生的小幅波动则显得有些无能为力。道氏理论甚至于对次要趋势的判断作用也不大。

（2）道氏理论的可操作性较差。一方面，道氏理论的结论落后于价格，信号太迟；另一方面，理论本身存在不足，使得一个很优秀的道氏理论分析师在进行行情判断时，也会产生困惑，得到一些不明确的东西。

（3）道氏理论的存在已经上百年了，对今天的市场来说，相当部分的内容已经过时，投资者不能再参照老方法投资了。近30年以来，出现了很多新的技术，有相当部分是道氏理论的延伸，这在一定程度上弥补了道氏理论的不足。

（4）道氏理论主要目标乃探讨股市的基本趋势。一旦基本趋势确立，道氏理论假设这种趋势会一路持续，直到趋势遇到外来因素破坏而改变为止。但有一点投资者要注意的是，道氏理论只推断股市的大势所趋，却不能推断大趋势中升幅或者跌幅的程度。

（5）道氏理论对选股没有帮助。

12.4 波浪理论

1. 认识波浪理论

波浪理论是美国证券分析家拉尔夫·纳尔逊·艾略特利用道琼斯工业指数所发明的一种价格趋势分析工具，它是一套靠观察得来的规律，可用以分析股市指数和价格的走势。

股价的波动与自然中的潮汐现象极其相似。与大自然的潮汐、波浪一样，股价也是一浪跟着一波，周而复始，在一定程度上具有规律性，展现出周期循环的特点，任何波动均有迹可循。在多头市况下，每一个高价都会是后一波的垫底价；在空头市况下，每一个底价都会是后一波的天价。如果投资者能审时度势，把握股价的波动大势趋向的话，那么就不必老围着股价的小小波动而忙出忙进，而随着大势一路做多或一路做空，这样既能抓住有利时机赚取大钱，又能规避不测之险及时止损，艾略特的波浪理论为投资者很好地提供了一个判别股价波动大势的有效工具。

波浪理论的许多架构，相当符合道氏理论的原理和传统的图形技术。不过，波浪理论已超越传统的图形分析技术，能够针对市场的波动，提供全盘性的分析角度、得以解释特定的图形形态发展的原因与时机，以及图形本身所代表的意义，波浪理论同时也能够帮助市场分析师找出市场循环周期的所在。

2. 波浪理论的基本特点

（1）股价指数的上升和下跌将会交替进行。

（2）推动浪和调整浪是价格波动两个最基本形态，而推动浪（即与大市走向一致的波浪）可以再分割成五个小浪，一般用第 1 浪、第 2 浪、第 3 浪、第 4 浪、第 5 浪来表示，调整浪也可以划分成三个小浪，通常用 A 浪、B 浪、C 浪表示。

（3）在上述八个波浪（五上三落）运行完毕后，一个循环即告完成，走势将进入下一个八波浪循环。

（4）时间的长短不会改变波浪的形态，因为市场仍会依照其基本形态发展。波浪可以拉长，也可以缩小，但其基本形态永恒不变。

总之，波浪理论可以用四个字来概括，即八浪循环。如图 12-2 所示。

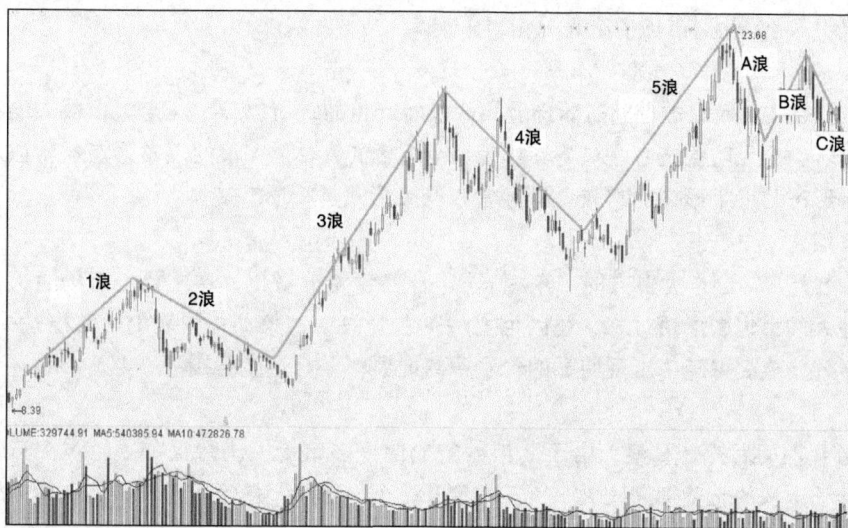

图 12-2　波浪理论实例

3. 波浪形态

一般来说，八个浪各有其不同的表现和特性。

（1）第 1 浪

在整个波浪循环开始后，市场上的大多数投资者一般都不会马上就意识到上升波已经开始。所以，在实际走势中，大约半数以上的第 1 浪属于修筑底部形态的一部分。由于第 1 浪的走出一般产生于空头市场后的末期，所以，市场上的空头气氛以及习惯于空头市场操作的手法未变，因此，跟随着属于筑底类的第 1 浪而出现的第 2 浪，其下调幅度通常都较大。

（2）第 2 浪

这一浪是下跌浪，由于市场人士误以为熊市尚未结束，其调整下跌的幅度相当大，几乎吃掉第 1 浪的升幅，当行情在此浪中几乎跌至底部时，市场出现惜售心理，抛售压力逐渐衰竭，成交量也逐渐缩小时，第 2 浪调整才会宣告结束，在此浪中经常出现图表中的转向形态，如双底等。

（3）第3浪

第3浪在绝大多数走势中，属于主升段的一大浪，因此，通常第3浪属于最具有爆炸性的一浪。它的最主要的特点是：第3浪的运行时间通常会是整个循环浪中的最长的一浪，其上升的空间和幅度亦常常最大；第3浪的运行轨迹，大多数都会发展为一涨再涨的延升浪；在成交量方面，成交量急剧放大，体现出具有上升潜力的量能；在图形上，常常会以势不可挡的跳空缺口向上突破，给人一种突破向上的强烈信号。

（4）第4浪

第4浪是行情大幅劲升后调整浪，通常以较复杂的形态出现，经常出现"倾斜三角形"的走势，同时，投资者应记住，第4浪的浪底不允许低于第1浪的浪顶。

（5）第5浪

在股市中，第5浪的涨势通常小于第3浪，且经常出现失败的情况。在第5浪中，二三类股票通常是市场内的主导力量，其涨幅常常大于一类股（绩优蓝筹股、大盘股），即投资者常说的"鸡犬升天"，此期市场情绪表现相当乐观。

（6）A浪

在上升循环中，A浪的调整是紧随着第5浪而产生的，所以，市场上大多数人士都会认为市势仍未逆转，毫无防备之心，只将其作为一个短暂的调整。A浪的调整形态通常以两种形式出现，平坦形态与三字形态，它与B浪经常以交叉形式进行形态交换。

（7）B浪

B浪的上升常常会作为多方的"单相思"，升势较为情绪化，这主要是市场上大多数人仍未从牛市冲天的市道中醒悟过来，还以为上一个上升尚未结束，在图表上常常出现牛市陷阱；从成交量上看，成交稀疏，出现明显的价量背离现象，上升量能已接济不上。

（8）C浪

紧随着B浪而后的是C浪，由于B浪的完成使许多市场人士醒悟，一轮多头行情已经结束，期望继续上涨的希望彻底破灭，所以大盘开始全面下跌。从性质上看，其破坏力较强。

从上述内容看来，波浪理论似乎颇为简单且容易运用，实际上，由于其每一个上升/下跌的完整过程中均包含有一个八浪循环，大循环中有小循环、小循环中有更小的循环，即大浪中有小浪、小浪中有细浪，因此，使数浪变得相当繁杂和难于把握，再加上其推动浪和调整浪经常出现延伸浪等变化形态和复杂形态，使得对浪的准确划分更加难以界定，这两点构成了波浪理论实际运用的最大难点。

4. 波浪之间的比例

波浪理论推测股市的升幅和跌幅采取黄金分割率和神秘数字去计算。一个上升浪可以是上一次高点的1.618，另一个高点又再乘以1.618，以此类推。

另外，下跌浪也是这样，一般常见的回吐幅度比率有0.236（0.382×0.618）、0.382、0.5、0.618等。

5. 波浪理论与道氏理论

艾略特的波浪理论，在其基本观察和判断股价的波动原理和原则同道氏理论有着非常相似的论点，波浪理论和道氏理论两者都有一个共同的认识，就是股价走势在一个攻击推动浪中，走势应该在发展过程中较为坚挺稳健，且其指数形态亦能够以良好的面貌配合走势发展。但是当市场处于整理类的股价波动时，二者则会发生分歧而无法相互印证，尤其是道氏理论，它验证走势趋向的工具主要是工业指数和运输指数，因为查尔斯·道认为运用两个指数确定一个主要趋势后，二者会相互印证，而当两个指数产生不同而背离情况时，道氏理论和波浪理论就会出现无法相互印证的情况。

应该说，艾略特波浪理论中的大部分观点与道氏理论是相互吻合的，只是艾略特的波浪理论在定量方面对股价走势的描述要强于道氏理论，波浪理论只需要用一个大盘的指数就能对市场全貌走势做出诠释，并且，艾略特的波浪理论认为市场通常是依照一个基本节奏来行进发展的。所以道氏理论常常无法用足够的理由对艾略特的波浪理论的波动原理进行有效的说明。然而，不管是艾略特的波浪理论，还是查尔斯·道的道氏理论，二者的理论根基都是来用于实证观察。因而从另一个角度来说，道氏理论中所发生的无法印证的走势现象，有助于波浪理论者检定趋势是否会有反转的意味。因而这两种理论对于市场走势的研判可以说具有一种互补的功用，同时亦不能否认道氏理论多年来的实证，毕竟波浪理论是从道氏理论中繁衍出来的。

12.5 江恩理论

1. 认识江恩理论

江恩理论是威廉·江恩在美国资本市场上总结了一套投资的理论。

江恩理论是以测市研究为主的，江恩通过对数学、几何学、宗教、天文学的综合运用，建立起自己独特的分析方法和测市理论。由于他的分析方法具有非常高的准确性，有时会达到令人不可思议的程度，因此很多江恩理论的研究者非常注重江恩的测市系统。但在测市系统之外，江恩还建立了一整套操作系统，当测市系统发生失误时，操作系统将及时地对其进行补救。江恩理论之所以可以达到非常高的准确性，就是将测市系统和操作系统一同使用，相得益彰。

江恩理论的实质就是在看似无序的市场中建立了严格的交易秩序，他建立了江恩时间法则、江恩价格法则、江恩线等。它可以用来发现何时价格会发生回调以及将回调到什么价位。

2. 江恩十二条买卖规则

江恩最后一本重要著作是 1949 年出版的《在华尔街的 45 年》，书中江恩理论坦诚披露了自己几十年来在市场中的取胜之道。

江恩认为，投资者在市场买卖遭受损失，主要的原因有三点。

其一，在有限的资本上过度买卖。也就是说操作过分频繁，在市场中做短线和超短线通常要求投资者有很高的操作技巧，在投资者没有掌握这些操作技巧之前，过分强调做短线常会导致不小的损失。

其二，投资者没有设立止损点以控制损失。很多投资者遭受巨大损失就是因为没有设置合适的止损点，结果任错误无限发展，损失越来越大。因此学会设置止损点以控制风险是投资者必须学会的基本功之一。还有一些投资者，甚至是一些市场老手，虽然设了止损点，但在实际操作中并不坚决执行，结果因一念之差，遭受巨大损失。

其三，缺乏市场知识，是在市场买卖中损失的最重要原因。一些投资者并不注重学习市场知识，而是过分主观，不会辨别消息的真伪，结果接受误导，遭受巨大损失。还有一些投资者仅凭一些书本上学来的知识来指导实践，不加区别地套用，造成巨大损失。江恩强调的是市场的知识，实践的经验。而这种市场的知识往往要在市场中摸爬滚打相当时间才能会真正有所体会。

因此，江恩对所有投资者的忠告是，在你赔钱之前，请先细心研究市场。在入市之前，投资者一定要了解：你可能会做出错误的买卖决定；你必须知道，如何去处理错误；出入市必须根据一套既定的规则，永不盲目地猜测市况发展。市场条件及时间经常转变，投资者必须学习跟随市况转变。在不同时间的循环及市场条件下，市场历史会重复发生的。

这些虽然都是老生常谈，但配合江恩提供的十二条重要买卖规则，江恩理论便可发挥威力。

江恩总结45年在华尔街投资买卖的经验，写成十二条买卖规则，其重要性不言而喻，现列于此以供投资者参考。江恩十二条买卖规则如下。

（1）首先确定市场的走势。

（2）在单底、双底或三底水平时入市买入。

（3）根据市场波动的百分比买卖。

（4）根据三星期上升或下跌买卖。

（5）市场分段波动。

（6）利用5或7点波动买卖。

（7）成交量。

（8）时间因素。

（9）当出现高低点或新高时买入。

（10）决定大势趋势的转向。

（11）最安全的买卖点。

（12）快速市场的价位波动。

江恩在十二条规则之上，建立了整个买卖的系统。基本上，所使的方法是纯粹以技术为主，而买卖方法是以跟随市势买卖为主，与他的预测预备完全不同。江恩清楚地将市场买卖及市场预测分开，这是他成功的地方。

3. 江恩回调法则

回调是指价格在主运动趋势中的暂时反转运动。回调理论是江恩价格理论中重要的一部分。

根据价格水平线的概念，50%、75%、100%作为回调位置对价格运动趋势构成了强大的支持或阻力。

例如：某只股票价格从40元最高点下降到20元最低点开始反转，价格带的空间是40元减去20元为20元。这一趋势的50%为10元，即上升到30元时将回调。而30元与20元的价格带的50%为5元，即回调到25元时再继续上升。升势一直到40元与20元的75%，即35元再进行50%的回调，最后上升到40元完成对前一个熊市的100%回调。

江恩50%回调法则是基于江恩的50%回调或63%回调的概念之上。江恩认为，无论价格上升或下降，最重要的价位是50%的位置，这个位置经常会发生价格的回调，如果在这个价位没有发生回调，那么在63%的价位上就会出现回调。在江恩价位中，50%、63%、100%最为重要，他们分别与几何角度45度、63度和90度相对应，这些价位通常用来决定建立50%

回调带。

投资者计算 50% 回调位的方法是：将最高价和最低价之差除以 2，再将所得结果加上最低价或从最高价减去。

当然，价格的走势是难以预测的，我们在预测走势上应该留有余地，实际价格也许高于也许低于 50% 的预测。

江恩投资实战技法适合于各种时间尺度的图表，包括 5 分钟图、日线图、周线图、月线图和年线图。经过观察大量的图表，投资者可以看到以下江恩法则的存在。

（1）价格明显的在 50% 回调价位反转。

（2）如果价格穿过 50% 回调价位，则下一个回调将出现在 63% 的价位。

（3）如果价格穿过 63% 回调价位，则下一个回调将出现在 75% 的价位。

（4）如果价格穿过 75% 回调价位，则下一个回调将出现在 100% 的价位。

（5）支持位和阻力位也可能出现在 50%、63%、75% 和 100% 回调重复出现的价位水准上。

（6）有时价格的上升或下降可能会突破 100% 回调价位。

4. 江恩循环理论

江恩循环理论是对整个江恩思想及其多年投资经验的总结。江恩把他的理论用按一定规律展开的圆形、正方形和六角形进行论述。这些图形包括了江恩理论中的时间法则、价格法则、几何角、回调带等概念，图形化地揭示了市场价格的运行规律。

江恩认为较重要的循环周期如下。

（1）短期循环：1 小时、2 小时、4 小时……18 小时、24 小时、3 周、7 周、13 周、15 周、3 个月、7 个月。

（2）中期循环：1 年、2 年、3 年、5 年、7 年、10 年、13 年、15 年。

（3）长期循环：20 年、30 年、45 年、49 年、60 年、82 或 84 年、90 年、100 年。

30 年循环周期是江恩分析的重要基础之一，因为 30 年共有 360 个月，这恰好是 360 度圆周循环，按江恩的价格带理论对其进行 1/8、2/8、3/8……7/8 等，正好可以得到江恩长期、中期和短期循环。

10 年循环周期也是江恩分析的重要基础之一，江恩认为，10 年周期可以再现市场的循环。例如，一个新的历史低点将出现在一个历史高点的 10 年之后；反之，一个新的历史高点将出现在一个历史低点之后。同时，江恩指出，任何一个长期的升势或跌势都不可能不做调整地持续 3 年以上，其间必然有 3 ~ 6 个月的调整。因此，10 年循环的升势过程实际上是前 6 年中，每 3 年出现的一个顶部，最后 4 年出现最后的顶部。

上述长短不同的循环周期之间存在着某种数量上的联系，如倍数关系或平方关系。江恩将这些关系用圆形、正方形、六角形等显示出来，为正确预测股市走势提供了有力的工具。

5. 江恩波动法则与共振

共振是物理学上的一个运用频率非常高的专业术语。共振的定义是两个振动频率相同的物体，当一个发生振动时，就会引起另一个物体也振动的现象。共振在声学中亦称"共鸣"，它指的是物体因共振而发声的现象，如两个频率相同的音叉靠近，其中一个振动发声时，另一个也会发声。

而江恩的思路是：市场的波动率或内在周期性因素，来自市场时间与价位的倍数关系。当市场的内在波动频率与外来市场推动力量的频率产生倍数关系时，市场便会出现共振关系，令市场产生向上或向下的巨大作用。

每一名股票投资者，都应对共振现象充分留意。如下情况可能会引发共振的现象。

（1）当长期投资者、中期投资者、短期投资者在同一时间点，进行方向相同的买入或卖出操作时，将产生向上或向下的共振。

（2）当时间周期中的长周期、中周期、短周期交汇于同一个时间点且方向相同时，将产生向上或向下共振的时间点。

（3）当长期移动平均线、中期移动平均线、短期移动平均线交汇于同一价位点且方面相同时，将产生向上或向下共振的价位点。

（4）当K线系统、均线系统、成交量KDJ指标、MACD指标、布林线指标等多种技术指标均发出买入或卖出信号时，将产生技术分析指标的共振点。

（5）当金融政策、财政政策、经济政策等多种政策方面一致时，将产生政策面的共振点。

（6）当基本面和技术面方向一致时，将产生极大的共振点。

（7）当某一上市公司基本面情况、经营情况、管理情况、财务情况、周期情况方向一致时，将产生这一上市公司的共振点。

12.6 有效市场假说

1. 认识有效市场假说

有效市场假说（Efficient Markets Hypothesis，简称EMH），最早出现于1965年美国芝加哥大学著名教授尤金·法玛（Eugene F. Fama）在《商业学刊》（*Journal of Business*）上发表的一篇题为《证券市场价格行为》的论文中。该理论认为，在一个充满信息交流和信息竞争的社会里，一种特定信息能够在股市上迅速被投资者了解，随之而来的金融产品市场竞争，会在价格上充分地、及时地反映这种信息，从而使投资者根据这种信息所进行的交易排除非正常报酬，只赚取平均市场报酬率。简单地说这种理论认为，只要股票市场能够充分反映现有的全部信息，股票价格就能代表股票的真实价值。所以，这样的股票市场是有效市场。

2. 有效市场的假设前提

有效市场假说有四个假设前提。

（1）市场信息是被充分披露的，每个市场参与者都在同一时间内得到等量等质的信息，信息的发布在时间上不存在前后相关性。

（2）信息的获取是没有成本或几乎是没有成本的。

（3）存在大量的理性投资者，他们为了追逐最大的利润，积极参与到市场中来，理性地对证券进行分析、定价和交易。这其中包括三点：其一，假设投资者是理性的，因此投资者可以理性评估资产价值；其二，即使有些投资者不是理性的，但由于他们的交易随机产生，交易相互抵消，就不至于影响资产的价格；其三，即使投资者的非理性行为并非随机而是具有相关性，他们在市场中将遇到理性的套期保值者，后者将消除前者对价格的影响。

（4）投资者对新信息会做出全面的、迅速的反应，从而导致股价发生相应的变化。

3. 有效市场假说的三个要点

（1）假设在市场上的每个人都是理性的经济人，金融市场上每只股票所代表的各家公司都处于这些理性人的严格监视之下，他们每天都在进行基本分析，以公司未来的获利性来评价公司的股票价格，把未来价值折算成今天的现值，并谨慎地在风险与收益之间进行权衡取舍。

（2）股票的价格反映了这些理性人的供求平衡，想买的人正好等于想卖的人，即认为股价被高估的人与认为股价被低估的人正好相等，假如有人发现这两者不等，即存在套利的可能性的话，他们立即会用买进或卖出股票的办法使股价迅速变动到能够使二者相等为止。

（3）股票的价格也能充分反映该资产的所有可获得的信息，即"信息有效"，当信息变动时，股票的价格就一定会随之变动。一个利好消息或利空消息刚刚传出时，股票的价格就开始异动，当它已经路人皆知时，股票的价格也已经涨到或跌到适当的价位了。

有效市场假说只是一种理论假说，实际上，并非每个人都是理性的，也并非在每一时点上都是信息有效的。

4. 有效市场假说理论的三种形式

既然证券价格作为一种正确的信号能充分反映一切可获得的信息，那么可获得的有关信息就成为价格能否有效的决定因素了。按照可获得的信息分类不同，有效市场理论将有效率的资本市场分为如下三种形式。

（1）弱有效市场

在该市场中，证券的现行价格所充分反映的是过去价格和过去收益的一切信息。在该类市场中，任何投资者都不能利用过去的信息去制定投资策略再进行证券买卖而获取异常收益（在有效市场中，与风险水平相当的证券收益率为正常收益率，实际收益率与正常收益率的差额为异常收益率）。

（2）半强型有效市场

在该市场中，现行的证券价格不仅能反映过去价格和过去收益的一切信息，而且还包括一切可以公开得到的信息（如公司的盈利宣告、股票分割、红利宣告等）。因此完全利用可公开获得信息行事的投资者在扣除他们购买信息的成本后无法获得超额利润。

（3）强有效市场

在该市场中证券价格所包括的信息面最广，即价格除了可以充分反映过去收益和报酬、一切可获得的公开信息之外，还对非公开的信息敏感，能即刻反映全部公开的和非公开的有关信息。因此，任何投资者都无法凭借其地位和某种信息渠道来获得超额的预期收益。

有效市场的三种类型都有一个共同的特征，即证券的价格反映一定的信息。其区别在于，不同的市场反映信息的范围各异。

第13章 常见技术指标的应用

炒股小词典

减仓——是指卖掉一部分的股票。

回档——是指股价上升过程中，因上涨过速而暂时回跌的现象。股票的回档幅度较上涨幅度小，通常回跌到前一次上涨幅度的1/3左右时又恢复原来上涨趋势。回档只是短时间的调整，并未改变股票的上涨趋势，如果手中持有筹码，应持筹待涨，如无股码；可趁回档时介入。

13.1 移动平均线指标——MA

1. 移动平均线的计算公式

移动平均线的计算公式如下：

$$MA = （C_1 + C_2 + C_3 + \cdots + C_n）/N$$

其中，C为某日收盘价；N为移动平均周期。

2. 移动平均线的分类

移动平均线的种类很多（如图13-1所示），但总体来说，可分为短期移动平均线、中期移动平均线和长期移动平均线三种。

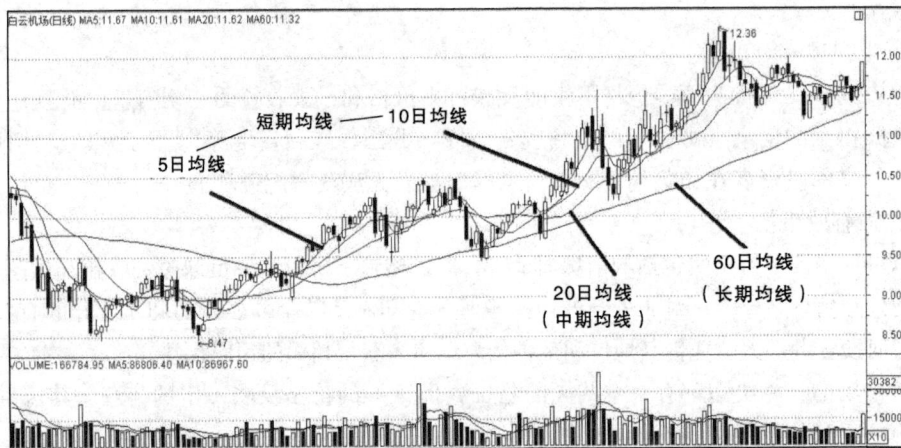

图 13-1 移动平均线种类

（1）短期移动平均线

短期移动平均线主要是指5日均线和10日均线。5日均线是将5天数字之和除以5，求出一个平均数，标于图表上，然后以此类推计算后面的，再将平均数逐日连起，得到的便是5日平均线。由于上证所通常每周5个交易日，因而5日线亦称周线。

由于5日平均线起伏较大，遇震荡行情时该线形象极不规则，无轨迹可循，因而诞生了10

日平均线，此线取 10 日为样本，简单易算，为投资大众参考与使用最广泛的移动平均线之一。它能较为正确地反映短期内股价平均成本的变动情形与趋势，可作为短线进出的依据。

（2）中期移动平均线

首先是月线，采样为 24 日、25 日或 26 日。该线能让使用者了解股价一个月的平均变动成本，对于中期投资而言，有效性较高，尤其在股市走势尚未十分明朗前，能预先显示股价的未来变动方向。其次是 30 日移动平均线，取意仍是以月为基础。最后是季线，采样为 72 日、73 日或 75 日。由于中期移动平均线波动幅度较短期线移动平均线平滑且有轨迹可循，较长期移动平均线又敏感度高，因而优点明显。

（3）长期移动平均线

首先为半年线，采样为 146 或 150 日。由于沪市上市公司一年分两次公布其财务报表，公司董、监事与某些消息灵通人士常可先取得这方面的第一手资料进行炒作，投资者可借此获坐轿之利，不过由于沪市投机性强，投资者注重短线差价利润，因而效果也打了点折扣。200 日移动平均线，是葛兰碧（Granvile）专心研究与试验移动平均线系统后着重推出的，但在我国股市运用不甚普遍。年线，取样 255 日左右，是超级大户、炒手们操作股票时参考的依据。

3. 移动平均线的特点

移动平均线最基本的作用是消除偶然因素的影响，另外还稍微有一点平均成本价格的含义。它具有以下五个特点。

（1）趋势性

移动均线可用以表示股价变化的方向，股价顺着这个趋势运动，不轻易改变。如果从价格的图表中能够找出上升或下降趋势线，那么移动平均线的曲线将保持与趋势线方向一致，能消除中途价格在这个过程中出现的起伏。原始数据的价格图表不具备这个保持追踪趋势的特性。

（2）稳定性

由移动平均线的计算可知道，移动平均线的数值一般不会轻易改变，它不像股价那样大起大落，比较稳定。因为 MA 的变动不是一天的变动，而是几天的变动，一天的大变动被几天一分摊，变动就会变小而显不出来。这种稳定性有优点，也有缺点，投资者在应用时应多加注意，掌握好分寸。

（3）滞后性

移动平均线的一个极大的弱点就是滞后性，这是因为在价格原趋势发生反转时，由于追踪趋势的特性，移动平均线的行动往往过于迟缓，掉头速度落后于大趋势，等移动平均线发出趋势反转信号时，价格掉头的深度已经很大了。

（4）助涨助跌的特性

当价格突破移动平均线时，无论是向上突破还是向下突破，价格有继续向突破方面再走一程的趋势，这就是移动平均线的助涨助跌性。

在多头市场或空头市场中，移动平均线朝一个方向移动，通常将持续几个星期或几个月之后才会发生反转，改朝另一方向移动。移动平均线的助涨与助跌作用，在股价走出盘整区域后表现得尤为明显。当股价脱离盘整上升时，它就会发挥很强的助涨作用，即使股价偶尔回档，也会受到平均线的支撑止跌向上。反之，当股价脱离盘整区域而下跌时，它就会产生很强的助跌作用，股价即使反弹，也会受平均线的压制而再创新低。

（5）支撑线和压力线的特性

移动平均线在股价走势中主要起支撑和压力的作用。移动平均线被突破，实际上是支撑线和压力线被突破。

4. 移动平均线八大法则

（1）移动平均线从下降逐渐走平且略向上方抬头，而股价从移动平均线下方向上方突破，为买进信号。

（2）股价位于移动平均线之上运行，回档时未跌破移动平均线，又再度上升时为买进时机。

（3）股价位于移动平均线之上运行，回档时跌破移动平均线，但短期移动平均线继续呈上升趋势，此时为买进时机。

（4）股价位于移动平均线之下运行，突然暴跌，距离移动平均线太远，极有可能向移动平均线靠近（物极必反，下跌反弹），此时为买进时机。

（5）股价位于移动平均线之上运行，连续数日大涨，离移动平均线愈来愈远，说明近期内购买股票者获利丰厚，随时都会产生获利回吐的卖压，应暂时卖出所持股票。

（6）移动平均线从上升逐渐走平，而股价从移动平均线上方向下跌破移动平均线时，说明卖压渐重，应卖出所持股票。

（7）股价位于移动平均线下方运行，反弹时未突破移动平均线，且移动平均线跌势减缓，趋于水平后又出现下跌趋势，此时为卖出时机。

（8）股价反弹后在移动平均线上方徘徊，而移动平均线却继续下跌，宜卖出所持股票。

投资者需要注意的是，以上八大法则中第三条和第八条不易掌握，具体运用时风险较大，在未熟练掌握移动平均线的使用法则前可以考虑放弃使用；第四条和第五条没有明确股价与移动平均线的距离，这可以参照乖离率来解决。

5. 5日均线的应用

5日均线顾名思义就是5天股票成交价格或指数的平均值。5日均线的应用如下。

（1）股价离开5日均线过远、高于5日均线过多，也即"五日乖离率"太大，则属于短线卖出时机。乖离率多大可以卖出，视个股强弱和大小而有所不同。一般股价高于5日均线15%，属于偏高，适宜卖出。若是熊市，一般股价低于5日均线7%，适宜短线买进。

（2）股价回落、跌不破5日均线的话，再次启动时适宜买入。一般来说，慢牛股在上升途中，大部分时间往往不会破5日均线或者10日均线。只要不破，就可结合大势、个股基本面继续持仓。若是熊市，股价回升、升不破5日均线的话，再次出现较大抛单、展开下跌时适宜卖出。

（3）股价如果跌破5日均线、反抽5日均线过不去的话，需要谨防追高被套，注意逢高卖出。若是熊市，股价如果升破5日均线、反抽5日均线时跌不破的话，或者反抽5日均线跌破但又止住的话，需要谨防杀跌踏空，注意逢低买回。

（4）股价如果有效跌破5日均线，一般将跌向10日均线或者20日均线。如果跌到10日均线、20日均线企稳，股价再次启动，投资者则高位卖出的筹码可以视情况短线回补，以免被轧空。若是熊市，股价如果有效升破5日均线，一般将向10日均线或者20日均线方向上升。如果升到10日均线、20日均线附近受阻，股价再次展开下跌，则低位买进的筹码可以视情况短线卖出。

6.10 日均线的应用

10 日均线是个股趋势生命线，是分析和判断短期趋势、指导实际操作的一个非常重要的客观标准。

（1）10 日均线是多空双方力量强弱或强弱市场的分界线。当多方力量强于空方力量时，市场属于强势，股价就在 10 日均线之上运行，说明有更多的人愿意以高于最近 10 日平均成本的价格买进股票，股价自然会上涨；相反，当空方力量强于多方力量时，市场属于弱势，股价就在 10 日均线之下运行，表明有更多人愿意以低于最近 10 日平均成本的价格卖出股票，股价自然会下跌。

（2）股价站上 10 日均线再买入，虽然离底部或与最低价相差一定价位，但此时上升趋势已明确，涨势刚刚开始，仍是买入的良机。

（3）股价站上 10 日均线才买进股票，最大的优点是在上升行情的初期即可跟进而不会踏空，即使被套也有 10 日均线作为明确的止损点，损失也不会太大。

（4）股价向上突破 10 日均线应有量的配合，否则可能仅仅是下跌中途的反弹，很快又会跌回 10 日均线下，此时就应止损出局再行观望，特别是在 10 日线下降走平再上行而后又下行时，更应止损，说明跌势尚未结束。

（5）10 日均线特别适用于追踪强势个股的波段操作和对大盘趋势的分析，即当股价站上 10 日均线时就坚决买入，当大盘指数站上 10 日时就看多、看涨，成功的概率较高。但是，在上升行情中，对于走势弱于大盘而没有庄家照顾的一些个股，时而跌破 10 日均线、时而站上 10 日均线形成震荡走高的态势，较难以运用 10 日均线把握。

（6）在持续较长时间的下跌趋势中，股价在下跌的中途产生反弹时站上了 10 日均线但又很快跌破 10 日均线继续下跌，待第二次甚至第三次股价站上 10 日均线时才真正上涨，这种情况经常出现。因此，在下跌趋势末期，当股价第二次或第三次站上 10 日均线时往往是最佳的买入时机。

（7）10 日均线操作法用于趋势明确的单边上升和单边下跌行情的分析非常有效和可靠，用于盘局效果差些。

（8）10 日均线适用于中短线结合的操作方式，因此经常与 5 日均线和 30 日均线配合使用。

7. 20 日均线的应用

20 日均线是某只股票在市场上往前 20 天的平均收盘价格，其意义在于它反映了这只股票 20 天的平均成本。20 日均线是短期均线系统中参数最大的一种移动平均线，与 10 日均线相比，20 日均线比 10 日均线的时间周期间隔又要多 10 个交易日，故 20 日均线运行中的变动频率比 10 日均线来说，其注重趋势性变化的程度要大得多。

20 日均线在实战中的应用应注意以下三个条件。

（1）20 日均线由于选取的周期参数相对要大一些，故其尽管属于短期均线的范畴，但已经开始接近中期均线了，所以在实战中，使用 20 日均线研判市场走势时，投资者应考虑中短期走势，不能只考虑短期变化，否则将会出现操作上的失误。

（2）20 日均线的趋势研判仍为上升代表中短期趋势向上，下行则表示趋势向下，所以投资者在使用 20 日均线来分析走势时，还可以用其来判断市场的支撑或压力的位置，但同时一定要关注 20 日均线作为支撑或压力的有效性，否则会导致错误性止损。

（3）20 日均线在行情箱形运行过程中将会相对平稳，即若行情的波动幅度不大，则 20 日均线可能出现接近平行的运行状态。

20 日均线的意义在于周期不是很长也不是很短，所以能够真实反映出股价最接近的趋势。低位掉头意味着短期内趋势有好转的迹象，股价如果能够站稳该线就说明股价未来看涨，否则只能代表纯技术上的空头趋势。

当 20 日均线从高位回落至一个相对低位后，在形态上表现为均线自高位下滑从"陡"状到低位逐渐走平，其市场含义为相对于 20 日内的投资者成本已经从亏损有向获利转变的可能，这时的股价跌势已有所减缓或者说得到了抑制。当股价在真正意义上止跌并开始上涨，一举突破 20 日均线的压制并伴随有成交量的同步放大时，就表示股价的趋势已经彻底得到了扭转，由跌势转为升势。此时的操作要点是 20 日均线附近就是买入点或者股价突破 20 日均线时果断介入。此操作的前提必须是要有成交量的配合，否则 20 日均线也将失去意义。在买入操作结束后持股待涨，股价不断上升，20 日均线也随之上移，当股价上涨至某一压力区时出现滞涨情形，20 日均线随之跟上后开始走平，股价的变化形态表现为在 20 日均线上横向震荡的局面，一旦这种平衡状态被打破，股价随之下穿 20 日均线，此时被认为是最佳的卖出时机，注意这时的成交量是放大放小均无意义。20 日均线之所以万能，是因为它在股价的任何时间和位置都能准确给出操作信号。它的操作要点在于只要股价上穿 20 日均线并且有成交量放大的配合就被认为是买入信号，股价下破 20 日均线即被认为是卖出信号。在周期组合上，20 日被认为是一个综合周期，因此无论是长线投资或者短线投资均适用。

8. 60 日均线的应用

60 日均线是某只股票在市场上往前 60 天的平均收盘价格，其意义是它反映了这只股票 60 天的平均成本。60 日均线一般是中长期走势，60 日均价是最近 3 个月的收盘平均价，对个股后期走势有重要意义。在牛市行情中，60 日均线的支撑作用尤为明显，如在 2015 年 2 月初的牛市调整行情中，沪指低开下探后，在 60 日均线上方获得支撑震荡翻红，且盘中一度站上 3 100 点。若投资者在实战操作中每逢股价回调到 60 日均线附近时都买入，则风险很小，获利的空间却很大。

（1）长庄运作的小盘次新股，主力控盘后开始进行波段式拉升，每逢股价回调时，60 日均线是主力的支撑线，一般不会被击破。

（2）通过大盘回调时个股是否破 60 均线以及是否能迅速返回 60 日均线之上，就可以判断该股票的走势是否强于大盘，以及主力的有无和强弱。

（3）由于 60 日均线应用较普遍，很多强庄股在大幅拉升之前往往会剧烈洗盘，放量跌破 60 均线，使得中小散户恐慌杀跌出局。

9. 年线

250 日均线是某只股票在市场上之前 250 个交易日的平均收盘价格，其意义是它反映了这只股票 250 天的平均成本。在技术分析中，250 日均线也叫年线，在不考虑成交量因素影响的情况下，年线的数值也就是 250 天的平均交易成本。年线的作用主要是用来判定大盘及个股大趋势。假如股指（或股价）在年线之上，同时年线又保持上行态势，则说明这时大盘（或个股）处在牛市阶段，当前股价已经高于这250日内建仓投资者的平均成本，绝大部分资金都处于盈利状态时，表明行情向多，此时年线可以作为买入或持股的信号；若年线保持下行态势，且股指（或股价）在年线之下，说明大盘（或个股）处在熊市阶段，市场中绝大部分资金被套，则此时意味着多数投资者看淡后市，场内亏多盈少。因此，年线又被市场称为牛熊线。

由此我们可以看出年线对于中长期投资有较为重要的指导意义。牛市当中每一次调整到达年线便停止，熊市当中每一次反弹到年线处受阻的现象屡见不鲜。

对于中小投资者而言，年线对操作的指导意义在于如果年线不断上行，应该伺机介入，并坚持持有；如果年线不断下挫，则应该空仓回避或适当反弹减仓；而当年线如果保持走平的态势，可以结合当时的市场环境在年线附近寻找短线机会。

其实，除了判断牛熊之外，年线在不同的情况下还有许多具体的应用，对于前期已出现一轮较大升幅之后有明显见顶回落的个股来说，一旦有效跌破年线，证明调整格局已经形成；对在年线之下运行的个股来说，若反弹至年线附近，遇阻回落的可能性很大。

一些在年线之上运行的个股，途中若出现短线回调，在年线处往往会获得支撑，随后出现反弹的概率较高。

10. 均线组合的应用

（1）股价曲线由下向上突破5日、10日移动平均线，且5日均线上穿10日均线形成黄金交叉，显现多方力量增强，已有效突破空方的压力线，后市上涨的可能性很大，是买入时机。

（2）股价曲线由下向上突破5日、10日、30日移动平均线，且三条移动平均线呈多头排列，说明多方力量强盛，后市上涨已成定局，此时是极佳的买入时机。

（3）在强势股的上升行情中，股价出现盘整，5日移动平均线与10日移动平均线纠缠在一起，当股价突破盘整区，5日、10日、30日移动平均线再次呈多头排列时为买入时机。

（4）在多头市场中，股价跌破10日移动平均线而未跌破30日移动平均线，且30日移动平均线仍向右上方挺进，说明股价下跌是技术性回档，跌幅不太大，此时为买入时机。

（5）在空头市场中，股价经过长期下跌，股价在5日、10日移动平均线以下运行，恐慌性抛盘不断涌出导致股价大幅下跌，乖离率增大，此时为抢反弹的绝佳时机，应买进股票。

（6）在上升行情中，股价由上向下跌破5日、10日移动平均线，且5日均线下穿10日均线形成死亡交叉，30日移动平均线上升趋势有走平的迹象，说明空方占有优势，已突破多方两道防线，此时应卖出持有的股票，离场观望。

（7）股价先后跌破5日、10日、30日移动平均线，且30日移动平均线有向右下方移动的趋势，表示后市的跌幅将会很深，应迅速卖出股票。

（8）股价经过长时间盘局后，5日、10日移动平均线开始向下，说明空方力量增强，后市将会下跌，应卖出股票。

（9）股价下跌反弹时，股价向上逐次攻破5日，10日、30日均线，当股价在10日移动平均线上方运行，与10日移动平均线之间的距离突然拉大，且K线出现射击之星，表示近期内获利盘丰厚，多方力量转弱，空方力量增强，反弹将结束，此时应抛出所持股票（见图13-2）。

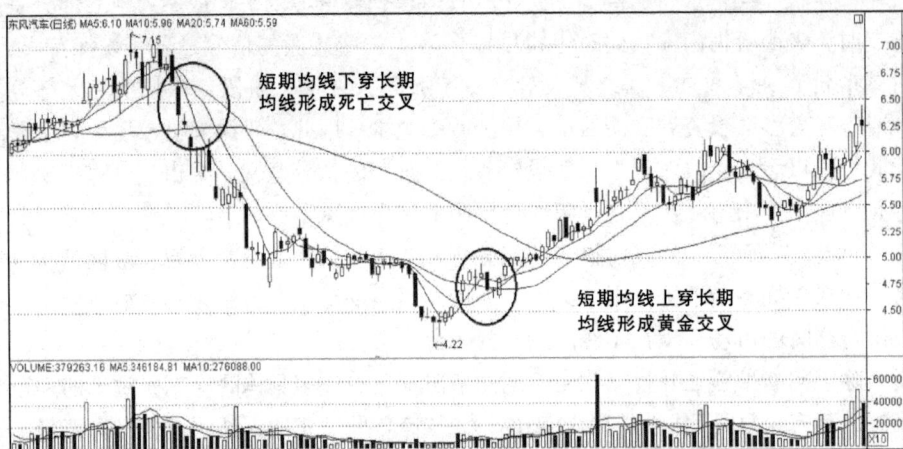

图 13-2　均线应用

13.2　平滑异动指标——MACD

平滑异动指标（MACD）是由查拉尔·阿佩尔（Gerald Apple）提出的，是一种研判股票买卖时机、跟踪股价运行趋势的技术分析工具。如图 13-3 所示。

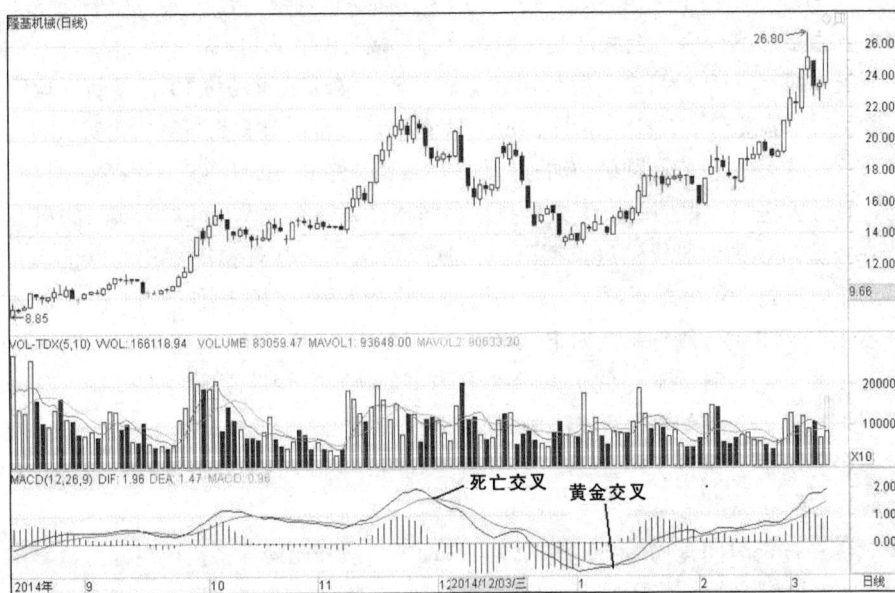

图 13-3　MACD 指标

1. MACD 指标的原理

MACD 是通过计算两条不同速度的移动平均线之间的离差状况来进行行情的研判，实际是运用快速与慢速移动平均线聚合与分离的征兆，来判断买进与卖出的时机与信号，在实际操作中，MACD 不但具备抄底（价格、MACD 背离时）、捕捉强势上涨点（MACD 连续二次翻红时买入）的功能，而且还能够捕捉最佳卖点，帮助投资者成功逃顶。

MACD 指标主要是通过 EMA、DIF 和 DEA（或叫 MACD、DEM）这三值之间关系的研判，DIF 和 DEA 连接起来的移动平均线的研判，以及 DIF 减去 DEA 值而绘制成的柱状图（BAR）的研判等来分析判断行情，预测股价中短期趋势的主要的股市技术分析指标。其中，DIF 是核心，DEA 是辅助。DIF 是快速平滑移动平均线（EMA1）和慢速平滑移动平均线（EMA2）的差。BAR 柱状图在股市技术软件上是用红柱和绿柱的收缩来研判行情。

2. DIF 和 MACD 的值对买卖点的提示

（1）当 DIF 和 MACD 均大于 0（即在图形上表示为它们处于零线以上）并向上移动时，一般表示为股市处于多头行情中，可以买入或持股。

（2）当 DIF 和 MACD 均小于 0（即在图形上表示为它们处于零线以下）并向下移动时，一般表示为股市处于空头行情中，可以卖出股票或观望。

（3）当 DIF 和 MACD 均小于 0（即在图形上表示为它们处于零线以下）并向下移动时，一般表示为股市处于空头行情中，可以卖出股票或观望。

（4）当 DIF 和 MACD 均小于 0 时（即在图形上表示为它们处于零线以下）但向上移动时，一般表示为行情即将启动，股票将上涨，可以买进股票或持股待涨。

3. MACD 指标的第一种"黄金交叉"

当 MACD 指标中的 DIF 线和 MACD 线在远离 0 值线以下的区域同时向下运行很长一段时间后，当 DIF 线开始进行横向运行或慢慢勾头向上靠近 MACD 线时，如果 DIF 线接着向上突破 MACD 线，这是 MACD 指标的第一种"黄金交叉"。它表示股价经过很长一段时间的下跌，并在低位整理以及一轮比较大的跌势后，股价将开始反弹向上，是短线买入信号。对于这一种"黄金交叉"，只是预示着反弹行情可能出现，并不表示该股的下跌趋势已经结束，股价还有可能出现反弹行情很快结束、股价重新下跌的情况，因此，投资者应谨慎对待，在设置好止损价位的前提下，少量买入做短线反弹行情。

4. MACD 指标的第二种"黄金交叉"

当 MACD 指标中的 DIF 线和 MACD 线都运行在 0 值线附近的区域时，如果 DIF 线在 MACD 线下方、由下向上突破 MACD 线，这是 MACD 指标的第二种"黄金交叉"。它表示股价经过一段时间的涨势并在高位或低位整理后，股价将开始一轮比较大的上涨行情，是中长线的买入信号。它可能就预示着一轮升幅可观的上涨行情即将开始，这是投资者买入股票的比较好的时机。投资者需要知道的是，应区别对待这种"黄金交叉"。

当股价是在底部小幅上升并经过一段短时间的横盘整理，然后股价放量向上突破、同时 MACD 指标出现这种金叉时，是长线的买入信号。此时，投资者可以长线逢低建仓。

当股价是从底部启动、已经出现一轮涨幅比较大的上升行情，并经过上涨途中的一个时间较长的中位回档整理，然后股价再次调头向上扬升、同时 MACD 指标出现这种金叉时，是中线买入信号。

5. MACD 指标的逃顶信号

（1）股价横盘、MACD 指标死叉卖出。股价经过大幅拉升后横盘整理，形成一个相对高点，MACD 指标率先出现死叉，即使 5 日、10 日均线尚未出现死叉，亦应及时减仓。

（2）假如 MACD 指标死叉后股价并未出现大幅下跌，而是回调之后再度拉升，那么此时往往是主力为掩护出货而进行最后一次拉升，高度极为有限，此时形成的高点往往是一波行情的最高点，判断顶部的标志是价格与 MACD 背离，即当股价创出新高，而 MACD 却未能同步创出新高，两者的走势出现背离，这是股价见顶的可靠信号。

13.3　随机指标——KDJ

KDJ 是一个随机波动的概念，反映了价格走势的强弱和波段的趋势，对于把握中短期的行情走势十分敏感。如图 13-4 所示。

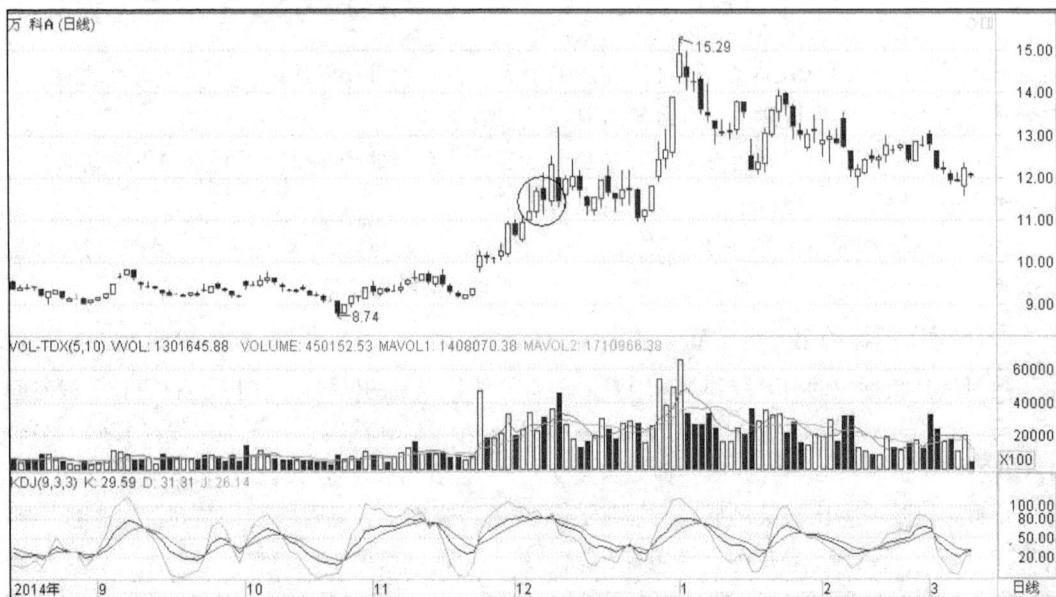

图 13-4　KDJ 指标

1. KDJ 指标计算公式

KDJ 指标的计算方法如下。

首先，要计算周期（n 日、n 周等）的 RSV 值，即未成熟随机指标值，然后再计算 K 值、D 值、J 值等。J 值实质是反映 K 值和 D 值的乖离程度。以日 KDJ 数值计算为例，其计算公式为：

$$AX = 当前收盘价 - 9\ 天以来的最低价$$
$$BX = 9\ 天以来的最高价 - 9\ 天以来的最低价$$
$$RSV = AX \div BX \times 100\%$$
$$K = 2/3 \times 前一日\ K + 1/3 \times RSV$$
$$D = 2/3 \times 前一日\ D + 1/3 \times K$$
$$J = 3K - 2D$$

第一次计算时，前一日的 KD 皆以 50 代替，随机指数以 K、D、J 三个符号表示。

需要说明的是，式中的平滑因子 1/3 和 2/3 是可以人为选定的，不过目前已经约定俗成，固定为 1/3 和 2/3，不需要作改动。

随机指数可以选择任何一种日数作为计算基础，如 5 日 KD 线公式为：

$$K 值 = 100 \times [(C - L_5) \div (H_5 - L_5)]$$

$$D 值 = 100 \times (H_3 / L_3)$$

公式中，C 为最后一日收市价；L_5 为最后 5 日内最低价；H_5 为最后 5 日内最高价；H_3 为最后 3 个（$C - L_5$）数的总和；L_3 为最后 3 个（$H_5 - L_5$）数的总和。

计算出来的都是一个 0 ~ 100 的数目，得到的数都画在图上，通常 K 线用实线代表，D 线用虚线代表。

2. KDJ 指标运用原则

KDJ 指标随机指标反应比较敏感快速，是一种同时进行短、中、长期趋势波段分析研判的较佳的技术指标。一般对做大资金、大波段的人来说，一般当月 KDJ 值在低位时逐步进场吸纳；主力平时运作时偏重周 KDJ 所处的位置，对中线波段的循环高低点作出研判，所以往往会出现单边式造成日 KDJ 的屡屡钝化现象；日 KDJ 对股价变化方向反应极为敏感，是日常买卖进出的重要方法；对于做小波段的短线投资者来说，30 分钟和 60 分钟 KDJ 是重要的参考指标；对于已指定买卖计划即刻下单的投资者来说，5 分钟和 15 分钟 KDJ 可以提供最佳的进出时间。

3. KDJ 指标的应用

KDJ 指标实战研判的要则主要有以下四个方面。

（1）K 线是快速确认线，数值在 90 以上为超买，数值在 10 以下为超卖；D 线是慢速主干线，数值在 80 以上为超买，数值在 20 以下为超卖；J 线为方向敏感线，当 J 值大于 100，特别是连续 5 天以上，股价至少会形成短期头部，反之 J 值小于 0 时，特别是连续数天以上，股价至少会形成一个短期底部。

（2）当 K 值由较小逐渐大于 D 值，在图形上显示为 K 线从下方上穿 D 线，显示目前趋势向上，所以在图形上 K 线向上突破 D 线时，即为买进信号。实战时，当 K、D 线在 20 以下交叉向上，此时的短期买入信号较为准确；如果 K 值在 50 以下，由下往上接连两次上穿 D 值，形成右底比左底高的 "W 底" 形态时，后市股价可能会有相当的涨幅。

（3）当 K 值由较大逐渐小于 D 值，在图形上显示为 K 线从上方下穿 D 线，显示目前趋势向下，所以在图形上 K 线向下突破 D 线时，即为卖出信号。实战时，当 K 线、D 线在 80 以上交叉向下，此时的短期卖出信号较为准确；如果 K 值在 50 以上，由上往下接连两次下穿 D 值，形成右头比左头低的 "M 头" 形态时，后市股价可能会有相当的跌幅。

（4）通过 KDJ 与股价背离的走势，判断股价顶底也是颇为实用的方法：股价创新高，而 K、D 值没有创新高，为顶背离，应卖出；股价创新低，而 K、D 值没有创新低，为底背离，应买入；股价没有创新高，而 K、D 值创新高，为顶背离，应卖出；股价没有创新低，而 K、D 值创新低，为底背离，应买入。

4. KDJ 指标的注意要点

投资者在应用 KDJ 指标时，还应注意以下九个方面。

（1）股价短期波动剧烈或者瞬间行情幅度太大时，KDJ 信号经常失误；也就是说，投机性太强的个股 KD 值容易高位钝化或低位钝化。此外，KDJ 指标对于交易量太小的个股不是很适用，但对于绩优股，准确率却是很高。同时，投资者还应该注意的是 KDJ 指标提供的股票买卖信号均有或多或少的死角，尤其是个股表现常受到基本面、政策面及市场活跃程度的影响时，在任何强势市场中，超买超卖状态都可能要持续相当长一段时期，趋势逆转不一定即刻发生。随机分析所能得出的最强信号之一是偏差，也就是说 K 值在 80 以上时股价还有可能进一步上升，如果投资者过早卖出股票，将会损失一些利润；K 值在 20 以下时，股价还有可能进一步下跌，如果投资者过早买进股票有可能被套。此时，KDJ 指标参考价值降低，投资者应该因时因势分析，同时参考其他指标与 KDJ 指标结合起来使用。

（2）J 值可以为负值，也可以超过 100。出现这种情况主要缘于 J 线和 K 线、D 线相比较更为灵敏一些。

（3）因为 KDJ 指标提供的买卖信号比较频繁，投资者孤立的依据这些交叉突破点来决定投资策略依然存在较大的风险。因此，使用 K 线、D 线时，要配合股价趋势图来进行判断。当股价交叉突破支撑压力线时，若此时 K 线、D 线又在超买区或超卖区相交，K 线、D 线提供的股票买卖信号就更为有效。而且，在此位上 K 线、D 线来回交叉越多越好。

（4）当 K 值和 D 值上升或下跌的速度减弱，倾斜度趋于平缓时，是短期转势的预警信号。这种情况对于大盘热门股及股价指数的准确性较高。而对冷门股或小盘股的准确性较低。

（5）K 线与 D 线的交叉突破在 80 以上或 20 以下时较为准确。当这种交叉突破在 50 左右发生时，表明市场走势陷入盘局，正在寻找突破方向。此时，K 线与 D 线的交叉突破所提供的买卖信号无效。

（6）做大资金、大波段的投资者可以在当月 KDJ 值于低位时逐步进场吸纳。

（7）主力平常运作时偏重周 KDJ 所处的位置，仅对中线波段的循环高低点作出研判，所以往往会出现单边式造成日 KDJ 的屡屡钝化现象。

（8）日 KDJ 对股价变化方向反应极为敏感，是日常买卖进出的重要方法。

（9）短线投资者可以参考 30 分钟和 60 分钟 KDJ 指标。

13.4 乖离率指标——BIAS

1. BIAS 指标的计算公式
乖离率指标的计算公式为：

$$BIAS =（收盘价 - 收盘价的 N 日简单平均）÷收盘价的 N 日简单平均×100$$

BIAS 指标有三条指标线，N 的参数一般设置为 6 日、12 日、24 日（如图 13-5 所示）。

2. BIAS 指标的运用原则
乖离率分正乖离和负乖离。当股价在移动平均线之上时，其乖离率为正；反之则为负，当股价与移动平均线一致时，乖离率为 0。随着股价走势的强弱和升跌，乖离率周而复始地穿梭于 0 点的上方和下方，其值的高低对未来走势有一定的测市功能。一般而言，正乖离率涨至某一百分比时，表示短期间多头获利回吐可能性也越大，呈卖出信号；负乖离率降到某一百分比时，表示空头回补的可能性也越大，呈买入信号。对于乖离率达到何种程度方为正确的买入点或卖出点，目前并没有统一的原则，使用者可凭借观图经验对行情强弱的判断得出综合结论。一般来说，在大势上升的市场中，如遇负乖离率，投资者可以顺跌价买进，因为进场风险小；在大势下跌的走势中如遇正乖离，可以待高价回升时卖出股票。

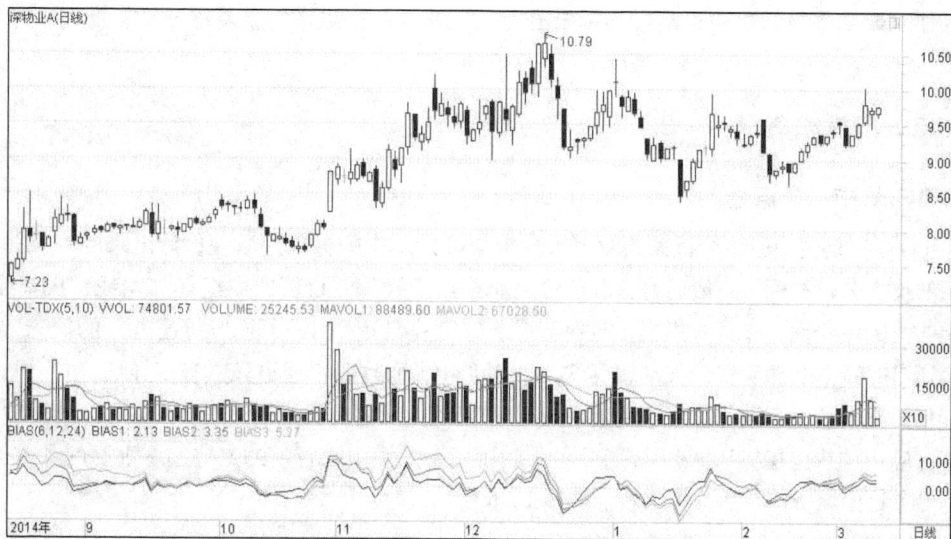

图 13-5　BIAS 指标

3. BIAS 指标的应用

乖离率的数值大小可以直接用来研究股价的超买超卖现象，判断买卖股票的时机。由于选用乖离率周期参数的不同，对行情的研判标准也会随之变化，但大致的方法基本相似。以 5 日和 10 日乖离率为例，介绍具体方法如下。

（1）一般而言，在弱势市场上，股价的 5 日乖离率达到 –5 以上，表示股价超卖现象出现，可以考虑开始买入股票；而当股价的 5 日乖离率达到 5 以上，表示股价超买现象出现，可以考虑卖出股票。

（2）在强势市场上，股价的 5 日乖离率达到 –10 以上，表示股价超卖现象出现，为短线买入机会；当股价的 5 日乖离率达到 10 以上，表示股价超买现象出现，为短线卖出股票的机会。

（3）结合我国沪深股市的实际，在一些暴涨暴跌的时候，对于综合指数而言，当 10 日乖离率大于 10 以上时，预示股价指数已经出现超买现象，可开始逢高卖出股票，当 10 日乖离率小于 –5 时，预示股价指数已经出现超卖现象，可开始逢低吸纳股票。而对个股而言，当 10 日乖离率大于 15 以上为短线卖出时机，当 10 日乖离率小于 –10 时，为短线买入时机。

4. 应用 BIAS 指标时的注意事项

需要投资者注意的是，应用乖离率时应区别对待。

（1）应区别对待风险不同的股票。有业绩保证且估值水平合理的个股下跌，乖离率通常也较低时，就开始反弹；反之，对绩差股而言，其乖离率通常在跌至绝对值较大时才开始反弹。

（2）要考虑流通市值的影响。流通市值较大的股票不容易被操纵，走势符合一般的市场规律，适宜用乖离率进行分析。而流通市值较小的个股或庄股由于容易被控盘，因此在使用该指标时应谨慎。

（3）要注意股票所处价格区域。在股价的低位密集成交区，由于筹码分散，运用乖离率指导操作时成功率较高，股价经过大幅攀升后，在机构的操纵下容易暴涨暴跌，此时成功率相对较低。

13.5 布林线指标——BOLL

1. BOLL 指标的原理

BOLL 指标是美国股市分析家约翰·布林根据统计学中的标准差原理设计出来的一种非常简单实用的技术分析指标。一般而言，股价的运动总是围绕某一价值的中枢（如均线、成本线等）在一定的范围内变动，布林线指标正是在上述条件的基础上，引进了"股价通道"的概念，其认为股价通道的宽窄会随着股价波动幅度的大小而变化，而且股价通道又具有变异性，它会随着股价的变化而自动调整。正是由于它具有灵活性、直观性和趋势性的特点，BOLL 指标渐渐成为投资者广为应用的热门指标。BOLL 指标中的股价通道对预测未来行情的走势起着重要的参考作用，它也是 BOLL 指标所特有的分析手段。如图 13-6 所示。

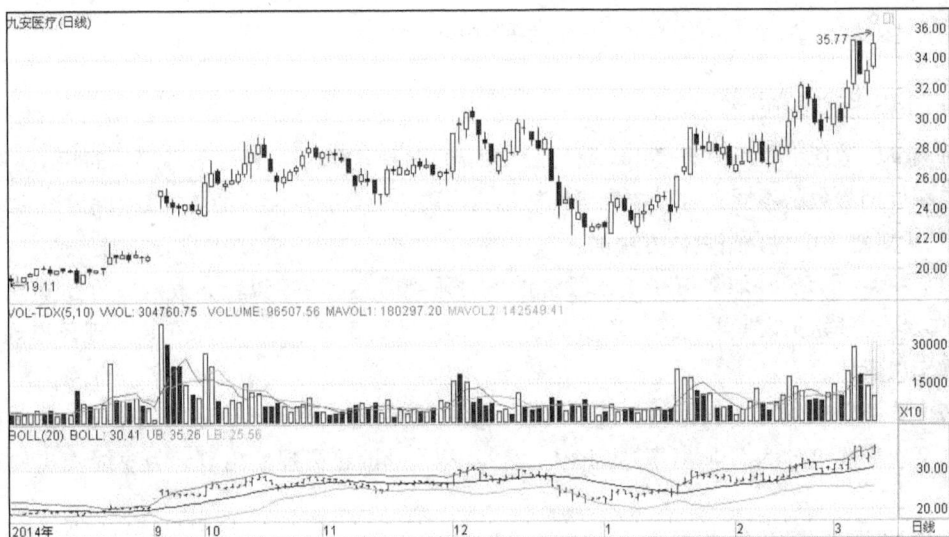

图 13-6 BOLL 指标

2. BOLL 指标的买卖点提示

（1）当价格运行在 BOLL 通道的中轨和上轨之间的区域时，只要不破中轨，就说明市场处于多头行情中，此时投资者考虑的交易策略就是逢低点买进，不考虑做空。

（2）在中轨和下轨之间时，只要不破中轨，就说明是空头市场，交易策略是逢高卖出，不考虑买进。

（3）当市场价格沿着 BOLL 通道上轨运行时，就说明市场是单边上涨行情，持有的多单要守住，只要价格不脱离上轨区域就耐心持有。

（4）沿着下轨运行时，说明市场目前为单边下跌行情，一般为一波快速下跌行情，持有的空单，只要价格不脱离下轨区域就耐心持有。

（5）当价格运行在中轨区域时，说明市场目前为盘整震荡行情，对趋势交易者来说，这是最容易赔钱的一种行情，应回避，空仓观望为上。

（6）当 BOLL 线的上、中、下轨线同时向上运行时，表明股价强势特征非常明显，股价短期内将继续上涨，投资者应坚决持股待涨或逢低买入。

（7）当 BOLL 线的上、中、下轨线同时向下运行时，表明股价的弱势特征非常明显，股价短期内将继续下跌，投资者应坚决持币观望或逢高卖出。

（8）BOLL 通道的缩口状态。当价格经过一段时间的上涨和下跌后，会在一个范围内进入震荡休整，震荡的价格区域会越来越小，BOLL 通道表现为上、中、下三个轨道缩口。此状态为大行情来临前的预兆。此时投资者采取的交易策略是空仓观望休息。

（9）BOLL 通道缩口后的突然扩张状态。当行情在 BOLL 通道缩口状态下经过一段时间的震荡整理后，布林通道会突然扩张，这意味着一波爆发性行情已经来临，从此会进入单边行情。在此情况下，投资者可以积极调整自己的仓位，顺应行情建仓。

13.6 相对强弱指标——RSI

1. RSI 指标的原理

RSI 指标是根据股票市场上供求关系平衡的原理，通过比较一段时期内单只股票价格的涨跌幅度或整个市场指数涨跌大小来分析判断市场上多空双方买卖力量的强弱程度，从而判断未来市场走势的一种技术指标。如图 13-7 所示。

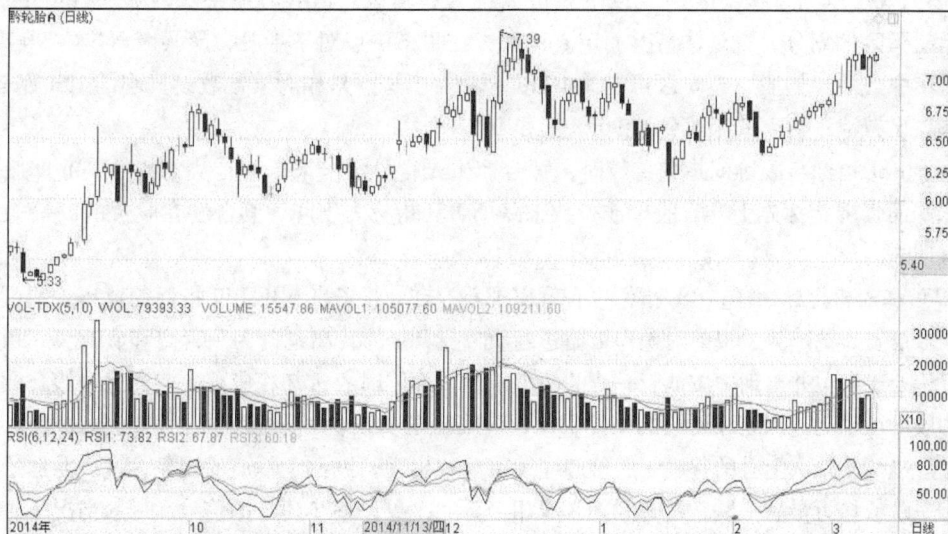

图 13-7 RSI 指标

RSI 指标是一定时期内市场的涨幅与涨幅加上跌幅的比值。它是买卖力量在数量上和图形上的体现，投资者可根据其所反映的行情变动情况及轨迹来预测未来的股价走势。在实践中，人们通常将其与移动平均线配合使用，借以提高行情预测的准确性。

2. RSI 指标计算公式

相对强弱指标计算公式如下：

$$RSI = [上升平均数 ÷ （上升平均数 + 下跌平均数）] ×100$$

3. RSI 指标的应用

（1）受计算公式的限制，无论价位如何变动，RSI 指标的值均在 0 ~ 100。RSI 值将0 ~ 100 分成了从"极弱""弱""强"到"极强"四个区域。"强"和"弱"以 50 作为分界线，但"极弱"和"弱"之间以及"强"和"极强"之间的界限则要随着 RSI 参数的变化而变化。不同的参数，其区域的划分就不同。一般而言，参数越大，分界线离中心线 50 就越近，离 100 和 0 就越远。RSI 值如果超过 50，则表明市场进入强市，投资者可以考虑买入；但是如果继续进入"极强"区，就要考虑物极必反，准备卖出了；同理，RSI 值在 50 以下也是如此，如果进入"极弱"区，则表示超卖，应该伺机买入。

（2）当 RSI 值超过 80 时，表示整个市场力度过强，多方力量远大于空方力量，双方力量对比悬殊，多方大胜，市场处于超买状态，后续行情有可能出现回调或转势，此时，投资者可卖出股票。

（3）当 RSI 值低于 20 时，表示市场上卖盘多于买盘，空方力量强于多方力量，空方大举进攻后，市场下跌的幅度过大，已处于超卖状态，股价可能出现反弹或转势，投资者可适量建仓、买入股票。

（4）当 RSI 值处于 50 左右时，说明市场处于整理状态，投资者可观望。

（5）对于超买超卖区的界定，投资者应根据市场的具体情况而定。一般市道中，RSI 数值在 80 以上就可以称为超买区，20 以下就可以称为超卖区。但有时在特殊的涨跌行情中，RSI 的超卖超买区的划分要视具体情况而定。比如，在牛市中或对于牛股，超买区可定在 90 以上；而在熊市中或对于熊股，超卖区可定为 10 以下（对于这点是相对于参数设置小的 RSI 而言的，如果参数设置大，则 RSI 很难到达 90 以上和 10 以下）。

（6）RSI 指标与股价或指数比较时，常会产生先行显示未来行情走势的特性，亦即股价或指数未涨而强弱指标先上升，股价或指数未跌而 RSI 指标先下降，其特性在股价的高峰与谷底反应最明显。

（7）和随机指标一样，RSI 指标也有背离现象存在，投资者利用 RSI 指标的背离关系可以准确判断行情发展的趋势，提前对操作策略进行调整。RSI 的背离也分为顶背离和底背离，顶背离是指 RSI 处于高位并出现一波低于一波的两个峰顶，而同时股价却相应地一浪高过一浪，此种情况表明股价运动已进入上涨阶段的末期，是比较强烈的卖出信号；低背离的情况与之相反，RSI 在低位形成两个依次上升的谷底，股价却继续下降，出现一波低于一波的现象，这表明股价已经是最后一跌或接近最后一跌，距离底部区域相当近，是可以逐步建仓的信号。一般情况下，利用 RSI 指标的背离来研究和判断行情的转向，成功率相当高。

（8）投资者还可以把 RSI 的应用和成交量的变化结合起来。当 RSI 在低位区出现与股价的底背离时，如果成交较少，一般可以认为股价即将完成探底，可以等待反弹行情的出现。当股价完成探底后，投资者还可以观察是否出现有实质性增量资金介入的迹象。如果此时未能放量，则说明目前可能仍是阶段性底部，需要以短线反弹行情对待。如果该股探底成功后，量能得到持续有效地放大，投资者就可以将其视为一个重要的底部并积极介入。

4. 应用 RSI 指标时的注意事项

（1）同所有其他技术指标一样，RSI 指标在实际应用中也存在一些无法回避的偏差。比较典型的是，当行情发展趋向极端，出现持续上涨或下跌时，RSI 进入超买或超卖区域后会反复徘徊，指标呈现高位钝化的模样，从而失去预测效应；又或者行情出现长期盘整状态时，RSI 会在 50 中轴线上下波动，要么形成穿越后又马上返回的"骗线"，要么游走于 40 ~ 60，来回穿梭于中轴线，使人感到难以适从。

要解决上述问题有两种办法：其一是使用不同周期的 RSI，将短期 RSI 和中长期 RSI、日线 RSI 和周线 RSI 结合使用，可以减少"骗线"的发生；其二是借助其他技术指标的长处来弥补 RSI 指标的不足，比如当行情处于极端状态时，可以放弃 RSI 转而采用抛物线转向指标 SAR 等。当行情出现盘整、RSI 游走在 50 中轴线上下时，就应该寻求动向指标 DMI 来确认，如果盘整趋势得以确认，则暂时退出市场观望。

（2）背离走势的信号通常都是事后历史，而且有背离走势发生之后，行情并无反转的现象。有时背离一两次才真正反转，因此这方面研判须不断分析历史资料以提高经验。

13.7 变动速率指标——ROC

1. ROC 指标的原理

ROC 指标结合了 RSI、WR、KDJ、CCI 等指标的特点，同时监测股价的常态性和极端性两种走势，从而能比较准确地把握买卖时机。如图 13-8 所示。

图 13-8 ROC 指标

ROC 指标利用物理学上的加速度原理，以当前周期的收盘价与 N 周期前的收盘价作比较，通过计算股价在某一段时间内收盘价变动的速率，应用价格的波动来测量股价移动的动量、衡量多空双方买卖力量的强弱，达到分析预测股价的趋势及是否有转势意愿的目的。

2. ROC 指标的应用

（1）ROC 指标在正值以上范围内波动为强势区域，投资者可持股观望；ROC 值在负债以下范围内波动为弱势区域，投资者可持币观望。

（2）ROC 指标进入强势区域，短线高手可待其回落至 0 值附近时逢低吸纳；远离 0 值，可适时抛出，如此能将利润有效扩大。

（3）无论是短线投资者还是中线投资者，ROC 指标有效跌破 0 值以下时，就必须抛出，特别是对于前期 ROC 值长时间运行于 0 值以上个股，尤应如此。

（4）有效界定的标准，幅度以达到 ±5 为准，时间以两天为准。

（5）当 ROC 曲线从上向下突破 0 值线以后，如果 ROC 曲线向下运行的角度大于 45 度时，说明空方力量比较强大，股价的跌势比较迅猛，股价还将继续下跌。此时，投资者应坚决持币观望，不宜轻易抢反弹。

（6）当 ROC 曲线向上运行的角度大于 45 度时，如果 ROC 曲线刚刚突破 0 值线向上运行，说明多方力量开始积聚，股价将继续向上攀升。此时，投资者应坚决持股待涨。

（7）当 ROC 曲线向上运行的角度大于 45 度时，如果 ROC 曲线在突破 0 值线后已经向上运行了很长一段时间，并且股价短期内涨幅过大，则说明多方力量消耗过大，股价随时可能反转向下。此时，投资者应密切关注 ROC 曲线的走势，一旦 ROC 指标发出明显的卖出信号，就应坚决清仓离场。

（8）当 ROC 曲线向下运行的角度小于 45 度时，如果 ROC 曲线在向下突破 0 值线后，在远离 0 值线的低位持续运行了很长一段时间（最少 3 个月以上），一旦 ROC 曲线掉头向上，则表明股价的中长期下跌趋势可能结束，投资者可以开始逢低买入股票。

（9）当 ROC 曲线向上突破 0 值线以后，如果 ROC 曲线在 0 值线附近经过一段时间的中位盘整（一般 1 个月左右），然后再向上突破，则说明多方的力量开始加强，股价的一轮新的涨升行情已经展开，股价将继续上涨。此时，投资者应坚决持股待涨。

3. 运用 ROC 指标捕捉牛股

一般而言，对于只能达到超买线一（参数值 5～10）的个股，投资者要见利就跑；而对于能达到超买线二（参数值 12～17）的个股，应相应地进行波段的高抛低吸。而一旦个股能够摆脱这两条常态超买线，挑战超买线三（参数值 18～35），行情往往就会向狂热的极端行情演变。其中有六七成个股会演变为叠创新高的大黑马或独立牛股，我们发现具备以下特征的个股出现黑马的成功率较高。

（1）先于大盘启动，底部放量换手吸筹充分的，第一波 ROC 上攻至超买线三的个股。因为在大盘受政策利好止跌反弹时，主力持筹充分的个股往往走势强劲，而在这部分个股中，有75% 的黑马出现概率。

（2）上攻日换手率达 3.5%～6%，第一波上攻月升幅在 25% 以上。股价回调后，仍能总体保持 45 度以上的攻击性角度。一旦第一波峰 ROC 指标达到超买线三，其未来走势往往十分出众，投资者自当乘中线回调时介入。

（3）对于达到超买线三的领涨股，一旦遇到主力的快速洗盘，投资者可果断介入。其中，ROC 向上突破 0 值线，进入强势区域，表示多方力量强盛，这是辅助中短线的买入信号。

（4）股价在洗盘后启动第二波升浪时，中线 20 日或 40 日均线系统率先梳理完毕，并先于大盘呈多头排列。对于这类有庄超跌股，第二波走势往往会呈现出"涨、涨、涨"涨不停的超强趋势。

（5）对于这类超强领涨股，投资者还要结合 SAR 停损指标、EXPMA 指标或上升 45 度线来进行操作，这也是其确保盈利的良策。

13.8 动向指标——DMI

1. DMI 指标的原理

DMI 指标是通过分析股票价格在涨跌过程中买卖双方力量均衡点的变化情况，即多空双方力量的变化受价格波动的影响而发生由均衡到失衡的循环过程，从而为趋势判断提供依据的一种技术指标。如图 13-9 所示。

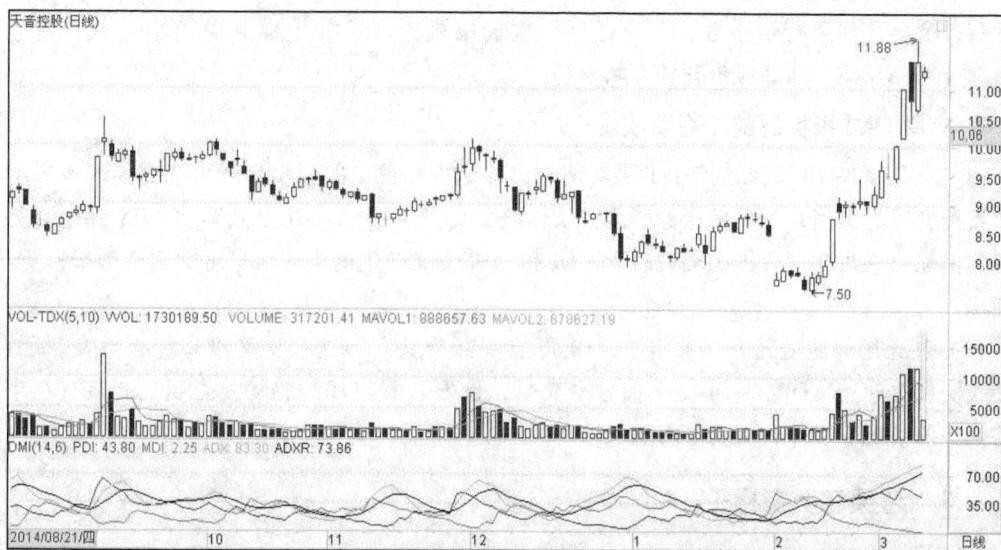

图 13-9　DMI 指标

大多数指标都是以每一日收盘价的走势及涨跌幅的累计数来计算不同的分析数据，其不足之处是忽略了每一日高低价之间的波动幅度。例如，某只股票的两日收盘价可能是一样的，但其中一天的上下波动幅度不大，而另一天股价的振幅却在 10% 以上，那么这两日的行情走势的分析意义就截然不同，这点在其他大多数指标中很难被体现出来。而 DMI 指标就是把每日的高低价的波动幅度因素计算在内，从而更加准确地反映了行情的走势，更好地预测了行情未来的发展变化。

2. DMI 指标的应用

（1）DMI 主要应用于判别股价的走势，我们一般不会将它的交叉信号作为买卖信号。

（2）当 + DI 从下向上突破 – DI 时，即 + DI 曲线上穿 – DI 曲线，股价将上涨；当 + DI 从上向下突破 – DI 时，即 + DI 曲线下穿 – DI 曲线，股价将下跌。

（3）当 ADX 脱离 20 ~ 30 上行，无论当时的行情是上涨或下跌，都预示着股价将在一段时间维持原先的走势。当 ADX 曲线脱离 20 ~ 30 下行时，股价将继续原来的下跌走势。当 ADX 曲线脱离 20 ~ 30 上行，股价仍然维持其原有的上升趋势。

（4）当 ADX 位于 + DI 与 – DI 下方，特别是在 20 以下时，表示股价已经陷入泥沼，应远离观望。

（5）当 ADXR 曲线低于 20 时，所有指标都将失去作用，应果断离市。

（6）在一般的行情中，ADX 的值高于 50 以上时，突然改变原来的上升态势调头向下，无论股价正在上涨还是下跌，都代表行情即将发生反转，此后 ADX 往往会持续下降到 20 左右才会走平。但在极强的上涨行情中，ADX 在 50 以上向下转折，仅仅下降到40～60随即再度回头上升，在此期间，股价并未下跌而是走出横盘整理的态势。随着 ADX 再度回升，股价向上猛涨，这种现象称为"半空中转折"，也是大行情即将来临的征兆。但在实际操作中仍遵循 ADX 高于 50 以上发生向下转折，即抛出持股离场观望，在确认"半空中转折"成立后再跟进的原则。

（7）当 +DI 与 -DI 相交之后，ADX 会随后与 ADXR 交叉，此时如果行情上涨，则是最后一次买入机会；如果行情下跌，则是最后一次卖出机会。+DI 上穿 -DI 之后不久，紫色的 ADX 就上穿 ADXR，随即股价开始大幅上扬。

3. 应用 DMI 指标时的注意事项

（1）+DI 和 -DI 交叉所产生的买卖信号比其他指标发出的买卖信号可能都要晚。如有可能，投资者应尽量用其他技术指标研判买卖信号，而把 +DI、-DI 当做铺助 ADX 确定趋势的指标。但强势横盘整理后再次突破时，+DI 和 -DI 交叉产生的买入信号可能比其他指标更早、更明确。

（2）在无趋势的情况下，+DI、-DI 可能不断交叉，但这种交叉没有什么意义。因此，即使投资者要使用 +DI、-DI 交叉信号来交易，也要看看市场的趋势是否明确。只有在市场趋势明确的情况下，这种交叉才有意义。

13.9 超买超卖指标——OBOS

1. OBOS 指标的原理

OBOS 指标的原理主要是将投资者心理面的变化作为假定，认为当股市大势持续上涨时，必然会使部分敏感的主力机构获利了结，从而诱发大势反转向下；而当大势持续下跌时，又会吸引部分先知先觉的机构进场吸纳，触发向上反弹行情。因此，当 OBOS 指标逐渐向上并进入非正常水平时，即代表市场的买气逐渐升温并最终导致大盘出现超买现象；同样，当 OBOS 指标持续下跌时，则会导致大盘出现超卖现象。对整个股票市场而言，由于 OBOS 指标在某种程度上反映了部分市场主力的行为模式，因此在预测上，当大盘处于由牛市向熊市转变的阶段时，OBOS 指标在理论上具有领先大盘指数的能力；而当大盘处于由熊市向牛市反转的阶段时，OBOS 指标在理论上稍微落后于大盘指数的缺陷，但从另一种角度看，它可以真正确认大盘的熊转牛是否有效。

2. OBOS 指标计算方法

由于选用的计算周期不同，OBOS 指标包括 N 日 OBOS 指标、N 周 OBOS 指标、N 月 OBOS 指标等很多种类型。虽然它们计算时的取值有所不同，但其基本计算方法一样。以日 OBOS 指标为例，其计算公式为：

$$OBOS（N 日）= \sum NA - \sum NB$$

式中，$\sum NA$ 为 N 日内股票上涨家数之和；$\sum NB$ 为 N 日内股票下跌家数之和；N 为选择的天数，是日 OBOS 指标的参数。

3. OBOS 指标的应用

（1）当市场处于盘整时期时，OBOS 的取值应该在 0 的上下来回摆动。当市场处在多头市场时，OBOS 应该是正数，并且距离 0 较远；同样，市场处在空头市场时，OBOS 应该是负数，并且距离 0 较远。一般而言，距离 0 越远，则力量越大，势头越强劲。具体 OBOS 大于多少或小于多少就算是多方或空方占绝对优势，这个问题不好回答，因为股票的总家数、参数的选择都直接影响这个问题的答案。对于参数选择，参数选择得越大，OBOS 一般越平稳。但是上市股票的总家数却是个谁也不能确定的因素。

（2）在股票市场上，OBOS 值过大或者过小，都说明市场的涨势或跌势走到了极端。物极必反，当股市走势过于极端时，便会显露出大势超买超卖的现象，这是市场可能将向相反的方向运动、趋势将发生转折的信号。

（3）OBOS 指标的超买区域和超卖区域的确定，各股票市场都不一样。它主要取决于上市股票总数、参数选择的大小、投资者个人的偏好以及分析软件的不同版本来决定。

（4）当 OBOS 的走势与股价指数背离时，也是采取行动的信号，大势可能反转。这是背离的又一应用。

（5）形态理论和切线理论中的结论也可用于 OBOS 曲线。最为著名的就是，如果 OBOS 仍在高位（低位）形成 M 头（W 底），那就是卖出（买入）的信号。连接高点或低点的切线也能帮助投资者看清 OBOS 的趋势，进一步验证其是否与股价指数的走势发生背离。

13.10　多空指标——BBI

1. BBI 指标计算公式

BBI 指标计算公式如下：

$$3 日均价 = 3 日收盘价之和 \div 3$$
$$6 日均价 = 6 日收盘价之和 \div 6$$
$$12 日均价 = 12 日收盘价之和 \div 12$$
$$24 日均价 = 24 日收盘价之和 \div 24$$
$$BBI = （3 日均价 + 6 日均价 + 12 日均价 + 24 日均价）\div 4$$

2. BBI 指标的应用

（1）股价位于 BBI 上方，视为多头市场。

（2）股价位于 BBI 下方，视为空头市场。

（3）当股价运行于多空指标上方，且多空指标逐渐上升，将起到助涨的作用，表明多头控制局势，可继续持股；如果股价回落，但仍能获得多空指标的支撑，则意味着调整即将结束，有望展开新的上升行情。

（4）当股价运行于多空指标下方，且多空指标逐步下滑，将起到助跌的作用，表明空头控制局势，一般不宜买入；如果出现反弹走势，但不能有效突破多空指标，则投资者在操作上应逢高减磅。

3. BBI 指标的缺点

（1）指标信号的滞后性。应用时常常会发生股价已接近短期头部时 BBI 才出现买入信号；

图13-10　BBI指标

或股价已接近短期底部时 BBI 才出现卖出信号的情况。

（2）指标信号的频发现象，特别在趋势不明朗时，这种现象更为严重。

（3）移动平均线指标通常会设置多条平均线，分成长、中、短期，如果同时应用，相互比对，可非常有效地弥补了单一平均线的缺陷；而 BBI 指标只设置了一条平均线，仅起到短期多空分水岭的作用。BBI 指标本身就是针对普通移动平均线 MA 指标的一种改进。

4. BBI 指标与多种指标组合运用技巧

BBI 指标具有比用任何单一移动平均线更加先进的分析效果。所以，在价格分析方面，BBI 指标具有得天独厚的技术优势，但如果能够将其与量能技术指标结合起来运用，就更能发挥出 BBI 在趋势研判方面的精确效能。

在强市行情中，可以把 BBI 与量能技术指标 VRSI 结合起来使用，当 BBI 指标向下运行、VRSI 指标在 60 以上掉头向下，为卖出信号，当 BBI 指标强劲上升、VRSI 指标在 40 以下掉头向上，为买入信号，通常卖出信号较买入信号可靠。但投资者应用时需要从整体态势的判断出发。

在弱市行情中，可以把 BBI 与量能技术指标 VOSC 结合起来使用，移动平均成交量指标 VOSC 并不是仅仅只计算成交量的移动平均线，而是通过对成交量的长期移动平均线和短期移动平均线之间的比较，来分析成交量的运行趋势和及时研判趋势的转变方向。

具体操作技巧如下。

（1）先将 BBI 的参数设置成 3 日、6 日、12 日和 24 日。

（2）再将长线 BBI 的参数，设置成 6 日、18 日、54 日和 162 日，并用新参数画出的主图线，定为 EBBI。

（3）将 BBI 和 EBBI 重叠在一起，当个股的 BBI 指标由下向上穿越 EBBI 时，若 VOSC 指标为正数，则可以将该股定性为处于蓄势待发状态中的黑马，加以重点关注。

（4）当 VOSC 下降到 −200 以下的位置后，BBI 在低位调头向上时，如果 VOSC 指标能以极快的速率上升并上穿 0 轴线时，那么将是重要的短线买入信号。

第 6 篇

跟庄操作的方法和技巧

第14章 什么是庄家

炒股小词典

控盘——就是持有这只股票的数量占个股流通数量的比例很大，一般来说，超过30%就是高度控盘。

做庄——在股票交易中，做庄暗指一种违规的行为是指大额股票持有者通过大资金对某只股票进行高价或低价买卖来人为地制造股价波动，目的是欺骗散户跟风，伺机牟利。有时还会与上市公司或媒体联系，散布假消息和分配方案，以配合庄家的操作。

14.1 认识庄家和散户

1. 庄家综述

（1）认识庄家

庄家也称主力，是指那些持有巨资及大量低价筹码的机构或大户。股票庄家就是长期或短期介入某只股票，以拉抬股价赚取高额差价的主力。其操盘手法凶悍，通常会使股价短期翻倍。股票庄家都是以影响股价涨跌，引诱、恐吓、套牢大部分散户为己任。

很多散户（包括专业人士）整天都跟着庄家转，跟庄成了他们的主要投资理念。他们把庄家的相持能力及对价格的影响力看做是赚钱能力；对庄家过往的辉煌时刻铭记，而对庄家的失败却漠然无视。

（2）庄家的操作手法

庄家炒股同样是通过买卖差价获利。与散户不同的是，他可以控制股票的走势和价格，也就是说，散户获利是靠期待股价上涨，而庄家则是靠自己拉动股价上涨。所以，庄家坐庄通常包括四个步骤：建仓、洗盘、拉升、出货。如图14-1所示。

2. 认识散户

（1）散户目前的主要状况及主要构成

中国股市自2008年以来由于诚信问题、监管问题等结构性问题而连年下跌，在这样的市场中，散户往往处于最为不利的博弈位置，不少人均遭受了严重损失。若能解决上述结构性问题，那么散户在市场博弈中将获得更多的机会。

散户的主要组成人员为在读学生、工薪阶层、下岗工人、退休人士，以及一些有一定资本的个体户和企业老板等。

（2）散户的主要特点

很多散户都具有一定的专业操盘知识。上至国家宏观经济政策、行业政策，下至上市公司的财务状况、高层讲话，他们往往都能阐述翔实的个人观点。某些特别敬业的散户除时常与同伴切磋看盘技巧外，甚至还会飞到上市公司去作实地调研，其作风特点颇似投资机构的研究员。

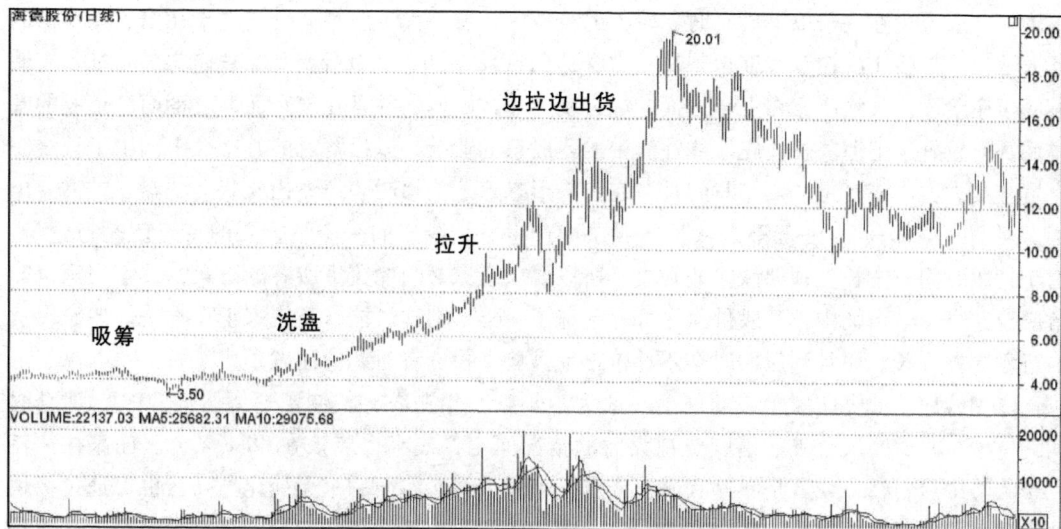

图14-1　庄家坐庄的四个步骤

（3）庄家与散户的关系

庄家的敌人不是散户，散户是庄家的衣食父母。庄家坐庄之后，要想全身而退，就要把坐庄的个股走势图做得非常好看，把公司的前景描绘得极为诱人，于是广大散户趋之若鹜，然后庄家功成身退，把这些好看的图形和诱人的前景悉数送给众散户去享受，自己则去另谋发展。反之，如果庄家无法引诱散户跟进，将股价做高之后，成本会不断增加，那么别说全身而退，恐怕求全尸而退都不可能，只有以失败告终。

14.2　庄家的种类及五大特性

1．庄家的分类

证券市场是一个非常庞大的系统，参与的成分也很繁芜复杂，庄家的性质更是形形色色，要想精确地描绘它们难度很大，投资者只有从某些特定的角度来概述。

（1）按资历划分

庄家按资历可以分为新庄、旧庄、被套庄三种。不同种类的庄家有不同的特点。

①新庄，就是新近上庄的庄家。这种庄家在坐庄时，其操作过程比较完整。

②旧庄，已经完成了收集、拉高的庄家。这类庄家在当时的价位上只要能将手中的筹码全部派发出去，就大功告成了。

③被套庄，就是被套牢的庄家，可以分为轻度被套与深度被套两种。被套庄拉高不需要吸筹，因此突发性较强，较难预测。轻度被套庄家心理压力较大，一般拉高的幅度有限，只要超过解套位，只要有人肯跟进，庄家就会逃之夭夭。轻度被套庄家主要是通过反复震荡来达到解套撤庄的目的。深度被套的庄家情况又有所不同。由于庄家套得深，要解套必须有较大的升幅。

（2）按时间划分

从时间上划分，庄家可以分为三类。

①长线庄。运作周期至少在一年以上，有些甚至是两三年或更长的时间。股价的上涨幅度

很大，一般至少在一倍以上。有时在较大的行情中，有些大牛股甚至会出现十几倍、几十倍的惊人涨幅。长线庄的控盘程度也很高，常常达到60%～80%。其控盘的个股走势的特征是有明显的坐庄阶段。长线庄家在资金方面的综合实力非常雄厚，并且在宏观面、政策面、个股的基本面都能较好地把握。长线庄家往往看中的是股票的业绩，以投资者的心态入市。由于长线庄家资金实力大、底气足、操作时间长，在走势形态上才能够明确地看出吃货、洗盘、拉高、出货。所谓的"黑马"，一般都是从长庄股票中产生。长线庄的一个最重要的特点就是持仓量。由于持股时间非常长，预期涨幅非常大，所以要求庄家必须能买下所有的股票，其实庄家也非常愿意这样做。市场中，若股价从底部算起涨了一倍，则这可能就是庄家正在吃货。庄家出货的过程同样漫长，而且到后期时会不计价格地抛售，投资者对此应注意。

②中线庄。此类庄家运作的周期一般为半年到一年左右，控制流通筹码约50%，建仓时间约一两个月，个股上涨的幅度要视大盘的情况而定，最小也应该在40%以上。庄家往往借助于大势中级行情，或者是一些利好，或者是个股公司基本面的重大变化拉高，也可通过板块的联动来节约成本，较短时期内完成派发。中线庄家看中的往往是大盘的某次中级行情，或是某只股票的题材。中线庄家经常会对板块进行炒作。中线庄家往往是在底部进行1～2个月的建仓，持仓量并不是很大，然后再借助大盘或利好进行拉高，通过板块联动效应以节省成本、方便出货，最后在较短的时间内迅速出局。中线庄家所依赖的东西都是他本身能力以外的，所以风险比较大，操作起来比较谨慎。一般情况下，庄家控盘股上涨30%就算多了。

③短线庄。运作周期仅仅几周或几月。在操作过程中重势不重价，持仓量不太确定或比较少。多见于抢反弹的走势中，在股票价格相当低的位置介入，随后快速拉升，并且在拉升的过程中进行较大的换手，一旦引起市场的广泛关注，中小散户跟风介入的数量较多时，便会迅速、及时出局。还有一种情况是借助于目标股基本面的重大变化，炒作题材。多半在消息披露之前就开始进场，然后借助利好乘机拉高出货。如图14-2所示。

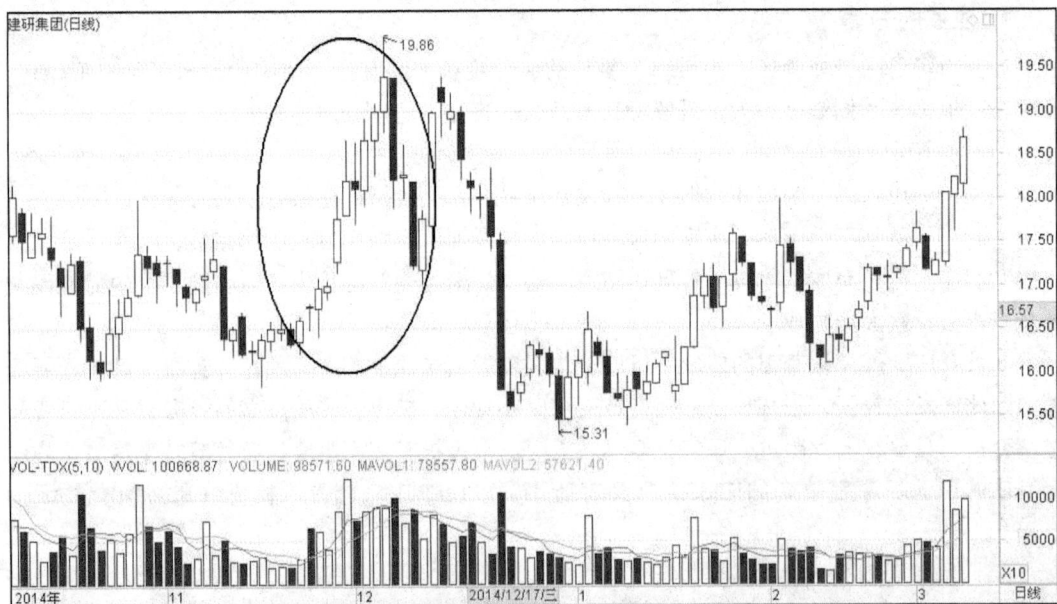

图14-2 短线庄家

（3）按坐庄股票划分

从选择坐庄的股票看，庄家可以分炒大市的庄家、炒板块的庄家和炒个股的庄家。

①炒大市的庄家，就是把整个股市作为炒作对象，把综合指数作为"个股"那样去炒作，运用各种方法去影响和控制其升跌的庄家。

②炒板块的庄家，把整个板块作为炒作对象，通过各种方法去影响和控制整个板块股价升跌的庄家。

③炒个股的庄家，把特定的个股作为炒作对象，运用各种手法影响和控制股价升跌的庄家。例如，沪股名震一时的界龙炒作，深股名噪一时的琼民源、苏物贸、华立高科炒作，这些均是炒个股庄家的得意之作。炒个股的庄家是最常见、最活跃的庄家。

（4）其他分类

另外，庄家还有以下分类。

①大的证券公司多是单独坐庄或与其要炒作的上市公司联合坐庄。这类庄家资金实力雄厚，且可利用上市公司的真假信息进行炒作。

②上市公司自己炒自己的股票，如深圳发展银行1996年即动用自己数亿元的资金将自己公司的股票炒高了几倍。

③几家上市公司联合起来相互炒作对方公司的股票，然后盈利分成。

④国有大企业单独坐庄，并提供资金或信息让其相关的企业，如附属的服务公司做跟庄者，一起哄抬股价，在达到目标价位，通知相关企业或个人先出货，这样坐庄者与其相关人员均可获利。

2．庄家的五大特性

庄家有如下五个方面的特性。

（1）狡猾欺骗性。庄家要赚钱，散户群体也要赚钱，双方的目标一致。庄家赚的钱是从散户口袋中获取的，但散户群体又不可能主动投降，将筹码拱手相送。因此，庄家必然会采取一些惯用的欺骗手段，如在底部做出难看的K线图形，使价格跌破中长期均线，发布利空消息，以骗取低价筹码；在高位做出漂亮的K线图形，修复和完善各项指标，发布大量利好消息，引诱散户上当。

（2）操纵可控性。庄家在坐庄之前一定会做好各项准备，制订一个详细的坐庄计划。其后的走势只是按计划的模式运行而已，什么点位进货、什么点位出货、什么时间洗盘、洗盘的幅度，只要操盘手按章办事就是了。

（3）相反多变性。K线图可以表现庄家在市场中的一切行为，这是庄家最不情愿但又毫无办法的事情。于是他们施展各种招数，运用相反操作，恐慌性地进行打压，使用长时间的"慢刀子割肉法"折磨散户。

（4）贪婪兑现性。庄家的本质就是追求利润最大化。在坐庄过程中，庄家需要调动巨额资金，花费大量的人力、物力、财力，付出高额的成本。付出如此高的代价，其目的就是一个"利"字，因此庄家是市场中最贪婪的群体。庄家入市时首先会把资金转换为筹码，获利后把筹码转换为资金，所以散户要抢在庄家前面出逃，以免使自己遭受惨重损失。

（5）假善凶狠性。庄家与散户的一场博弈竞局，其结果不可能出现双赢。有时候，庄家会给散户一点小恩小惠，这就是市场中所谓的"养、套、杀"的手法。市场中的"恶庄"把庄家的特性发挥得淋漓尽致，吸筹阶段制造恐慌气氛；出货阶段则凶狠打压。

14.3　庄家的弱点和心态

由于在股市中投资者只有先行持有股票且其后在股价上做多才能盈利，因此买入有大资金持有的庄股的获利机会远远高于其他大众股票。这是部分职业机构在选股时考虑的关键因素。投资者选择投资目标时，有无实力机构重仓参与该品种对于最后的投资抉择应有一票否决权，其他考虑因素也应围绕此主题展开。

由于上市的股票越来越多，套利的难度也越来越大，不少职业机构都在加强操作技巧的研究，尤其是对主力机构动向和心态的研究，并为己用，这也是中小投资者提高投资水平时要考虑的关键。下面就庄家操作时不可避免的技术弱点进行探讨，中小投资者投资时可将其作为参考。

1. 庄家的弱点

庄家不是万能的，虽然它占有多方面的优势，但自身仍然存在一些弱点，这些弱点足以致命。尽管庄家在坐庄过程中会尽可能地利用自身的优势弥补其弱点，但仍然兼顾不到或力所不及的地方，这恰恰为散户提供了可以利用的机会。庄家的弱点主要包括如下五个方面。

（1）庄家吸货、洗盘、出货都需要一定的时间，在此过程中，他们的动作很慢，这就为散户提供了很好的介入和退出时机。

（2）庄家吸货、洗盘、出货都一定会在 K 线图上留下痕迹，散户可以从中了解庄家的意图，并为散户指出了进退的时机。

（3）坐庄一定要拉抬股价，但经几次拉抬后即显超买，这会失去群众基础，最后一棒难以脱手。而散户股民则因持股数量较少，容易抽身，反而可以将包袱丢给庄家。

（4）根据庄家的控盘程度和洗盘手法，散户可在洗盘以后的启动时刻介入，中短线将有很大的收获。

（5）庄家坐庄除了要一心引诱散户跟庄外，还要提防别的庄家捣鬼，一旦炒作失败，要再翻身比较困难。而散户则无此顾虑，可快进快出，成则坐享其利，败则损失有限。

2. 庄家的心态

庄家和散户不仅在资金量上有着天壤之别，就是在炒股心态上也大相径庭。这可以简要概括成以下七个方面。

（1）庄家有几个亿元、十几亿元做一只股票，鸡蛋放在一个篮子里，所以财大气粗，操作起来信心十足，挥洒自如；散户用十几万元、几十万元做十几只股票，股票越多，大盘跳水时逃跑越难，所以操作起来精打细算，谨慎小心，时时有捉襟见肘的尴尬。

（2）庄家做一只股票用一年甚至几年的时间，差价在一个波段中做出，所以更有耐心，更有恒心；散户做一只股票只做几周甚至几天追涨杀跌，把资本变成了手续费、印花税，缺少的恰恰是耐心和恒心。

（3）庄家一年做一两只股票就大功告成，因为资金雄厚、筹码集中、目标明确；散户一年做几十只股、上百只股还心有不甘，因为资金少，信息少，心里没底，朝三暮四。

（4）庄家喜欢集中资金打歼灭战，做一个成一个，所以胜利的喜悦多，失败的遗憾少；散户喜欢买多只个股做分散投资，有的赚有的赔，最终没赚多少，鸡蛋不多，篮子不少，所以最终落得遗憾的总是散户。

（5）庄家在做一只股票前，对该股的基本面、技术面要作长时间的详细调查、分析，并在制订了周密的计划后，才开始慢慢行动，所以其打的是有准备之仗，成竹在胸，稳操胜券；散户看着电脑屏幕判断行情，三五分钟即决定买卖，对比庄家信息完全不对称，所以难免失于草率，做起股票投资来也就心里没底，七上八下。

（6）庄家特别喜欢一些较冷门的个股，将其由冷炒热赚钱，这就是庄家吸筹、震仓、造势和出货，所以他们用另类的眼光看股市；散户总喜欢一些当前最热门的个股，由热握冷赔钱，所以他们只是具备普通人的眼光，他们在庄家造势时关注、出货时进入，然后被套。

（7）庄家虽然有资金、信息等众多优势，但仍不敢对技术理论掉以轻心，道氏理论、趋势理论、江恩法则等基础理论已烂熟于胸，并且根据散户心理设计出走势图，让散户害怕或追进。

第15章　庄家建仓的时机和手法

📚 **炒股小词典**

割肉——指高价买进股票后，大势下跌，为避免继续损失，低价赔本卖出股票。止损是割肉的一种，提前设立好止损价位，防止更大的损失，是短线投资者应灵活运用的方法，新股民使用可防止深度套牢。

15.1　了解庄家建仓

1. 庄家建仓时机的选择

庄家建仓时机的选择极为重要，一般情况下，庄家建仓的良机往往是不被投资环境所认同的时候，市场热度冷却，人气低迷，利空消息不断，散户争相抛售，股价走势软绵绵，有气无力，股价跌幅较深，在大盘整理或下跌的过程中或者某股的技术图形被破坏时，如图15-1所示。

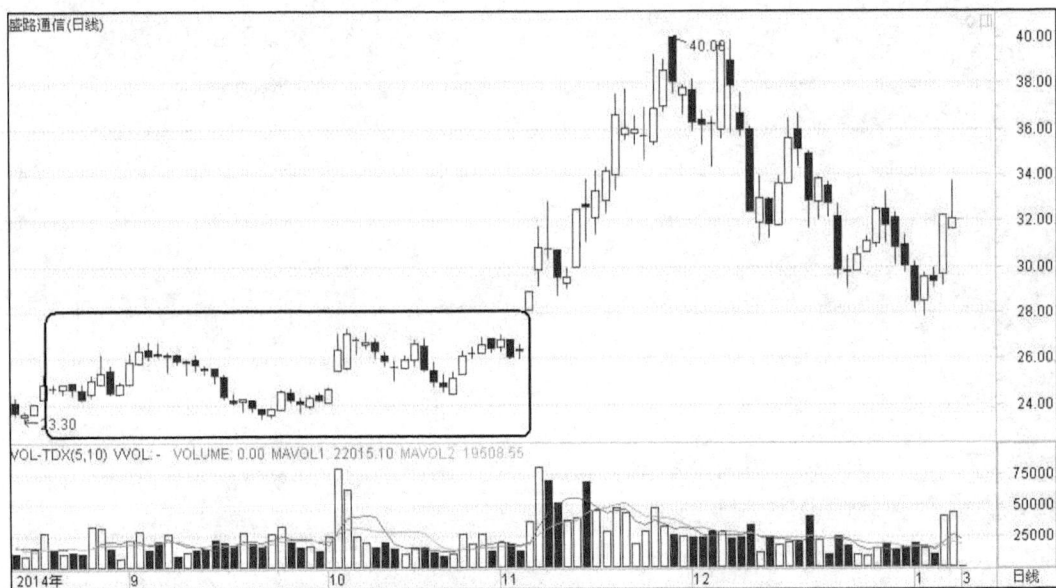

图15-1　庄家建仓

（1）利空消息出现时

利空指的是能够促使股价下跌的信息，如股票上市公司经营业绩恶化、银行紧缩、银行利率调高、经济衰退、通货膨胀、天灾人祸等，以及其他政治、经济军事、外交等方面促使股价下跌的不利消息。在重大的利空消息出现时，不乏庄家对个股进行吸纳的好机会。在利空消息出现时，盘中常见一些个股下跌幅度不深、成交量却很大，这类个股很可能会成为庄家吸纳的对象，庄家通常可顺利地利用上市公司的利空消息达到建仓的目的。

（2）在大盘整理或下跌过程中

庄家在大盘下跌或者整理过程中进行吸纳会表现得十分有耐心，因为此过程中绝不能给市场留下明显的痕迹。因此，一些庄家会采取每日少量吸纳的方法。如果某股挂出 2 万股卖单，庄家绝不会一下子将该股完全吸纳，而会采取几千股、几千股慢慢吸纳的方法。庄家一边进行吸纳的同时，一边在买盘挂上少量的买盘，之后抛盘时这自然成为胜利果实。

（3）某股技术图形被破坏时

庄家通过对某股的技术图形进行破坏，导致一些注重技术的人士看淡该股，之后进行逢低吸纳。比如说，当某股随大盘一起下跌时，在进入关键技术位置时，庄家利用手中的筹码故意打压，将其中一些支撑技术位击穿，使一些技派人士认为该股已进入深幅调整期而扔掉手中的筹码。

（4）拉升过程中

有些庄家也会在拉升过程中建仓，但是投资者需要注意的是，这类庄家大都表现出一种短期的操作行为。其对该股的炒作一般不会像对做长庄那样进行精心的策划与研究，其选择的目标一般是盘子较小的题材股。在经过一些低位的吸纳后，会突然在某一天拉出长红，使一些见长红出货的散户纷纷抛掉手中的筹码。然后在震仓中继续吸纳该股，使其在较短的时间内完成吸纳过程。

2. 庄家建仓价格的选择

庄家坐庄的最根本目的就是从中获取利润。如果庄家收集到的筹码价格太高，那么成本相对就大，利润也就相对缩小了。庄家只有收集到低股价筹码，才能降低建仓成本，获得更大的利润。所以在坐庄的准备阶段，庄家必须精心策划在什么价位买进、什么价位卖出，以及获得利润的空间有多少。

3. 庄家建仓数量的选择

庄家只有通过控制目标股的在外流通筹码，才能控制该股的价格波动方式。因此，在坐庄之前，庄家要把自己大量的资金转换为筹码。庄家希望以尽可能低的价格，吃进较多的筹码，完成建仓任务，这样才能在实战操作中达到控制股价走势的目的，在股价拉高阶段打开出货获利的空间。因此庄家选定庄股后，必须完成的任务就是建立必要的仓位，这是庄家坐庄成功的第一步。

15.2 庄家建仓的基本手法

庄家在建仓的时候，总是会采用种种手法迷惑散户，以免被散户发现自己在吸纳筹码。散户也总是试图用各种技术分析方法，寻找庄家建仓的蛛丝马迹，以便跟庄获利。下面介绍一下庄家建仓八种最基本手法，以便投资者在投资中加以注意。

1. 打压建仓法

一般而言，一只股票从庄家出货以后都会有几波大幅下跌，而这时就具备了庄家再次建仓的条件。无论是老主力出货后的第二次建仓，还是新主力入场，都会在此打个提前量，即在见大底以前开始收集，然后用手中的筹码打低股价，待股价不断创出新低，人心涣散时，再配合以利空传闻，使得散户们忍不住纷纷割肉，然后慢慢地收集。底部历时越长，庄家收集到的筹码就越多。

选择这种手法建仓的庄家一般都有较雄厚的资金，保密工作也做得好；否则打压时会被别人接盘而前功尽弃。个股还要有潜在的题材，然后选择大市不断下跌的调整市道或个股有重大利空消息时介入，这样更可以事半功倍。

2. 反弹建仓法

这是庄家为了节省建仓时间经常采用的一种建仓手法，即利用投资者"高抛低吸""见反弹出货""见反弹减码"的心理，大口吃进筹码。

当股价跌到低位以后，庄家已吃到一定的筹码，但离自己目标还远远不够。为了引发更多抛盘，每过一段时间就制造一波反弹，然后又将股价打回原形，经过几次反复以后，使散户们慢慢形成"股价到了什么价位就可以抛掉，然后在底部又拣回"的心理定势。待最后一次反弹时，大家纷纷抛售而股价却再也不回落了，而是直线拉升，抛掉的投资者只有后悔，或者到更高位追回来。采用这种方法建仓，庄家一般会在 K 线图上留下双重底、复合头肩底等形态，只要投资者认真去分析还是比较容易发现庄家的。

3. 推土机式建仓法

这种建仓方式反映到 K 线图上，就是一根阴线后，拉一根阳线，然后再拉两三根阴线，再拉两三根阳线，走势阴阳交错，股价慢慢推高。由于这种建仓手法比较隐蔽，股价又往往不是处在历史低位，投资者一般很难看出庄家究竟是在建仓还是在拉高出货，而庄家就在这样不知不觉中收集到了很多筹码。

4. 急风暴雨式建仓法

这种方法是指庄家不计成本，快速吃进筹码。一般而言，主要是在受到大盘利好的刺激或有潜在重大利好公布的时候，这时大盘即将反转，庄家只有采用这种方法建仓。如图 15-2 所示。

图 15-2　急风暴雨式建仓

5. 连拉涨停建仓法

这是庄家针对冷门个股常用的方法。它不经过底部耐心收集的过程，而是连续几天拉高，不断利用涨停板的打开与关闭，快速地完成建仓。长期冷门的股票会使股民形成"死股"的概念，大盘涨、它也不涨，大盘跌、它跟着跌，被套的人都很难受。因此，持有该股的投资者一遇上涨便会纷纷抛售。这样，主力就轻而易举地收集到大量的筹码。

6. 假破底建仓法

这是指庄家在底部进行较长时间的平台式建仓后，仍然没有收集到足够的筹码，于是庄家便不惜成本，对该股进行疯狂打压，击穿底部平台并一再创出新低，引发市场恐慌性的抛盘，而庄家则乘机吸纳，然后又一单拉高，造成一个反弹的假象，骗出大量筹码。

7. 逆势建仓法

一般来说，投资股市都要顺势而为，但有些庄家却反向操作，认为逆势建仓容易快速拿到筹码，同时，逆势炒作更容易引起整个市场的关注，参与者也就会比较多。只要个股质地不错或有潜在题材，就不愁没有派发机会。当大盘受利空影响或其他原因而出现跌势时，庄家却选好个股，逆势建仓；乘个股有利空，出现大幅跳水时，庄家逆势建仓。

8. 统吃式建仓法

目前这种方法在中小盘的新股、次新股中用得较多。由于新股的持有者成本都很低，一旦价位合适就会纷纷抛售，这样庄家很容易能吃到筹码。而我国的股市又正处于牛市中，每年都有一两次大行情，所以选择新股建仓的风险一般较小。特别是在调整市道中，新股定位一般都不是太高，就更是价廉物美了。

但是，投资者需注意的是：无论庄家采用什么样的建仓手法，最终都必须买进一定数量的筹码，这是庄家建仓行为的本质。这也决定了在建仓过程中，庄家打压股价或拉升股份，抛出的筹码一定是少量的筹码。在建仓阶段，庄家的一切手法均是为了在更低的价位处买进更多的筹码，所以买进才是庄家建仓行为的真正主旋律。

15.3 庄家建仓的盘口特征

无论是庄家还是普通投资者，买卖股票的操作都会表现在分时走势图中，所以盘中是投资者务必要关注的信息窗口。通过观察个股的盘中特征，可以了解庄家的一举一动。读者只要能够读懂盘口的信息语言，那么在股票市场上生存就不是那么困难的事了。下面主要介绍庄家建仓时的盘口特征。

1. 卖一挂大单，买一挂小单

庄家在卖一处挂上大单（500 手以上），而在买一处挂上相较小的买单。有些庄家会在卖二、卖三、卖四、卖五上都挂上大单，显示该股票抛压很重，以此恐吓投资者抛出手中的筹码，达到庄家建仓的目的。

2. 卖二、卖三挂大单，卖一挂小单

庄家在卖二和卖三处挂上大单，卖一处则挂很小的卖单，并且其下面挂的卖单都很小，然后再慢慢地把卖一吃掉，随后依次上撤卖单。

3. 股价下跌后挂大单

股价经过一段下跌后，盘口上出现大单。例如，某只股票经历了一段长时期的下跌过程后，股价企稳，盘口上卖单处出现很大的卖单，而下面的买单很小，庄家会直接把上面的大卖单一口吃掉。现在这种盘口迹象就是庄家建仓吃货的特征。

4. 下跌中的买盘大单

下跌过程中的买盘出现大单。如果某只股票在下跌过程中，盘口上的买一、买二、买三处出现大买单的话，这是庄家建仓护盘的特征。但投资者需要注意，出现这种情况，股价不一定能马上企稳。因为在股价下跌的过程中，光靠庄家护盘是护不住的，一般股价还会有下跌空间。投资者如果遇到这种情况，应该密切留意。一旦市场转强的话，这种股票会有很不错的表现。

5. 股价低时的对倒单

股价处于低位时，盘口出现对敲单。在建仓的过程中，庄家会采用对敲单来打压股价，以便在低位买到更多的筹码。在 K 线图上，会出现小阴线和小阳线，并且 K 线会沿 10 日均线不断上扬，这是庄家采用拉高建仓的运作方式所表现出来的盘面特征。此外，盘面上还会出现大的成交量，并且股价会出现连续下跌的小阴线。

盘面上出现成交量放大，是因为庄家采用对敲手法，制造成交量放大的假象。从盘口看，股价下跌时的每笔成交量，明显大于上涨或者横盘时的每笔成交量。另外，在低位时，庄家会不断地运用夹板式的手法，即上下都挂上大的买卖单，中间相差几分钱，同时盘面不断出现小买单吃货。其目的就是要让股民觉得该股票抛压重，上涨乏力，从而抛出手中的股票。

出现以上盘口迹象，就可以判断庄家在建仓。在实际操作过程中，如果遇到此类型的股票，那么投资者就应该对其密切跟踪，一旦股价企稳，向上突破时，便可以进场操作。

6. 收盘前瞬间下砸股价

庄家在尾市收盘前几分钟，突然出现一笔大卖单或几笔卖单，降低到很大价位抛出，使股价在收盘瞬间被砸到低位。庄家这样做的目的，是让散户来不及做出反应，就迅速把股价打压下去，使日 K 线形成光脚大阴线、十字星或阴线等较难看的图形，让其他持股者产生恐慌心理。

以上介绍的几种盘口信息语言，都是庄家在建仓阶段经常出现的，也是最基本的盘信息语言。作为投资者来说，必须长期跟踪某只股票，紧盯盘口，并在实践中不断探索，不断完善自己，才能深入了解庄家操作时的盘口信息语言，确定资金流向的真实性。读懂盘口信息语言，是一个股票投资者的基本功。

另外，这里建议读者在实际操作过程中要实时盯盘，盯盘时最多不能超过 3 只股票。同时盯盘的股票太多，就没有那么多的精力去分析、判断庄家的举动和意图了。盯盘的目的就是为了读懂庄家的盘口信息语言，看懂大资金在盘中是实进虚出，还是虚进实出，这是盯盘的关键，也是分析庄家行为的关键。

15.4　庄家建仓结束的标志

庄家什么时候最有炒作激情？就是在其将廉价筹码吃了一肚子的时候最有激情。因此，散户跟庄炒股如能准确判断庄家的持仓情况，盯牢一只建仓完毕的庄股，在其即将拉升时介入，必将收获一份财富增值裂变的惊喜。这里面的关键是如何发现庄家已吃饱喝足，若具备下述特征之一，投资者就可初步判断庄家建仓已进入尾声。

1. 放很小的量就能拉出长阳或封死涨停

新股上市后，相中新股的庄家进场吸货，经过一段时间收集，如果庄家用很少的资金就能轻松地拉出涨停，那么就说明庄家筹码收集工作已近尾声，已具备控盘能力，可以随心所欲地控制盘面了。如图 15-3 所示。

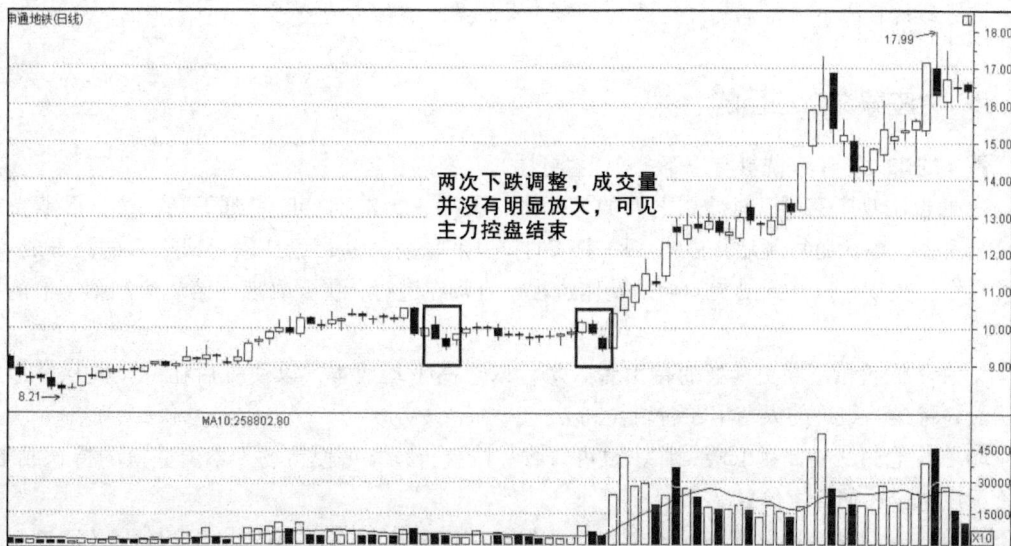

图 15-3　成交量建仓结束标志

2. 不理会大盘而走出独立行情

这种情况主要表现在大盘涨的时候，庄股却不涨，反而会出现微跌；大盘跌的时候，它不跌，甚至会小幅度盘升。这在 K 线走势图上表现出我行我素，根本不理会大盘走势，而是走出自己的独立行情，出现这种情况，通常说明大部分筹码已经被庄家控制了。

当大盘下跌时，盘中如果出现浮动筹码砸盘，庄家会出来把筹码接住，封死股价的下跌空间。庄家这样做的目的，是为防止廉价的筹码被别人抢走。在大盘向上或企稳时，短线资金会进入抢盘操作，如果此时庄家由于某种原因不想发动行情，那么庄家就会用凶狠的砸盘手段，封住股价的上涨空间，不让那些短线热钱打乱自己的操作计划。在股票的 K 线形态上，就会表现出横向盘整，或沿均线小幅震荡盘升的格局。

3. K 线走势起伏不定，分时走势图剧烈震荡，成交量极度萎缩

庄家到吸筹末期，为了洗掉短线获利盘，消磨散户的持股信心，便用少量的筹码做图。从日 K 线上看，股价起伏不定，一会儿到了浪尖，一会儿到了谷底，但股价总是冲不破箱顶也跌不破箱底。而当日分时走势图上更是大幅震荡。委买、委卖之间价格差距也非常大，有时相差几分，有时相差几毛，给投资者一种莫明其妙、飘忽不定的感觉。成交量也极不规则，有时几分钟才成交一笔，有时十几分钟才成交一笔，分时走势图画出横线或竖线，形成矩形，成交量也极度萎缩。上档抛压极轻，下档支撑有力，浮动筹码极少。

第16章　庄家洗盘的时机和手法

炒股小词典

洗盘——就是庄家运用种种手段，摧垮持股者的信心，提高市场的平均持筹成本，为庄家的各种操作计划做铺垫，庄家洗盘在股价不同的运行阶段其目的是有所区别的。由于其用心不同，要达到的目的不同，也就决定了其运作方式的必然有细微的差别。

16.1　庄家洗盘的目的

具体的来说，庄家洗盘有以下七个主要目的。

1. 通过洗盘庄家可以对计划之外的筹码进行换手，把前期持股者赶下马，防止前期持股者获利太多，中途抛货砸盘，最终威胁庄家的拉升和派发，从而给庄家付出太多的拉升成本，这种操作从吸货、拉升到出货初期的整体过程一直都在进行，主要表现在第2浪和第4浪的回调波中。

2. 在不同价位不断更换新的持币者入场，以垫高平均成本，以便日后在高位能从容地派发，最终将最后跟进的人套牢在阶段性高点上。

3. 在震仓过程中高抛低吸，庄家也可兼收一段差价，又可使市场弄不清庄家的持仓成本，辨不清庄家今后的出货位置。

4. 庄家通过洗盘调整市场的资金比例，如果庄家在底部吃进筹码比例比较大（即没留足够的拉升力量），那么庄家就可以利用洗盘之初的较高价位出货，还原出拉升力量（这样做有时既可达到减仓的目的又能达到洗盘的效果，这个投资者可以从量变中找到痕迹进行捕捉的）。

5. 调整持仓结构，如果庄家持有多只股票，那么就可以通过洗盘调整出所持股票的持仓比例，分出主次来，选出先行运作的那只。

6. 通过洗盘可以让庄家等待的时机进一步成熟，有些庄家会利用洗盘继续吸货，也有庄家会等待大势或板块的配合洗盘等势与借势时，大盘一般不是太好，所以要借大盘把一些不坚定的分子赶出去。

7. 庄家通过洗盘使原来想高抛低吸的人晕头转向。一些自作聪明的人结果往往会低抛高追，许多人在低位踏空后，便到高位追涨，成了庄家的抬轿夫（主力会在相对的高位做出很有规律的波动，当散户以为自己已把握住规律时，再反常运行，让洗出来的踏空）。

16.2　庄家洗盘的方式

庄家洗盘的方式一般有如下11种。

1. 大阴线洗盘

股价大幅度高开，随后一路走低，跌破均线系统。在这种非常凌厉的洗盘下，很多散户被吓出来。它时间短，但是效果特别好。

2. 震荡洗盘

庄家将股价拉升到一定程度后再展开横向持续震荡，之后便不再拉升，由于跟风盘对股价横向震荡后的走势方向、结果和持续时间无法把握、无能为力，所以有获利的投资者想先落袋为安，无获利的投资者想小亏出局而抛出持有筹码。庄家利用人们对无知的恐惧和对即得利益的贪婪达到洗盘的目的。该方式一般用于该股股性一般，庄家不敢向下打压股价，怕打压的筹码收不回来；或大盘走势极强；或庄家时间急迫；或庄家实力强大的情况下。其在K线图表上的表现为股价震荡幅度越来越小，小阴小阳线相间，成交量出现有规则的三角形萎缩的有计划控盘特征。

3. 连阴线洗盘

在股价上涨一段时间后，K线图上出现连续下跌的阴线，但是股价跌幅不大。这种洗盘结束以后，一般会有比较好的行情。如图16-1所示。

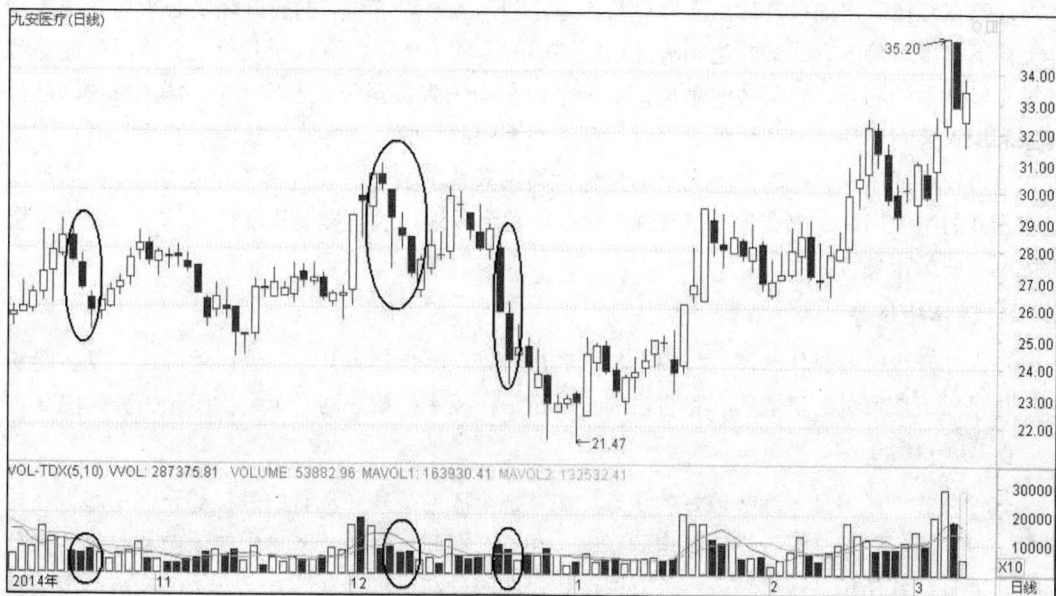

图16-1　连阴线洗盘

在实际操作中，投资者应当注意平台连阴的洗盘，K线连收阴线而股价不跌，这是上涨的前兆。这种形态并不常见，如果发现该形态，投资者应当密切关注，一旦成交量放大立即介入，回报丰厚！

4. 向上洗盘

庄家在控筹不足或实力超强或行情发动的时间非常急迫的情况下将采取该种特殊方式。以向上震荡的波动形态展开洗盘动作。庄家利用每天盘中的大幅上下震荡吓出部分胆小的持股者，同时庄家利用底部不断抬高的阴阳相间K线组合震荡吓出另一部分胆量稍大的持股者以达到边拉升边洗盘边建仓的目的。其在K线图表上的表现为均线系统不断向上多头发散、K线组合阴阳交错、成交量规则缩放的图表特征。

5. 高开低走洗盘

这种方式经常发生在股价高位天量杀跌有买盘的时候。大家可以看到股价只要到了高位，就会有大笔杀跌下来，但是很快又会拉升上去，特别是对于涨停板的股票这种洗盘的方式更容易发生。庄家选择此方式洗盘的原因是，很多散户缺乏持股信心，在低位将股票卖出，庄家就可以大量买入，等待没有多大抛压再迅速拉升。

6. 平台整理洗盘

这种洗盘的方式特征是，股价呈现横盘走势，很长一段时间股价波动幅度较小，使得短线上几乎没有什么差价，采取以时间换取空间的方法，针对市场绝大多数投资者没有耐心的弱点，达到淘汰一批持股者出局的目的。一般来说，平台整理的时间越长，上下振幅越小，这表示洗盘得越彻底，以后股价上升的后劲就越大。对于一些价位较低的个股，市场就有这样的说法："横有多长，竖有多高。"

7. 打压洗盘

庄家在经历一定的拉升后由于跟风盘普遍获利，庄家为了今后的拉升轻松必须展开洗盘动作。向下打压股价的方式最能达到清洗获利浮码的目的。庄家向下打压股价，会使跟风盘感到一种已经到手的利润将要失去的恐惧，由于害怕利润消失甚至反遭套牢亏损而抛出持有筹码。庄家利用人性对不利情况的恐惧心理以达到清洗浮码的目的。该方式一般用于初次拉高、庄家控盘能力较弱或庄家坐庄时间不充裕的情况，其在K线图表上的表现为高开低走的中大阴线或跳空低开的中大阳线。成交量上呈现规则性的三角形萎缩、股价震荡幅度越来越小、短线投资者无利可图的市场特征。

8. 跌停板洗盘

庄家在开盘时就封住跌停并挂出大单，散户看见跌停板打不开，唯恐以后继续下跌，纷纷以跌停杀出。庄家见时机成熟，将自己的挂单撤销，反手把散户的卖单一扫而光，直线拉升。

9. 边拉边洗

这种方式一般多见于大势较好的状态。庄家把个股的拉升和洗盘的过程糅合在一起，在拉升的一段空间后随即又派发打压一定的幅度，在这个期间不断地调节筹码的比例和股价的高低幅度，并且反复使用，使得该股一直中小散户在跟进和退出。这种方式反映在走势形态上就是股价的低点不断地被抬高，呈现震荡上扬的趋势。

10. 横盘洗盘

这种方式就是股价不动，但是成交量不断放大。庄家的目的就是让股价久盘不动，用时间换空间，把散户的耐心消灭，使其纷纷卖出股票，而庄家大量买入，直到满意为止。这是较为常见的方法，庄家在完成建仓和拉升的过程后，同时也积累了不少的获利筹码，这批筹码也就有较强的兑现欲望。庄家采取向下打压的砸盘方式，使得股价大幅度下挫，日K线收出中、长阴线，制造出市场的恐慌气氛，动摇投资者的持股信心，迫使许多人获小利甚至不获利就平仓出局。这种方式一般多产生在那些个股涨幅较大，并且公司基本面情况平平的目标股中。

11. 箱形震荡洗盘

这种方式形态上类似于平台整理，但上下幅度要大一些，并且有一定的差价，幅度一般在10%以上。通过这种形式，庄家一方面高抛低吸降低成本，同时也可达到提高散户持仓成本并洗出一部分浮码的目的。如图16-2所示。

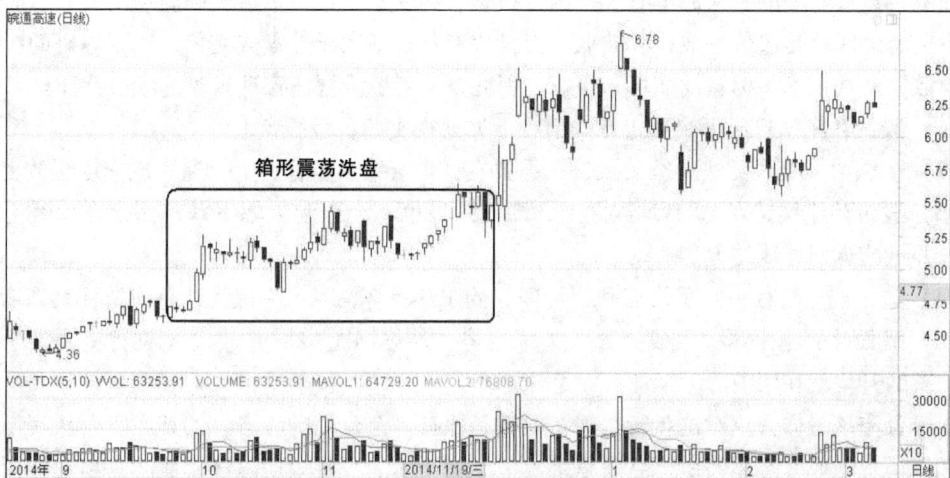

图 16-2　箱形震荡洗盘

上述几种是基本的、常见的洗盘方式，还有一些较为极端的洗盘方式，如利用跌停板、涨停板等方法；还有利用大势、公司基本面的利空、利多等信息洗盘；还有比较高明、老练的庄家操盘手，会将上面提到的方法交叉、结合起来洗盘，一般来说，绝大多数投资者都是经不起庄家洗盘的，这也是中小投资者亏多盈少的原因之一。

在应对庄家洗盘时，散户可以采取以下手法应对。

（1）散户千万不要采取挂买单等待股价下降、守株待兔的方法，而是要采取即时挂卖价位的方法即时成交，不要在买单上有累积。这种做法可以逼庄家变主动为被动，机构要成交，就必须挂大卖单才行。逼机构现身，散户就可以将它看得清清楚楚。

（2）散户切记不要在买盘上累积，要么即时成交，要么在旁边观望，千万不要给庄家大笔卖单兑现的机会。

（3）如果卖盘上堆积了大量的筹码，千万不要接，要接也要让它无量狂跌，庄家想轻松出逃也没有那么容易。这样一来，若机构想走，它也要先挂出卖单，让散户们来决定是否接盘，机构的命运就由散户来决定了。大家如果这样做了，主力下压的难度就大多了，情况就变为往上做容易，往下做难了，因为它面对的是一个黑洞，它就没有底了。散户千万不要害怕无量暴跌，无量暴跌对庄家的杀伤力比对散户的杀伤力要大得多。这种做法，并不限制买卖。庄家洗筹是必要的，但散户的这种做法，可以逼主力在高位洗筹，增加它的成本，减少对散户的伤害。迫使机构一天上一个台阶地洗，散户的主动权就大得多了。

在资本市场，斗的不仅仅是资金，而是智慧。机构主力资金胜过我们无数，且掌握的信息渠道也比我们多得多，作为小散户，在自身各方面都不如机构的情况下，我们要做的只有两件事：保持沉默，认真思考。只要是自己认为的好股，参与后就应耐心持有。

16.3　庄家洗盘时的盘面特征与常见 K 线图形

1. 盘面特征

庄家震仓洗盘时期是折磨散户的时候，由于摸不清庄家是洗盘还是出货，当股价自上向下倾泄而下接近投资者的买入成本时，一部分投资者经受不了这种情形只好离场出局，这时候盘面给投资者的印象是股价一波比一波低，内盘成交量逐渐大于外盘成交量，持有筹码的投资者人气涣散，一些技术指标短期变坏，等等。因此投资者要掌握庄家洗盘时的盘口特征。

（1）股价在庄家打压下快速走低，但在下方获得支撑，缓缓盘上。

（2）下跌时成交量无法持续放大，在重要支撑位会缩量盘稳，上升途中成交缓缓放大。

（3）股价始终维持在 10 日均线之上，即使跌破也不会引起大幅下跌，而是在均线上缩量盘稳，并迅速返回均线之上。

（4）整个洗盘过程中几乎没有利好传闻，偶尔还有坏消息，一般人对后市持怀疑态度。

（5）盘面浮码越来越少，成交量呈递减趋势，最终向上突破并放出大成交量，表明洗盘完成，新的升幅就在眼前。

投资者应该怎样去应对洗盘行情呢？关键是保持一个良好的心态，尤其当股票从底部刚刚拉起，市场中一般心态还停留于空头思维之中，切不可因一些短期震荡便被洗盘出局，而应该用一种"以不变应万变"的心态来坚定持股，未达目标，不轻易做空；而对于一些大幅下跌的打压洗盘方式，则投资者可根据成交量来判断，没有出现太大的成交量则不可轻易出局。

2. 庄家洗盘阶段的常见图形

（1）大幅震荡，阴线阳线夹杂排列，成交量较无规则，但有递减趋势。此时常常出现带上下影线的十字星，市势不定。如图 16-3 所示。

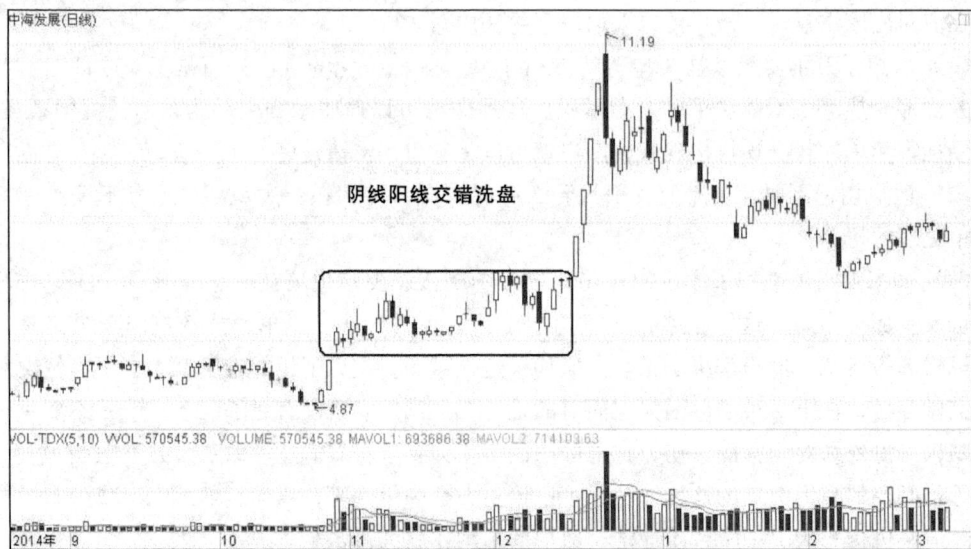

图 16-3　阴线阳线夹杂排列

（2）按 K 线组合的理论分析，洗盘过程即整理过程，所以图形上也都大体显示为三角形整理、旗形整理和矩形整理等形态。

（3）股价一般维持在庄家持股成本的区域之上，若投资者无法判断，可关注 10 日均线，不炒短线的投资者则可关注 30 日均线。

能发现股价的底部并及时跟进者无疑就是赢家，但这种机会对多数投资者来说是可遇而不可求的，从股价在底部时成交量往往极度萎缩的状况可看出，能成功抄到底部的人毕竟只是少数幸运儿。但投资者可在庄家洗盘结束之际再跟进，这样即使错过了第一波行情，也能抓住庄股的第二春。大部分庄股在拉升中途均会出现洗盘震仓，一旦清洗完毕，庄家往往就会展开一波主升行情，这时抄不到"底"的投资者亦可抄到"半山腰"。

16.4　庄家洗盘结束的信号

洗盘的基本目的无非是为了清理市场多余的浮动筹码，抬高市场整体持仓成本。洗盘也是坐庄过程中的必经环节，能够识别主力意图的投资者完全可在主力洗盘时趋利避害，即可在股价出现一定涨幅之后先行退出，等待洗盘结束之后再大举介入。因为此时短线风险已经释放，买价也较便宜，且洗盘结束之后往往意味着新一轮拉升的开始，达到买入即涨的效果，但是，庄家洗盘结束时有什么信号呢？

1. 下降通道扭转

有些主力洗盘时会采用小幅盘跌的方式。在大盘创新高的过程中，该股却不断收阴，构筑一条平缓的下降通道，股价在通道内慢慢下滑，某天出现一根阳线，股价下滑的势头被扭转，慢慢站稳脚跟，这通常表明洗盘已近尾声。

2. 缩量之后再放量

部分主力洗盘时会将股价控制在相对狭窄的区域内反复震荡整理，主力放任股价随波逐流，成交量跟前期相比明显萎缩，某天成交量突然重新放大，表明沉睡的主力已开始苏醒，此时即可跟进。如图16-4所示。

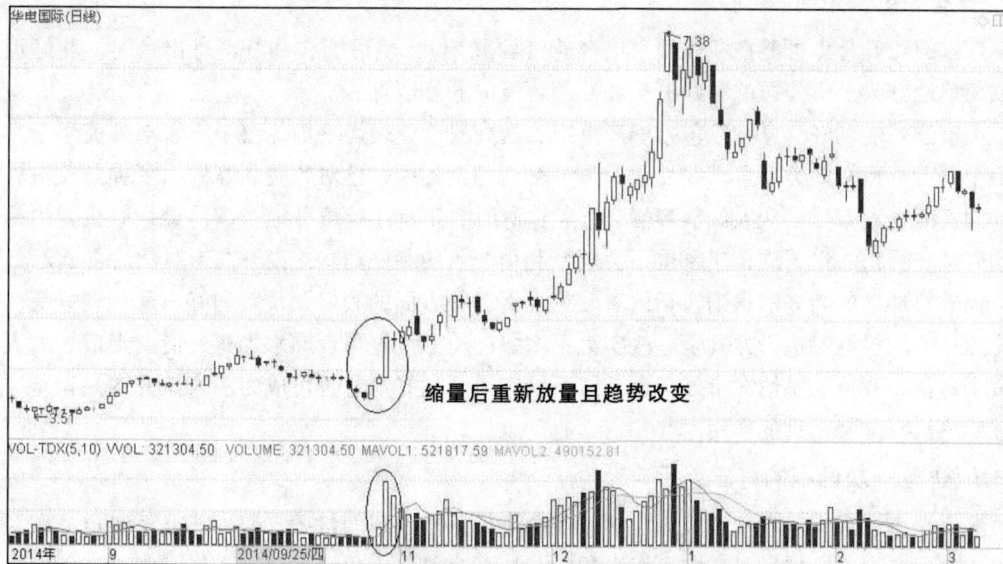

图16-4　缩量之后再放量

3. 回落后构筑小平台，均线由持续下行转向平走、再慢慢转身向上

洗盘都表现为股价向下调整，导致技术形态转坏，均线系统发出卖出信号，但股价跌至一定位置后明显受到支撑，每天收盘都在相近的位置，洗盘接近结束时均线均有抬头迹象。

第 17 章　庄家的拉升时机和手法

炒股小词典

利好消息——主要分为两类，一是指利好大市的国家政治经济形势、政策、方针等；二是指利好个股的资产重组题材、送配方案、业绩改善或增长等。但不管是哪一类利好，都为庄家创造了拉升的条件。特别是一些实力不太强的庄家正好顺水推舟，借助大市利好拉高股价。

17.1　拉升时机的选择

庄家坐庄，无论是吸筹、洗盘，还是拉升股价，在时机选择上都是有讲究的，正是所谓的顺势而为。选择时机恰当，可达到事半功倍的效果；会如若时机选择不当，可能要费九牛二虎之力，也难以把股价拉高。庄家都非常重视拉升时机的选择。庄家常常会借以下时机将股价拉升。

1. 大盘走势稳健时

大盘走势稳健时人气旺盛，增量资金不断进场，大盘节节上扬。由于大多数投资者都有追涨的心理，此时一只股票被拉得越凶，就越能吸引场外资金的追捧，以达到"风助火势，火借风威"的效果。庄家则只需花不多的资金，就可以轻松地把股价拉高。

2. 有利好消息时

庄家的拉升行为可能在利好消息出台前（朦胧期），也可能在利好消息出台时。利好消息可以简单地分为上市公司的利好消息和外部环境的利好消息。

上市公司的利好消息一般包括资产重组、送配股、业绩增长等。由于庄家会提前半个月甚至一个月就可得知此类消息，并在股价节节攀高的走势中，已对朦胧利好做出了提前反应，所以，利好消息发布后，众人如梦初醒、奋起追涨时，正是庄家疯狂地拉高的最佳时机，也是唯一的时机。哪怕大盘下跌，庄家也不会放弃利用个股的利好消息先高开高走，然后再低走。

而外部环境的利好消息则包括国家政策经济形势方面的利好、政策利好、降息利好等。这是庄家拉升的极好时机，尤其是一些实力不太强的庄家正好可以顺水推舟，借助于市场的人气和资金，抬高股价。哪怕大市处于盘整或下跌市道，利好消息也可成为庄家拉升的兴奋剂，起到锁定筹码、减轻抛盘的作用。

3. 进行一次凶狠的打压之后

庄家洗盘以后，若发现跟风者太多，还会进行一次凶狠的打压，使一部分不坚定的跟风者被迫把筹码交出来。然后，庄家再以迅雷不及掩耳之势将股价快速拉高，使刚刚割肉的投资者气得捶胸顿足，只好反手追涨，在更高的价位把股票买回来，帮庄家抬轿。如图 17-1 所示。

4. 逆势而为

在某些特殊情况下，有些庄家偏偏在大市低迷或微跌市的时期拉升股价，也能出奇效。此时，人气散淡，成交萎缩，多数人都持币观望。此时某只个股庄家敢脱颖而出，使股价"拔大葱"，甚至逆势放量上扬，该股就会被市场称为"黑马""强庄股"，跟风资金最容易去冲动追涨。

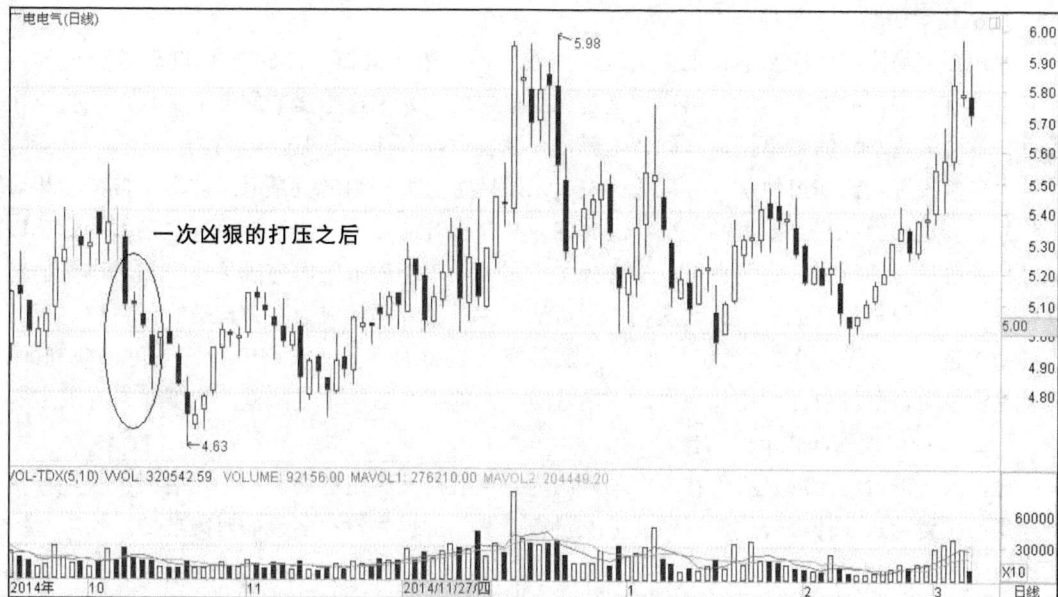

图 17-1　凶狠打压后的拉升时机

5. 图形及技术指标修好之时

由于现在懂技术分析的人越来越多，不少人还以技术分析来决定自己的买卖。于是一些庄家会利用这种心理千方百计地把图形修得很好，趁技术派看好之时拉升股价，以减少拉升阻力。但有一点得提醒大家注意，光靠图形去拉升股价的庄往往是弱庄，而那些敢于制造恶劣图形，不看指标而肆意拉抬股价的庄才是真正的强庄。

一般来讲，大市向上时，庄家所持筹码稳定性较好，因此，这时庄家要炒某只股到一定价位，所需拉抬的次数可以少些，每次拉抬幅度可以大些。如果是在盘整阶段时，炒作个股到一定高度所需拉抬次数则要多些，因为散户获利目标不高，拉升一段就要洗掉这些获利筹码。

17.2　庄家拉升的原则和征兆

1. 庄家拉升的原则

庄家拉升一般有以下两个原则。

（1）拉升速度要快

有时整个升幅只有几根大阳线就告完成，因为快速拉升可以产生"暴利"效应，能更好地吸引场外资金的介入，同时又可以使股价迅速脱离庄家成本区域。

（2）拉升要准备好理由

因为庄家拉高股价的目的是为了要让市场接受其股价的变化，最终说服散户投资者在拉高后的价位上接走庄家的筹码。所以，庄家通常都喜欢借助某些利好消息来拉高股价，甚至编造出某些消息来说服市场，从而使自己的拉升行为变得更加容易。比如，许多垃圾股就常常喜欢编造出一些真假难辨的重组传闻。

2. 庄家拉升的征兆

庄家拉升的征兆一般有如下两种。

（1）较大的卖单被打掉

即使在交易清淡的情况下，也会出现一些较大的卖单。例如，日成交在 30 万股以内的行情必定会有一些万股以上的单子出现，这是完全正常的。如果这些卖单的价位一旦离成交价比较近，就会被主动性的买单打掉，那么这就是一种主力拉升前的征兆。

大多数投资者都知道的是，一旦股价拉起来以后主力最害怕的就是前面被市场接掉的相对低位的获利盘，因此只要主力的资金状况允许，其在拉升前会尽可能地接掉一些稍大的卖单以减轻拉升股价时的压力。我们也可以理解为主力在一个较小的范围内完成了一个相对小量的建仓任务。一旦股价拉升成功，那么这些于相对低位买进的筹码就成为主力自己的获利盘（至于原先的大量仓位并不在考虑之列）。如果操盘手技巧高超的话做一波回升行情是可以获利的，也就是说是可以降低自己的持仓成本的，尽管对于总的持仓盘子来说降低的幅度非常有限。

（2）盘中出现脉冲式上升行情

脉冲式上升行情指的是股价在较短的时间内突然脱离大盘走势而上冲，然后又很快地回落到原来的位置附近，伴随着这波行情的成交量有一些放大但并没有明显的对敌痕迹。

由于成交量相当清淡，所以主力肯定在一段时间内没有参与交易，对市场也没有什么感觉。因此主力在正式拉升股价前会先试盘，看看市场的反应。也有一种可能是主力想多拿一些当前价位的筹码，通过往上推一下以期引出市场的割肉盘，然后再选择适当的时机进行拉升。这种情况表明主力的资金相对比较充足，对股价的上升比较有信心。

17.3　庄家的拉升手法

一般来说，庄家会采取以下几种方式进行拉升。

1. 急速式拉升

采用这种方式拉高的庄家，一般都是资金实力十分雄厚的，在低位收集了大量筹码，操作手段极其凶狠。一般情况下，庄家在洗盘完毕，采用连续拉大阳或涨停板的方法迅速推高股价，在 K 线组合上形成"拔大葱"的形态。这样做，既可以节省资金、缩短拉升时间，又可以打开上升空间。特别是当个股有重大题材即将公布之时，庄家往往会迫不及待地用此法拉高股价。

采用这种拉高方式的庄家并不在乎剩余筹码的威胁，如果散户中途下马，立即就会后悔，因为其操作的股票一般都能成为市场中的"黑马"，最易引起跟风盘的追涨。例如，2014 年 11 月下旬到 2014 年 12 月初，中国石化（600028）和中国石油（601857）随着大盘上涨而大幅上涨，其中庄家基本上以放量涨停的方式拉升股价，到 2014 年 12 月 4 日，两股价更是急速拉升，在天量买单的助推下创造了 A 股历史上"两油"的首次联袂涨停。中石化以全天 50.75 亿的成交量创下历史天量，而中国石油全天交易额达到了 38.74 亿元，该数字也是自 2008 年以来最大的成交额。这期间许多套牢盘、跟风盘蜂拥而出，股价大幅震荡，成交也创出天量，庄家则照单全收。如图 17-2 所示。

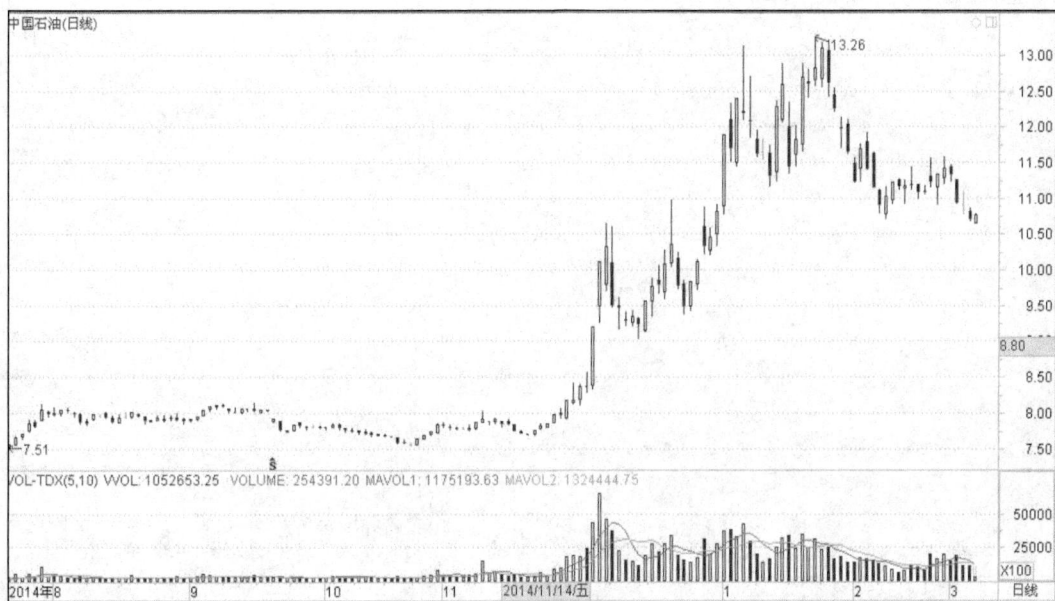

图 17-2　中国石油

2. 台阶式拉升

庄家将股价拉高一截后就整理休息一段时间，然后又再拉高一截，之后又休息一段时间，在 K 线组合上形成一个一个的台阶。采用这种方式拉升的主要有三类庄家：第一类是资金实力不够，控盘能力不强，顶不住市场上获利盘的抛售，只能采取循序渐进，稳扎稳打的方式拉高；第二类是操盘手性情较为温和，喜欢不温不火地做波段；第三类可能是因为保密工作做得不太好，跟风盘太多，因此会采用这种方式赶走跟风者。

3. 波浪式拉升

这种方式多发生在大盘股及中盘股中，在市场中表现出十分稳健的姿态，比较容易被投资者接受。其特点是股价有起有伏，一波又一波，状似浪涌，但股价的低点和高点在不断的抬高，所谓一浪高过一浪。如图 17-3 所示。

该手法通常是在拉升过程中进行洗盘，尤其是在重要阻力区域，以小回或横盘震荡的整理走势来消化阻力，并完成散户由低成本向高成本换手的过程，尽量减轻上行时的压力。投资者需要注意的是，不同的庄家和不同的操盘手以及不同的大势条件和股价不同的涨幅条件下，其浪的幅度和波长将会产生很大的差异。

4. 盘旋式拉升

这种方式同波段式拉升相似，股价在加速爬升的过程中，由于拉升速度太快，前期累计的获利盘太多；于是当股价拉升到一定高位时，获利盘蜂拥而出，庄家不得不释放部分获利盘，然后再进行第二波拉升。盘旋式的形式，有一次盘旋、二次盘旋、三次盘旋，但很少见到有四次盘旋的例子。此外，从盘旋时间看有短盘旋、中盘旋、长盘旋，因此，需要投资者多加注意。

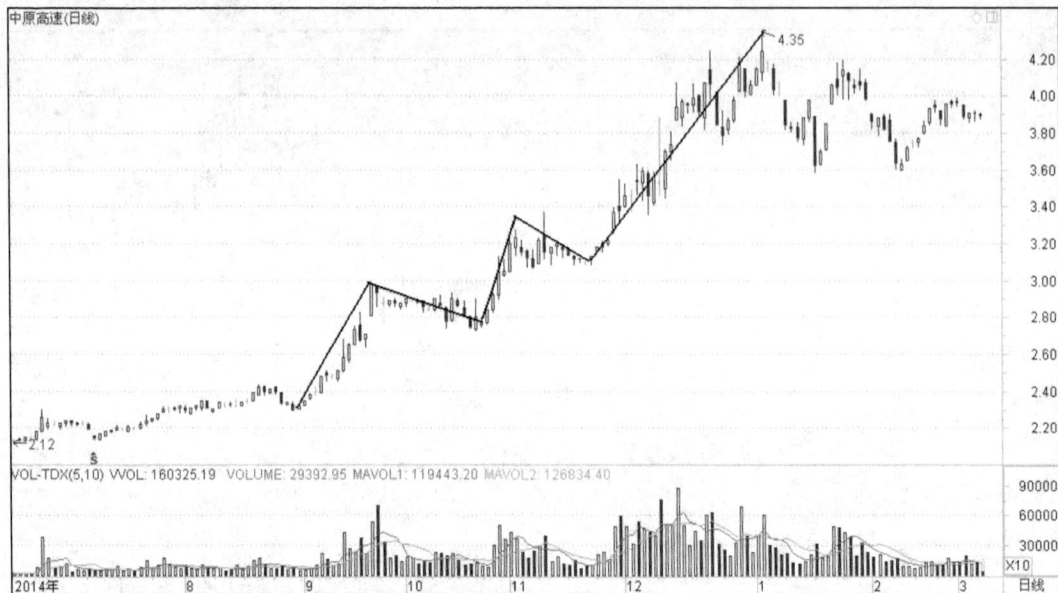

图 17-3　波浪式拉升

5. 洗盘式拉升

这种方式在阶段性高点放出巨额交易量，走势上确立阶段性顶部，由于庄家在暗处，一般人很难分辨是最终顶部还是局部小顶，从而被洗出局。

6. 推土机式拉升

即庄家沿着一定斜率的直线拉高股价，在当日走势上，表现为下方有大量大额的买单，以显示庄家实力，然后一分一秒地把股价往上拉升；拉升一段时间后，还常常放下鱼钩，以吸引买盘去逢低吸纳，然后又将股价拉上去。采用此法拉升的庄家实力一般较强，出货时往往还会有上市公司题材的配合。

7. 随意式拉升

有强庄自恃资金雄厚，操纵股价时不讲章法，随心所欲，其拉升的目标都非常之高。大胆的散户完全是"博傻"式跟进，无法预测其目标位；或者是被快速拉高的暴利效应所诱惑，在高位接下庄家大量的筹码。

8. 复合式拉升

有些庄家坐庄时还未形成自己的风格，其炒作的股票在拉升过程中的手法也就不是单一的，而是多种多样的。有些老练的庄家为了赶走跟风盘，在拉高手法上也常常出新，让普通投资者弄不清到底是拉高还是已经出货。

9. 圆弧形拉升

庄家在底部吸足筹码后，步入上升通道，但上升势尚处于初升阶段，其速度比较缓慢，阴阳相间，交替上升。然后，在推力和惯性的作用下进入正常运行轨道，速度与能量也趋于合理，股价越涨越快，角度越来越陡，势头越来越凶，行情进入最后的冲刺阶段，不久，行情宣告结束，整个拉升过程呈圆弧形上升。

17.4　庄家拉升的技术特点及盘面特征

1. 庄家拉升时的技术特点

庄家拉升时的技术特点有如下六个方面。

（1）经常走出独立于大盘的走势，一般发生在大势乐观之时。

（2）在拉升初期经常出现连续轧空的走势。

（3）强调快速，具有爆发性。

（4）经常呈现涨时放量、跌时缩量的特点。

（5）具有良好的技术形态。如均线系统呈典型的多头排列，主要技术指标处于强势区，日 K 线连续飘红收阳。

（6）在同一交易日开市后不久或收市前几分钟最易出现拉升现象。这主要是因为中小散户在刚刚开市时（和闭市前）并不知道自己所持的某只股票会上涨和上涨多少，所以此时挂出的卖单较少。庄家在这两个时刻只需动用很少的资金就可将散户的抛单统统吃掉，从而轻易达到拉升效果。另外，在尾市时拉升经常带有刻意成分，其目的主要是为了显示庄家的实力，吸引散户注意和跟风，或者是为了做 K 线（骗线）图和要构筑（维系）良好的技术形态。

2. 庄家拉升时的盘面特征

庄家拉升时的盘面具有如下三个方面的特征。

（1）经常在中（高）价区连拉阳线。

（2）经常跳空高开形成上攻缺口，且短线不予回补。

（3）经常在通过前期某一阻力位（区）时会进行震荡整理以消化该阻力的压力，而且突破之后又将加速上扬。

掌握拉升的技术特点及盘面特征有利于散户更好地了解庄家的操作过程，在拉升初期介入庄股，可享受坐轿的乐趣。

第 18 章　庄家的出货时机

炒股小词典

出货——是股价上升到高位以后，机构主力利用题材或利好消息，吸引中小投资者进场接盘，出货的结果与洗盘恰恰相反，出货会导致市场筹码由原来的"集中锁定状态"逐渐变为"分散状态"，随着筹码的逐渐分散，这就必然会导致盘面浮动筹码的数量增加，其具体的表现是成交量在较长的时间内始终无法萎缩，并且始终保持较为活跃的状态，盘面浮动筹码很多，而且消息面会有很多朦胧的题材或利好消息配合。

18.1　出货时的征兆

庄家出货时的征兆主要有如下五个方面。

1. 达到目标

有一种加倍取整的理论，这个方法在股市中还没有被广泛的应用，而一种理论在市场中掌握的人越少，可靠性就越大，所以，这是判断股票高点的一个好方法。简单来说，投资者准备买进一只股票，最好的方法就是把加倍和取整的方法联合起来用，当投资者用几种不同的方法预测的都是某一个点位的时候，那么在这个点位上就要准备出货。当然，投资者还可以用其他各种技术分析方法来预测。故当预测的目标位接近时，可能就是主力出货的时候了。

2. 该涨不涨

在形态、技术、基本面都要上涨的情况下不涨，这就是要出货的前兆，这种例子在股市中是非常多的。形态上要求上涨，结果不涨；还有些是技术上要求涨，但该涨不涨；还有些是公布了预期的利好消息，基本面要求上涨，但股价不涨，这些都是出货的前兆。如图 18-1 所示。

3. 正道消息增多

正道的消息增多，就是报刊上电视台、广播电台里的消息多了，此时庄家通常准备出货。在上涨的过程中，报纸上一般见不到多少消息，但是如果正道的宣传开始增加，则说明庄家萌生退意，要出货。

4. 传言增多

投资者正在做着某只股票，突然有某位朋友给投资者传来某消息，之后又一位朋友也给投资者说某某消息，消息不断，这就是主力出货的前兆。

5. 放量不涨

不管在什么情况下，只要是放量不涨，投资者就基本可以确认此时是庄家出货了。

如果有了这些征兆，一旦出现了股价跌破关键价格的情况，不管成交量是不是已放大，投资者都应该考虑出货。因为对很多庄家来说，出货的早期是不需要成交量的。

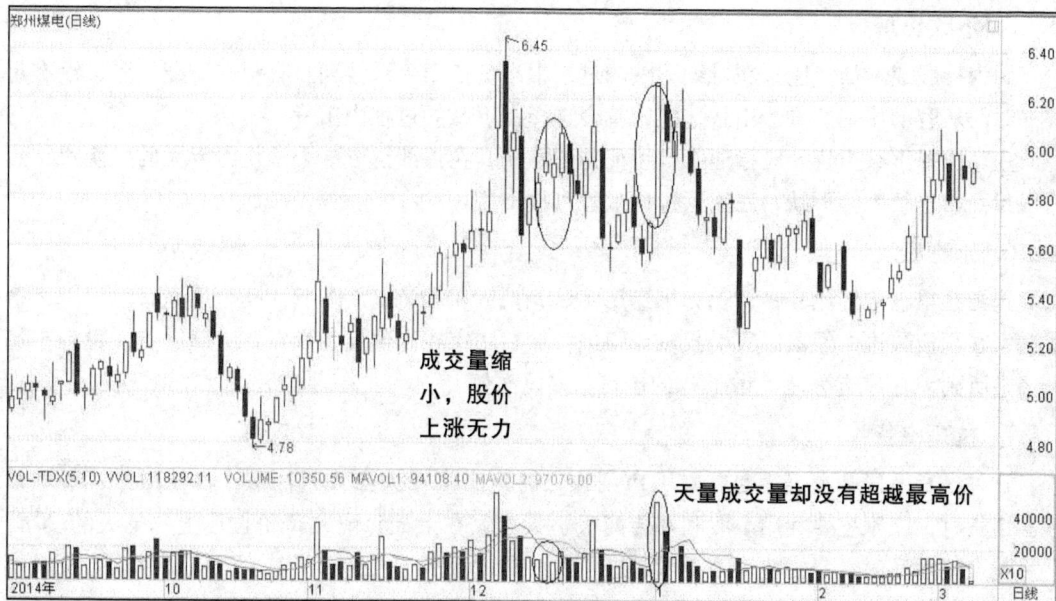

成交量缩
小，股价
上涨无力

天量成交量却没有超越最高价

图18-1　庄家出货

18.2　庄家的出货方式

庄家出货方式主要有以下 15 种。

1. 多卖少买

这是最常用的方式，比如，在抛出 19 900 股的同时买进 100 股，一般软件会统计成主动买入 20 000 股。

2. 高位派发

大资金出货需要时间，不像散户来去自由。因此，主力会在高位买盘正旺的时候就开始逐步派发筹码。这时候主力出货不一定会导致指数下跌，因为买盘众多，主力刚开始在高位温和地派发筹码时，大盘可能还会涨。指数开始暴跌的时候，其实主力已经出完了一部分筹码，正在集中抛售手中剩余的筹码。

3. 高位横盘出货

庄家将股价拉升至目标价位，然后在高位做平台整理，做出仍有进一步上涨的迹象，却暗中出掉手中筹码。这一般是在大市未见顶之时，强势股庄家惯用的出货方式。

高位横盘出货技术特征包括：庄家已经有可观的盈利；高位放量横盘；筹码分布高位密集。

4. 大幅砸低后出货

这就是盘中波动幅度较大，比如，某股目前价位 11 元，庄家会用较大的单砸到 10 元，然后股价再回复原状。造成买进的人拣了便宜，当天盘中再次将大单砸到 10 元时，先前的赚钱效应容易达到庄家出货的目的。

5. 下跌出货

因为持股成本低，庄家在持续下跌的过程中出货依旧可以盈利。有利空突袭，庄家没有足够的时间从容的用别的方法出货，庄家就会选择在下跌的过程中出货。

庄家选择下跌出货，股指通常毫无征兆的暴跌，在顶部留下一个杀伤力巨大的长阴线，然后股指开始连续大幅下跌，庄家通过这过程直接出货。

6. 先吃后吐

这招在早盘应用比较多，比如早盘用实盘先把股价拉高5%以上，成交量同时也跟上，造成庄家在积极买进的假象以吸引投资者跟进；然后庄家在高位反手做空，大肆派货。投资市场中经常听到"庄家有分歧不做了"的传言，多属次例。

7. 拉高出货

这种出货手段基本表现是，在大市到顶之时，庄家在大盘人气高涨，群情激昂，买气最盛。出货时，庄家主要利用个股利好传闻吸引买家，在上档每隔几个价位放上几笔大的卖单，然后趁人气鼎盛时，率先快速小批量买进，以此来刺激多头人气和买气，引诱跟风盘去抢上档卖单。在股价快速上涨的过程中，庄家不知不觉地已将筹码转换到中小投资者手中。如图18-2所示。

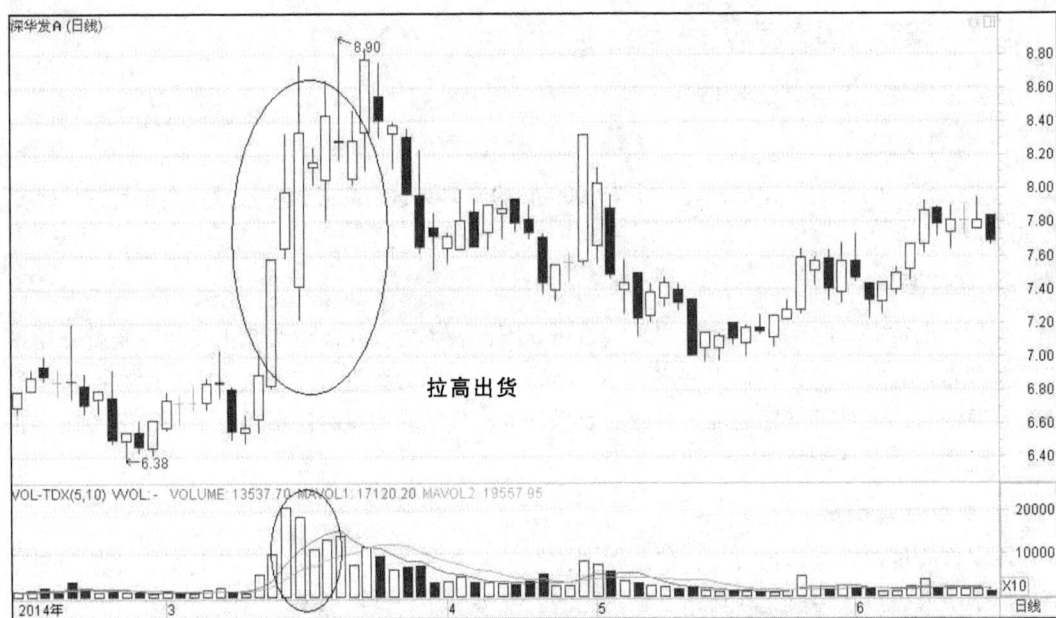

图18-2　拉高出货

8. 跌停板开盘出货

这种方法反映了庄家出货的坚决，其标志就是一开盘大单封跌停，并且其股价当天最终不能收上去。

9. 反弹出货

庄家集中出货导致股指持续大跌，然后庄家制造一个反弹，引诱抄底盘介入，之后庄家温和出货。

10. 震荡式出货

震荡式派发手法在K线上通常体现为较有规则的图形，比如三角形、双重顶、三重顶和头肩顶。

11. 边打边撤

这是一种出现在下降途中的出货方案。在这一过程中，散户投资者贪婪的心理，被控盘庄家充分了解。而后庄家使用各种形态的心理诱导，促使中小散户投资者不能摆脱对后市发展趋势的盲目幻想，沉迷在对后市反弹企稳甚至反转的"单相思"般的恶性循环心理状态。当这种情况持续一段时间，股价缓慢下跌一定的幅度后，庄家为了使已有股票的散户坚定信心，没有持股的人加入进来，庄家往往会转换多空角色采用各种形态，施展心理诱导的战术，反手做多，在整个战略做空的基础上战术性做多，重新套牢一批后继的跟风盘。这种方法通常有两种形式。

（1）主动攻击式边打边撤。从盘面上来看，庄家在推高股价后，成交量迟迟不能快速萎缩，盘中常常出现频繁向上对敲的买单，且股价中心逐步下移。虽然每天股价跌幅并不深，但从长时间的日K线来看，股价运行在阴跌的趋势或通道里，且内盘很小，外盘极大，股价涨幅和内外盘成交不成比例，均证明庄家在盘中通过对敲吸引跟风盘买进，从而达到自己出货的目的。

（2）被动式边打边撤。股价存在一定跌幅后，远离散户投资者已套牢的区域，庄家在相对低位于早盘大幅低开后，在买一、买二和买三上挂上极大的虚张声势的买单，然后在卖一上不断输出较小的卖单，使抢反弹的散户能够从容不迫地在低位上买到看似廉价的筹码。无论有多少买盘，总也买不完卖一上看似不大的卖单。但由于极大的买单，同时又维护了其他看空投资者的信心，使其误以为有人在低位吸货。由于股价总跌不破买一、买二和买三的价位，给人以铁底的感觉，这无疑进一步增加了持股者的信心，同时又引诱了新的跟风盘，只到尾市几分钟的时候，庄家才快速做高股价，这时逢高想出货的散户已经没有时间操作。已买进的散户，会为这建立在空中楼阁上的短暂利润而做上一夜的黄粱美梦。第二天早盘开盘，庄家以更低的价格大幅低开，套牢前一天的跟风盘，然后故技重演。

12. 打压出货

一般经常用在小盘绩差类个股上。这种出货方法表现为，股市大市走弱时，投资者信心受挫。轻易不追涨，庄家采取其他手法无法出脱手中筹码，只有向市场直接出脱筹码。

13. 涨停板出货

庄家利用涨停板出货有两种做法。如图18-3所示。

（1）在涨停板上不用大买单接盘，以免吃得更多，而是用对敲，分批买进上方自己的大抛盘，引诱投资者追涨，并不时对准下方的承接盘抛售。涨停板不时被打开，说明庄家出货意图强烈。2015年1月5日，中国石化放巨量涨停出货后，个股随后出现了下跌。

（2）庄家不断将自己的涨停板上的买单撤回往后排队，从表面上看来，涨停板上仍有巨额买单，成交量也很大，实际上，是庄家对着别人的买盘抛售。因此，高位涨停板之日，若成交量很大，往往是庄家出货所为。

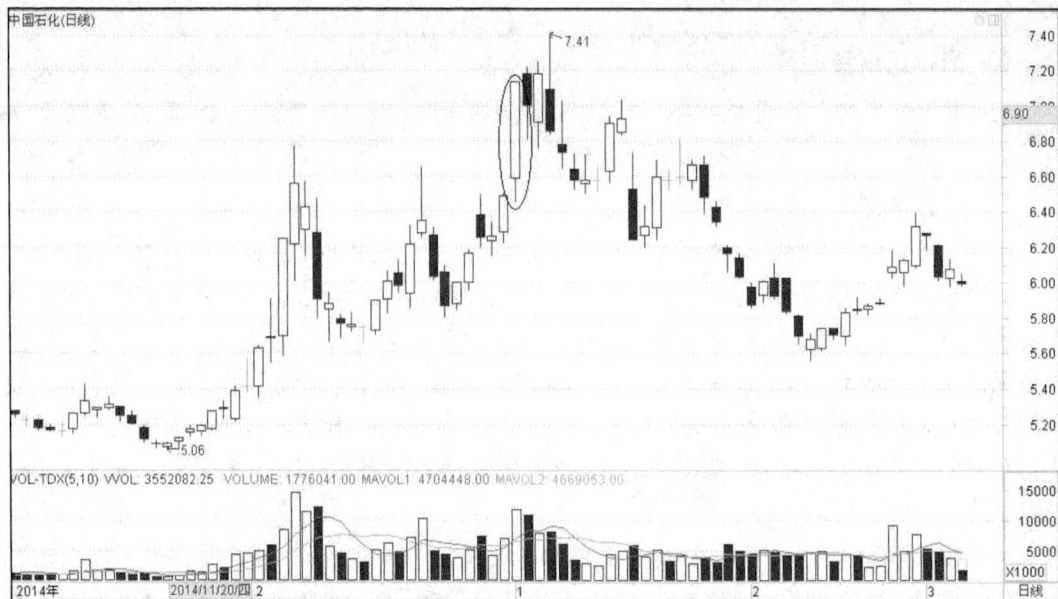

图18-3　涨停板出货

14. 低收高走出货

前天收盘前用较大的单将股价打到低位，而次日高开5%以上，如先吃后吐法一样，以达到吸引投资者入套的目的。

15. 边拉边出

这种庄家，一般心理压力颇大，他们的主要目的并不是在二级市场上获取太大的利润。可是由于目前股价距离主力成本太近，自己持仓又比较重；或者配股承销被套；或者增发承销；或上市承销被套，造成心理压力极大，多数庄家无心恋战，在持筹极重的情况下，又想全身而退，才不得不采取一边做高股价以吸引跟风盘一边出货。这种庄家被套的筹码其需要向上拉升的空间需要更大。并且伴随着很多媒体大张旗鼓地宣传。从盘面上观察，股价在上涨的过程中，一直存在做空的动能，但做多的动能要更胜一筹。股价在上涨的过程中，时常出现这种情况：在股价拉升途中，往往出现下跌时成交量抛单比较集中而且持续。从盘面成交量来看，下跌时成交量能相对逐步放大。随后突然出现买单，买单更加集中，也很持续，股价迅速走高，成交量能更大。总体给人的感觉好像是两个旗鼓相当，实力不分伯仲的多空庄家在进行对抗赛。其实际操作机理是主力在跟风盘旺盛的时候抛出一批筹码，再趁上抛压较轻的时候抓紧战机做高股价，以稳定长期投资者的持股信心，继续吸引后继跟风盘。周而复始，循环拉升，在股价拉升到剩余筹码足够的派发空间时，做多动能突然消失，荡然无存，股价进入横盘或下跌阶段，成交量也开始萎缩得很小，使很多投资者误以为庄家仍在套中，不能出局，从而产生麻痹大意的心理。庄家所余筹码此时所剩无几，慢慢震荡派发。

18.3　庄家出货的盘面特征

庄家出货时的盘面特征主要有如下十个方面。

1. 在高位出现连续6~9日小红或小黑或十字线及较长上影线，代表高位向下，再追意愿已不足，久盘必跌。

2. 股价暴涨后无法再创新高，虽有两三次涨跌，大盘较有下跌的可能。

3. 在高价区域出现连续 3 日巨量长阴线代表大盘将反多为空，投资者可先卖出手中持股。

4. 在高位出现倒 N 字形股价走势及倒 W 字形（M 头）的股价走势，大盘将反转下跌。

5. 股价跌破底价支撑线之后，若股价连续数日跌破上升趋势线，显示股价将继续下跌。

6. 依据艾略特波浪理论分析，股价自低位开始大幅上涨，比如，第一波股价指数由 2 500 点上涨至 3 000 点，第二波由 3 000 点上涨至 4 000 点，第三波主升段 4 000 点直奔 5 000 点，短期目标已达成，若至 5 000 点后涨不上去，无法再创新高时可卖出手中持股。

7. 股价在高位持续上升，当资金消耗达到天量时，有可能达到头部，应先卖出。

8. 股价在经过某一波段下跌之后，进入盘整，若久盘不涨而且继续下跌时，可迅速抛出手中持股。

9. 短期移动平均线下跌，长期移动平均线上涨交叉时，一般称为死亡交叉，此时可先抛出手中持股以观望为好。

10. 多头市场时，RSI 已达 90 以上为超买，投资者可考虑卖出手中持股；空头市场时，RSI 达 50 左右即应卖出。

18.4 洗盘与出货有何不同

散户在股票投资中，由于资金与条件的限制，无法像庄家一样在股市中畅游，但跟着庄家顺势而为，不失为一种比较好的投资策略。在股市中，与"庄"共舞，不但能增加自己的投资收益，而且能提高自己的投资水平。但许多投资者在与"庄"共舞的过程中，时常会成被庄家抛弃或成为庄家的牺牲品，要么从黑马上匆匆下马，要么高位套牢，这就要求投资者在参与庄股的炒作中，要准确区分庄家的洗盘与出货有何不同。

股票庄家洗盘的目的是尽量把心态不坚定的跟风盘甩掉；庄家出货的目的是尽量吸引买盘，通过各种手段稳定其他持股者的信心，而自己却在尽量高的价位上派发手中尽量多的股票。

区分两者是十分关键的，这直接关系到投资者在这只股票上的获利率。但在实际操作中，许多投资者却把庄家的洗盘当出货；出货当洗盘，结果卖出的股票一路狂升，死捂住的股票却一跌再跌，深度被套。以至于投资者除了经济上受到损失外，投资心态也被破坏。

庄家出货与洗盘的区别一般有以下 11 个方面。

1. 盘口方面：庄家出货时在卖盘上是不会挂大卖单的，下方买单反而大，显示委比较大。造成买盘多的假象；或下方也无大买单，但上方某价位却有"吃"不完的货；或成交明细中常有大卖单卖出而买单却很弱，导致价位下沉无法上行。

庄家洗盘时在卖盘上挂有大卖单，造成卖盘多的假象。若庄家对敲下挫时是分不清洗盘或出货的，但在关键价位，卖盘很大而买盘虽不多却买入（成交）速度很快，笔数很多，股价却不再下挫，多为洗盘。

2. 成交量：洗盘时成交量萎缩，出货时放大。如图 18-4 所示。

3. 均线发散趋势：洗盘时仍然呈向上发散的趋势，多头排列不变；出货时已被破坏，或者开始向下。

图 18-4 洗盘与出货

4. K 线形态方面：从日 K 线形态上分析庄家是出货还是洗盘更为关键。庄家洗盘仅是想甩掉不坚定的跟风盘，并不是要吓跑所有的人，否则庄就要去买更多的筹码了。其必须让一部分坚定者仍然看好此股，仍然跟随它，帮它锁定筹码。所以其在洗盘时，某些关键价是不会跌穿的，这些价位往往是上次洗盘的起始位置，这是由于上次已洗过盘的价位不需再洗，即不让上次被震出去的人有空头回补的价差。这就使 K 线形态有十分明显的分层现象。

而庄家出货则以力图卖出手中大量的股票为第一目的，所以关键位是不会守护的。这会导致 K 线价位失控，毫无层次可言，一味下跌。

5. 是否控盘：洗盘一般在中低价区无有效突破 10 日均线，在中高价区无有效突破 20 日均线（或者 30）日均线；出货一般会迅速下破 5 日、10 日等短期均线，且在高位出现死叉。

6. 日 K 线是否连接（大）阴线：洗盘一般不会，顶多拉两三根中（小）阴线；出货时经常连拉中（大）阴线。

7. 震荡幅度：洗盘一般较小，出货一般较大。

8. 重心方面：重心是否下移是判别洗盘与出货的显著标志。庄家的洗盘是把图形做的难看，但并不想让其他人买到便宜货，所以日 K 线无论收乌云线、大阴线、长上影、十字星等，或连续四五根阴线甚至更多，其重心始终都不会下移，即价位始终保持。

而庄家的出货虽有时会把图做得好看些，有许多收阳，但重心却在一直下移。

9. 庄家获利空间：洗盘一般小于 20%，出货一般大于 50%，甚至 100%。

10. 当天外盘和内盘成交量比：洗盘内外盘成交差不多，出货时一般内盘大于外盘，且常有大卖单出现。

11. 均线上攻的斜率及喇叭口发散程度：洗盘时上攻的斜率不是很陡，喇叭口刚发散；出货时上攻斜率大于 45 度，喇叭口发散程度放大。

第 7 篇

选股的基本技巧

第19章　新股民选股的八大策略

炒股小词典

价值投资——是指一种常见的投资方式，专门寻找价格低估的证券。不同于成长型投资者，价值型投资者偏好本益比、账面价值或其他价值衡量基准偏低的股票。

涨停板——证券市场中交易当天股价的最高限度称为涨停板，涨停板时的股价叫涨停板价。一般来说，开市即封涨停的股票，势头较猛，只要当天涨停板不被打开，第二日仍然有上冲动力，尾盘突然拉至涨停的股票，庄家有在第二日出货或骗线的嫌疑，应小心。

19.1　基本面选股

1. 基本面选股的技巧

基本面选股的技巧有如下七条。

（1）看过去3年财报，净利润年均复合增长率在25%以上，越高越好。

（2）利用基本面选股要对宏观经济、行业和公司基本情况进行分析，包括公司经营理念策略、公司报表等方面。投资者要注意主营业务收入和主营业务利润也要同比增长，最好低于净利润的增长。

（3）预见这种增长在未来（至少3年）仍然可以保持。

（4）基本面选股时，该公司最好是行业的龙头，有很好很新的产品或服务，而且其市场容量足够大。

（5）公司管理层应具有开拓创新的企业家精神并持有自己公司的股票。

（6）该公司的股票至少由2~3家市场公认业绩优秀的机构投资者持有。

（7）注意公司季报流通股东十大股东的动态变化情况，以便对机构建仓的成本能一目了然。尽管反应滞后，对于提示中长期走势意义显而易见。

2. 基本面选股的要素

新股民在通过基本面选股时应注意以下七个要素。

（1）最好是新股：上市时间一年以内（公司基本面近期发生了根本性的改变也作为新股的延伸）。

（2）行业要好：一定要处于朝阳行业，而且是发展空间巨大的行业，否则不看。

（3）行业中的地位要强：一定要是具有核心竞争力的、具备一定话语权的绝对的行业龙头。

（4）要有确定的成长性：可以预见未来几年的复合增长率在30%以上。

（5）"双率"要低：市盈率（静态）超过30倍、市净率超过5倍的股票，原则上都要回避。

（6）股本要小：总股本超两亿，流通股本超一亿的原则上都不要选。

（7）公司的稀缺性：在两市中可比的公司少，最好是两市中的"唯一"。

3. 基本面选股的三大原则

（1）选择行业龙头股

龙头股指的是某一时期在股票市场的炒作中对同行业板块的其他股票具有影响力和号召力的股票，它的涨跌往往对其他同行业板块股票的涨跌起引导和示范作用。

行业龙头上市公司作为本行业最具代表性和成长性的企业，其投资价值往往会远远超过同行业其他企业。因此，抓住行业龙头也就抓住了行业未来的大牛股。

龙头股的走势往往具有"先于大盘企稳，先于大盘启动，先于大盘放量"的特性。在一轮行情中，龙头股涨得快跌得少，它通常有大资金介入的背景，有实质性题材或业绩提升为依托，安全系数和可操作性均远高于板块内其他股票。因此，无论是短线投资者还是中长线投资投资者，如果能适时抓住龙头股，都能获得不错的收益。

（2）选择价值低估股

市场上有相当一部分股票其内在价值相对于目前股价处于低估状态。聪明的投资者总是善于以低于上市公司内在价值的价格购买股票。

选股时可从两方面来分析，一是从目前行业运行状况和企业盈利状况分析，判定该行业整体估值偏低。因此除了选择价值低估的个股，资产额较大的投资者，还应关注整体价值低估的行业和板块。对于在整个市场中估值明显偏低的行业，投资者应加大对该行业的资金配置，一般中长期都可以获得较好回报。投资者不仅要看估值的高低，还要着眼于企业或行业未来的发展。

（3）选择政策支持股

国家政策对股市的运行有重大的影响，受到国家政策支持的行业，更容易得到市场认同。例如，能源、通信等公用事业和基础工业就受国家特殊保护，发展稳定，前景看好，投资者应当予以关注。再比如，金融业目前在我国尚属一个政府管制较严的行业，投资金融企业就整体而言能获取高于社会平均利润率的利润。

19.2 技术面选股的技巧

投资者在运用技术面选股时应关注以下四个方面。

1. K 线形态

（1）股票 K 线形态形成上升通道。以收盘价为准，用画线功能，把近期各高点连成一条直线，同时把近期各低点也连成一条直线，这两根直线都是从左到右向上延伸的。对于这样的股票，投资者可在股价往低点回落时买入，一般来说，还要涨到比上一个高点更高的价位，赚钱的可能性很大。

（2）股票 K 线呈现上升三角形的形态。同样，以收盘价为准，用画线功能，把近期各高点连成一条直线，同时把近期各低点也连成一条直线，高点连线大体上是水平的，而低点连线是上升的。对于这样的股票，投资者可在股价往低点回落时买入，一般来说，仍能涨到上一个高点附近，赚钱可能性也很大。由于上轨线是水平直线，下轨线是上升直线，两线逐渐靠近，高点与低点之间的差价逐渐减少，但因为一底比一底高，说明大家都看好此股，不等跌到前期低点就抢筹买入，此股票突破上轨线的概率就很高，确认突破（不能只是盘中突破，而是收盘价突破）后回抽时买入，往往会加速上行，仍能挣到一笔。

2. 均线形态

均线多头排列，代表的是多方进攻的力量，代表的是多方启动行情的趋势如图 19-1 所示。在均线多头排列初期，及时地介入中线成长价值的牛股，会获得极大的收益。利用均线多头排列选股，成功率比较高，但要注意千万别选到涨到末端、涨到头的个股，注意其涨幅以及主力是否还在其中。均线多头排列的个股一般都是业绩优良的蓝筹股，因此大家要注意对个股业绩进行分析。

图 19-1　均线多头排列

用均线多头排列挑中线牛股时，投资者也要区分慢牛股和快牛股。一般来说，基础建设类或周期行业类个股如公路、机场、港口等均属于慢牛股类型，而成长型行业的个股，特别是受商品价格变化波动影响比较大的个股一旦形成底部横盘爆发后的均线多头排列，就很容易成为快牛股！

3. 量价配合

投资者需要知道的是，不能机械地套用"价升量增，价跌量减"的公式。在不同阶段，量价配合的表现是不同的。庄家吸筹阶段的有庄股及无庄股，一般是"价升量增，价跌量减"，因为庄家要掩盖其吸筹行为。而在庄家洗盘阶段，量会逐渐减少，因为浮筹越洗越少，股票会往庄家手里集中，成交量也就逐渐减少。在起始拉升阶段，会放巨量，因为庄家要把套牢盘和获利盘都吃掉，但在拉高后继续上升，或高位震荡时，成交量又会减少，因为此时筹码高度集中在庄家手里，股价为庄家所控制，无论继续拉高或打压，都不再需要很多筹码了。而到庄家出货阶段，因大量抛出，成交量又放大。

散户应仔细分析股价和成交量之间的关系，在适当的时机买入，如起始拉升时、震荡洗盘股价落到低位时。

4. 技术指标选股

技术指标有几百种，任何单一技术指标都有它的局限性，所以选股需要多种指标互相印证。例如，MACD 是最简单的指标，但股价在筑底阶段会反复出现金叉死叉，怎么办？这时我们可以用周线图去观察它的趋势，这样可以过滤掉许多无效波动的扰乱，减少操作次数，做到心中有数（顶部也是如此）。只有那些想吃到最底和最顶的人才会守着日线抱怨指标不准。

有了价的指标还远远不够，需要用量的指标来进行二次筛选。散户线、脑电波、筹码分布图、换手率等，都非常重要。

然后再从个股基本面做第三次筛选，如人均持股数、每股经营现金净流量、主营业务利润率等，都是非常有用的。

最后，如果选出的股票其中有些因为指标提示不理想，那就把它排除，不要受别人意见的影响，也不要受它未来走势的影响而怀疑自己的选股思路。

19.3　从涨幅榜中选股

进入涨幅榜的股票，最终演变成持续上涨牛股的概率相对较大，在涨幅榜中选牛股，往往能起到事半功倍的效果。投资者在从涨幅榜中选牛股时应注意以下三个方面。

1. 研判涨幅榜上个股迅速上涨的原因

对于刺激股价迅速扬升的各种传闻、消息、题材等，投资者要具体情况具体对待。对于受到朦胧利好消息刺激的个股，在消息没有兑现前，投资者可以积极介入，一旦消息兑现，则需要根据消息的具体内容另行分析。在大多数情况下，受消息影响而上涨的个股，由于缺乏必要的主力资金建仓的过程，往往持续性不强，缺乏可操作性和获利空间。而且，主力资金在出货阶段，常常会引用利好消息来吸引投资者的买盘，从而达到顺利出货的目的。因此，对于单纯受消息影响而进入涨幅榜的个股，投资者介入时要谨慎选择。

2. 研判涨幅榜上个股是否属于当前热点

研判涨幅榜上个股是否属于当前热点的方法有两种。一种方法是看该股是否属于市场热门的板块。如果该股属于热门板块中一员，那么就表明该股的上涨符合市场热点的潮流，投资者可以积极关注。

另一种方法是看涨幅榜上有没有与该股同属于一个板块的个股。有时候，市场中会崛起新的热点，它和以前的热点截然不同。这时，投资者需要观察涨幅榜中与该股同属于一个板块的个股有多少。如果在涨幅前30名中，有10只左右是同一板块中的个股，就表示该股属于市场中新崛起的热点，投资者也可以重点关注。至于同一板块具体需要多少只个股名列涨幅榜，才能算是新崛起的热门板块，这需要根据其板块容量来定。有些板块容量较大，可以适当提高标准；但有些板块容量较小，很难有10家同时上涨幅榜的，这时投资者就不能生搬硬套了。

3. 分析涨幅榜上个股是否曾有量能积聚过程

股市中资金的运动决定了个股的本质，资金的有效介入是推动股价上升的原动力，涨幅榜上的个股在未来时期是否能继续保持强势，在很大程度上与之前的资金介入状况有紧密联系。热点板块的量能积聚过程非常重要，只有在增量资金充分介入的情况下，热点行情才具有持续性。

对于符合上述三种条件的个股，投资者宜重点关注，择机买入，往往就会有不菲的收益。

19.4 在牛市行情中选股

1. 认识牛市

所谓"牛市"，也称多头市场，指证券市场行情普遍看涨，延续时间较长的大升市。

一般来说，牛市可分为以下三个不同时期，如图 19-2 所示。

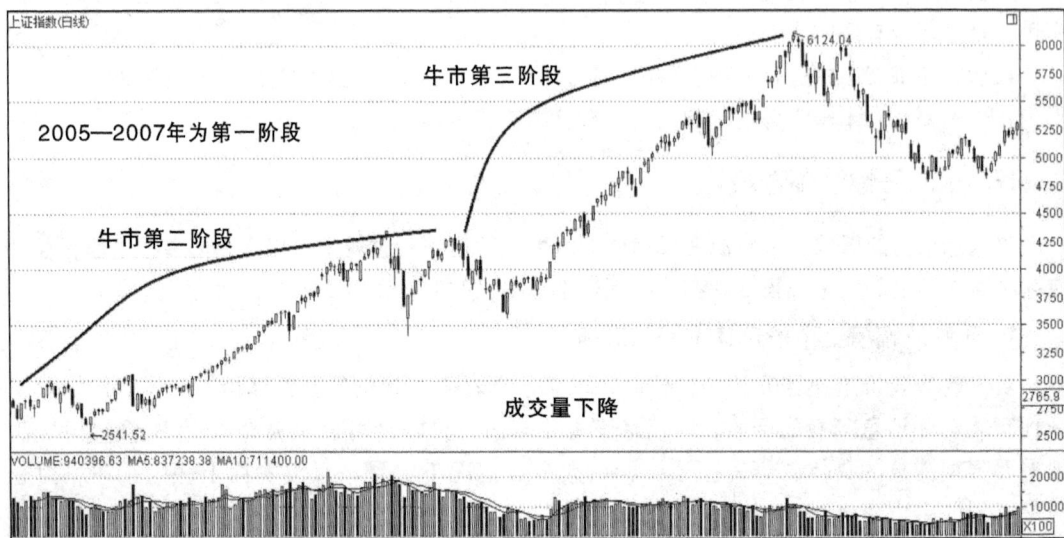

图 19-2　牛市的三个阶段

（1）牛市第一期

牛市第一期往往是在市场最悲观的情况下出现的。大部分投资者对市场心灰意冷，即使市场出现好消息也无动于衷，很多人开始不计成本地抛出所有的股票。有远见的投资者则会通过对各类经济指标和形势的分析，预期市场情况即将发生变化，开始逐步选择优质股买入。经过一段时间后，市场成交逐渐出现微量回升，许多股票已从盲目的抛售者手中流到理性投资者手中。市场在回升过程中偶有回落，但每一次回落的低点都比上一次高，于是会吸引新的投资者入市，整个市场交投开始活跃。这时候，上市公司的经营状况和公司业绩开始好转，盈利增加引起更多投资者的注意，进一步激起人们入市的兴趣。

（2）牛市第二期

这时市况虽然明显好转，但熊市的惨跌使投资者心有余悸。市场出现一种非升非跌的僵持局面，但总的来说大市基调良好，股价力图上升。此段时间可维持数月甚至超过一年，这主要视上次熊市造成的心理打击的严重程度而定。

（3）牛市第三期

经过一段时间的徘徊后，股市成交量不断增加，越来越多的投资者进入市场。大市的每次回落不但不会使投资者退出市场，反而会吸引更多的投资者加入。市场情绪高涨，充满乐观气氛。此外，公司利好的新闻也不断传出，如盈利倍增、收购合并等。上市公司也趁机大举集资，或送红股或将股票拆细，以吸引中小投资者。在这一阶段的末期，市场投机气氛极浓，即使出现坏消息也会被作为投机热点炒作，变为利好消息。垃圾股、冷门股股价均有大幅度上涨，而一些稳健的优质股反而被漠视。同时，炒股热浪会席卷社会各个角落，各行各业、男女老幼均加入了炒股大军。当这种情况达到某个极点时，市场就会出现转折。

2. 牛市短线选股的"三高"理论

（1）涨幅要高。起步于超跌反弹，即刻发动强势的股票也有，但那毕竟是少数。绝大部分股票发动，起步于较好的技术状态，经历了由缓涨到加速的过程。大部分投资者都希望做到吃最美的一段，所谓"富贵险中求"，进入加速度的一段，必然是一般人都认为"险境"的地方，即涨幅已高的时候。涨幅高包括三层互不矛盾的意思：一是绝对涨幅要高，如果股价从底部启动50%以上，进入主升浪应是顺理成章；二是实现阶段突破，能够成功突破前一顶部的股票理当看好，不能突破或在前一顶部下逡巡，有无功而返的可能；三是创新高，股价创历史新高，说明价值重新发现，价格重新定位，在成交正常的情况下，理应看高一线。

（2）主力资金介入程度要高。并非庄股就好，关键是散户的地位。而主力资金多半研究实力雄厚，其敢于重仓介入的股票，前景看好；散户无法研究公司的基本面，但可以通过 K 线研究主流资金的进驻程度。主力浅尝辄止的，我们放弃；主力实力弱小的，我们观赏；主力实力非凡、大举入驻的，才是我们重仓参与的对象。当然，主力资金介入程度高与控庄股要有区别，如果主力已经将股票做成了新庄股，那么就说明风险已经大于收益，回避为上。

（3）板块呼应度要高。在价值投资理念下，主力资金已经从个股挖掘转向行业控掘。有板块呼应度的股票，就说明该行业发展前景较好，属当然热点或潜在热点，有发展潜力。即便是临时性热点，板块呼应度高的特点也决定了被套的可能不大，因为热点的反复表现，会多次创造解套获利的机会。

3. 牛市选股的方法和技巧

（1）牛市选股要重势

所谓"涨时重势，跌时重质"，牛市中选股要重视三大效应：板块效应、资金效应、题材效应，要选择上涨趋势明显的强势股和龙头股。

在牛市的初期，绝大多数股票都会轮番上涨，但是，随着行情的进一步深化，强势股就会逐渐脱颖而出，持有强势股的投资者的收益也会超越大盘的涨幅。

对于强势股的投资有两种方法：一种是在涨升行情初期根据板块、资金、题材三大效应进行选择；另一种是如果在行情初期选股不当，也可以在涨升中期针对逐渐明朗化的强势股进行换股操作。

（2）牛市要紧跟热点

热点个股的崛起往往是意料之外，情理之中；牛市行情的热点将始终围绕着某条行情的主线；符合这条主线的个股，往往维持着强者恒强；而不符合这条主线的个股，往往表现出弱者愈弱的马太效应。因此寻找每一波行情的主线热点就显得尤为重要。

（3）在找准热点的基础上精选个股

选股时，要选择有主流资金介入的个股，特别需要投资者注意的是，这些主流资金应该是市场中的新增资金，对于一些长期被套的或入驻时间过长的老资金控盘个股，则要坚决回避。因为在行情启动初期中，有新的大型资金介入的股票，其涨升的速度往往会超越大盘，从而为买入这类股票的投资者带来丰厚利润。

4. 牛市选股思路

（1）龙头股

投资龙头股的方法就是在操作中强调快速跟进，炒龙头股的原则就是要"敢为人所不敢为"，当多数人不敢追涨的时候，你要敢追；当多数人敢于追涨的时候，你要善于"撤"。

（2）大盘蓝筹股

投资大盘蓝筹股的最佳方法有四步：一是看行业代表性；二是看业绩与成长性；三是看蓝筹股的投机价值，要知道仅仅看投资价值是片面的；最后就是看注意把握投资的时机。

（3）新股与次新股

在对新股的投资中有一种规律：越是被大多数投资者看好的新股、次新股，越不容易成为黑马；相反，适当的股本规模、概念一般的新股，往往蕴含着较好的投资机会。从新股上市的绝对价格分析，投资者可以重点关注价格较低和上市定位偏低的股票，这类新股容易引起市场资金的关注与共鸣。

（4）异动股

异动股是指与大盘走势不同的另类个股，如大盘跌，异动股逆市飘红；大盘涨，异动股却走出自己的独立行情。异动股属于特殊个股，或量异动，或价异动，而只要是黑马股，必然要经过"异动"这一环节。个股的异动表现各式各样，如低开拉长阳的异动股往往有较好的机会。炒这类股的关键是不能选那些前期已经被过度热炒过的股票，只能选有新资金入驻的个股。

另外，决定上市公司股价的内因是企业的内在价值，有价值的股票自然会对各路市场资金产生吸引力。但决定股价能否上涨还需要外因。有价值的股票并不表示能立即上涨，有时需要长时间的等待。炒股不能仅仅关注内因，更要关注外因，而概念就是个股出现强势行情的最重要外因。中国股市自诞生以来，个股的强势行情都需要概念的催化。

因此投资者在选股的过程中不仅要重视内因，更要重视外因。

19.5 在熊市行情中选股

1. 认识熊市

熊市也叫空头市场。当部分投资者开始恐慌，纷纷卖出手中持股，保持空仓观望时，空方在市场中是占主导地位的，做多（看好后市）氛围严重不足，一般就称为空头市场。

在技术图形上，空头市场中均线系统往往会向下发散，形成空头排列，在这个时候，市场中弥漫着浓厚的空头气氛。

一般来说，熊市可分为以下三个不同时期，如图19-3所示。

（1）熊市第一期

（顶部阶段）其初段就是牛市第三期的末段，往往出现在市场投资气氛最高涨的情况下，这时市场绝对乐观，投资者对后市变化完全没有戒心。市场上真真假假的各种利好消息到处都是，公司的业绩和盈利达到不正常的高峰。不少企业在这段时期内加速扩张，收购合并的消息频传。正当绝大多数投资者疯狂沉迷于股市升势时，少数明智的投资者和个别投资大户已开始将资金逐步撤离或处于观望。因此，市场的交投虽然十分炽热，但已有逐渐降温的迹象。这时如果股价再进一步攀升，成交量却不能同步跟上的话，大跌就可能出现。在这个时期，当股价

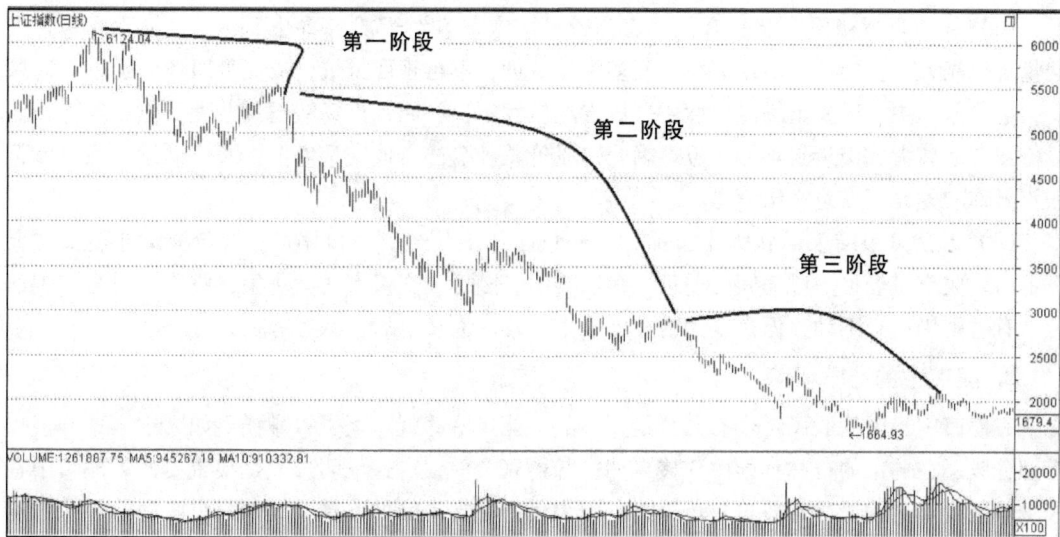

图 19-3　熊市的三个阶段

下跌时，许多人仍然认为这种下跌只是上升过程中的回调。其实，这是股市大跌的开始。

（2）熊市第二期

这个时期是以投资者情绪的突然变化为标志的，从乐观、信任市场到市场遭受迎头痛击而恐惧。有一天，投资者醒来大为震惊，原来市场上演的是"皇帝的新装"。真实的基本商业环境并没有成功地确认先前所希望的事件，实际上，基本面已经出了一些问题。而"聪明资金"的多头已经离场，持股的投资者希望破灭，剩下的投资者没一个再买进。股票价格令人震撼般地下跌一段空间后，恐惧很快取代了贪婪，恐慌的情绪会不断蔓延到整个市场。由于不懂世故的投资者尖声叫喊着："任何价格都可以，我要离开！"这导致成交量放大。当价格下跌太快时，精明的专业交易商乐意买进价格大幅下跌的股票，当然，最好可以预期该股未来会反弹，然而，这仅仅是快速下跌中的一小段。在大经济方面，这一期为企业盈利衰退期；在投资行为方面，这一期为悲观期，经济的病症与企业病症已开始显现，从而引发新一轮的股票抛售。

（3）熊市第三期

（底部阶段）在熊市第三期中，股价持续下跌，但跌势没有加剧，由于那些质量较差的股票已经在第一、第二期跌得差不多了，再跌的可能性已经不大，而这时由于市场信心崩溃，下跌的股票集中在业绩一向良好的蓝筹股和优质股上。这一阶段正好与牛市第一阶段的初段相吻合，有远见且理智的投资者会认为这是最佳的吸纳机会，这时购入低价优质股，待大市回升后可获得丰厚回报。

一般来说，熊市经历的时间要比牛市短，只是牛市的 1/3～1/2。不过每个熊市的具体时间都不相同，因市场和经济环境的差异会有较大的区别。

2. 熊市成交量特征

（1）熊市最大特征，就是股价下跌导致接手不积极，成交量随股价创新低价而萎缩。在下跌行情的次级行情里，成交量若无法再萎缩，股价就容易出现反弹。如此一段一段地下跌，出现新低价，小成交量亦有创新纪录，直至成交量无法再萎缩，原始下跌行情就结束。

（2）熊市行情初段，投资者仍怀念高价，多空双方对于股价看法不一致，换手积极，成交量自然庞大，直到某日出现大跌，使多头受重创，不再正面抵抗，成交量即随股价下跌而减少，显然地，主力试探市场需求性后，放出的份额不再补回，市场缺乏调节性，交易停滞，而股价却在远离大成交量聚集的价位。因此，股价跌破盘档，成交量增加，股价继续下跌，就是熊市来临的先兆，亦是卖出信号。

（3）原始熊市结束而转为牛市前，成交量会放出信号。熊市尾声，股价波动小，买方皆已退出，成交量经过一段期间的整理，多已萎缩，随后成交量有放大迹象，股价有时会立刻回升，有时则仍沉寂不动，但是扇火的种子已生，几次大换手后，涨势势在必行。

3. 熊市中的选股策略

在熊市中投资的股民十个有九个是要亏的，能少亏些就算赢了，赚钱更如火中取栗。但仍有部分股民在弱市的枪林弹雨中穿梭自如，赚得真金白银。这证明选股是很重要的。熊市中选股的难度要远远大于牛市及盘整市道时，因为大盘是在不断的下跌，大部分个股的走势也是逐级向下，只有极少数个股逆势上扬。要从众多个股中挑选熊市中的牛股，这有点儿像大海捞针，没有一定选股知识的非专业投资者最好还是知难而退。虽然在熊市中选股难度很大，但还是有一些方法可循的。

（1）坚持价值投资，做有业绩持续增长的股票没有前途的股票。要做好基本面分析和经济分析。符合国家的政策导向的股票一般比较有爆发力。

（2）要做趋势向上的，并且有成交量的配合，没有成交量什么股票都很难涨。趋势向上体现在 K 线上就是要做顶在顶上的股票——K 线一个底部比一个底部抬高的股票，逢底买进，逢高卖出。

（3）选择基本面情况发生重大变化，业绩有望突生的个股，这类个股，无论是在牛市还是在熊市，都是受追捧的对象。由于基本面发生了重大好转，必然或早晚都会反映到股市上。当然投资者还要注意买入时机，不要等到涨得很高时才买。

（4）选择具有长期良好发展前景的个股。具有良好发展前景的公司，是大多数人选股时追求的目标。这类公司经营稳健，发展前景光明，为许多人所看好，在牛市中股价可能高高在上，业绩被提前透支。然而在熊市中则可能随大盘大幅下跌，为投资者提供了绝好的买入机会。当然，选择这类个股应立足于中长线，不能指望短期内即获高额利润。

（5）选择具有丰富题材的个股，例如，拥有实施高比例送转题材的次新小盘股。

（6）通过技术指标选股时，不能仅仅选择日线指标探底成功的股票，而要重点选择日线指标和周线指标、月线指标同步探底成功的股票，这类个股构筑的底部往往都是历史性的底部。

（7）从成交量分析，股价见底前夕，成交量往往持续低迷，在大势走稳之际，则要根据盘面的变化，选择成交量温和放大的活跃品种。

（8）从形态上分析，在底部区域要选择长期低迷、底部形态构筑时间长、形态明朗的个股。

（9）从个股动向分析，大盘处于底部区域时，要特别关注个股中的先行指标，对于先于大盘企稳、先于大盘启动、先于大盘放量的个股要密切跟踪观察，未来行情中的主流热点往往在这类股票中崛起。

（10）选择主力机构介入的个股。股市中的主力机构实力强大，非一般中小投资者可比，但是它们也有进出不灵活的弱点，一旦介入一只个股，就要持有较长时间，尤其在熊市当中，除非认输割肉出局，否则就要利用每次反弹的机会，伺机拉升个股。中小散户只要介入时机合适，成本在主力之下持平，并且不要贪恋过高的利润。则获利概率还是很大的。

（11）选择在熊市后期超跌的个股。股市中一些个股总体跌幅已深，下跌空间已经有限，已经跌无可跌。即使大盘继续下跌，这种个股也会提前止跌，率先反弹。

（12）记住股神巴菲特的投资法则，坚持长期投资，树立属于自己的投资观念与原则。

19.6 开盘5分钟和开盘15分钟时选股

1. 开盘前5分钟选股法

具体操作步骤如下。

（1）在9：25集合竞价完成后，开盘价一开出，立即翻量比榜或涨幅榜，个股会按从大到小排序。

（2）选择只有卖盘，没有买盘，而且卖盘很多，卖盘越大越好，却是高开的个股加入自选，平开的也可，但不要选低开的。

（3）迅速查看所选个股的信息地雷、F10资料，以及快速翻看各周期下的K线，看是否具有攻击力，一定要注意股价所处的位置。

（4）将满意的紧密跟踪

这种方法一般能选出当天涨幅不错的个股。尤其是在下跌末期，投资者更容易选出当天涨停的个股。但个性犹豫的投资者不适合用这种方法，短线经验不足的不适合用这种方法，盘感及盘口技术不足的不适合用这种方法。

有兴趣的可以坚持每个交易日选一遍，发现符合条件的个股就加入到一个自建板块，紧密跟踪3天。这盘口并不是每个交易日都会出现，有时候出的多一些，有时候几天见不到一次。

2. 开盘15分钟选股法

在每日正式开盘前，通过集合竞价开盘来浏览大盘和个股，这是一天中最宝贵的时间，也是捕捉当日黑马的最佳时刻。

因为通过观察大盘开盘的情况（是高开还是低开），投资者能发现个股是怎样开盘的及庄家的动向是怎样的。重要的是，投资者在这短短的时间内要做出迅速反应，以捕捉当天的黑马。具体方法如下。

（1）在开盘前，将通过各种渠道得来的可能上涨的个股输入电脑的自选股里，进行严密监视（如三大证券报上每天所推荐的个股）。

（2）在开盘价出来后，判断大盘当日的走势，如果没有问题，开始筛选个股。

（3）快速浏览个股，从中选出首笔量大，量比大（越大越好）的个股，并记下代码。

（4）快速浏览这些个股的日（周）K线等技术指标，并做出评价，再复选出技术上支持上涨的个股。

（5）开盘成交时，紧盯以上有潜力的个股，如果成交量连续放大，且量比也大，观察卖一、卖二、卖三挂出的单子是否都是三四位数的大单。

（6）如果该股有连续大单上攻，投资者应立即打入比卖三价格更高的买入价（有优先买入权，且通常比你出的价低些而成交）。

（7）在一般情况下，股价开盘上冲10多分钟后都有回档的时候，此时要看准个股买入。

（8）如果经验不足，那么在开盘10～15分钟后，综合各种因素，买入具备以上条件的个股，则更安全。

19.7　短线选股

短线操作是股市高手的游戏，要求股市知识功底深厚、深谙庄家操盘手法、心理素质上佳，更重要的一点是，要有时间时刻关注庄家的一举一动。

1. 短线选股基本原则

（1）趋势原则

在准备买入股票之前，首先应对大盘、个股的运行趋势有个明确的判断，然后根据趋势选短线股。一般来说，绝大多数股票都会随大盘趋势运行。大盘处于上升趋势时买入股票较易获利。除了大盘趋势，所选的短线股票也应是处于上升趋势的股票，最好是强势股。

（2）强势原则

俗话说："强者恒强，弱者恒弱。"除非有理由判断一只股票会由弱转强，否则投资者一般不要介入弱势股。强势股并不是天天上涨的股票。区别个股是否是强势股，有以下两种方法。

①个股走势比大盘强。一方面是个股总体涨幅高于大盘；另一方面走势比大盘强，上涨时涨速比大盘快，下跌时抗跌性强、回落速度慢，或者出现逆势上涨。

例如，2015年2月5日，在大盘重挫的情况下（上证A股跌幅1.19%、深综指跌幅0.19%），智能穿戴概念股奋达科技（002196）收盘价报49.34元，当日涨了9.99%，近5日内涨幅为19.06%。如图19-4所示。

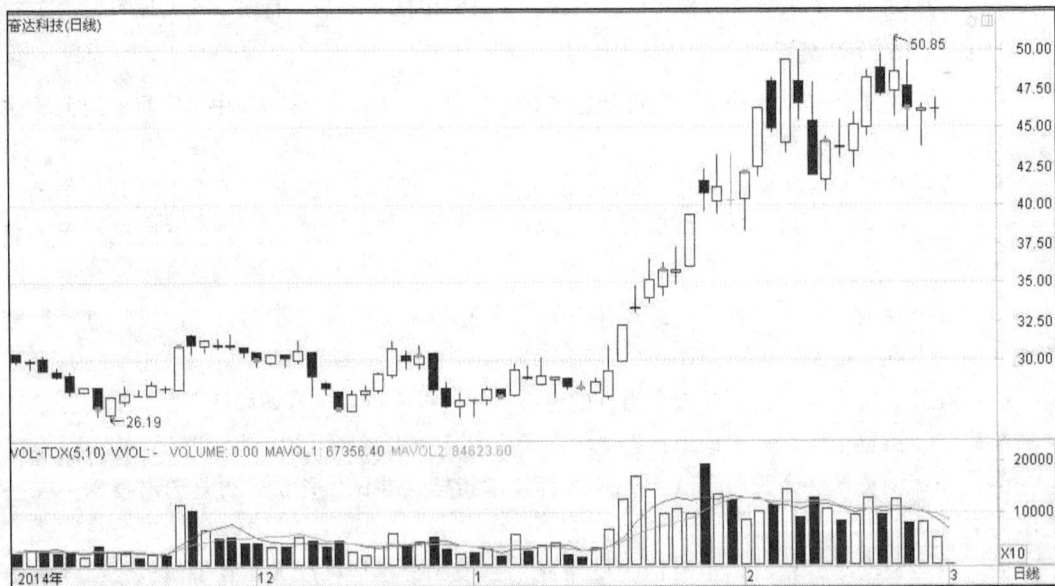

图19-4　奋达科技

②投资者也可通过强势特征判断：RSI 6 日、12 日、24 日值均在 50 以上；股价在 5 日、10 月、30 日均线以上；大盘下跌时该股在关键位有支撑；不管大盘日 K 线怎样走，股价都不会创新低；看盘口，主动性抛盘和大笔抛单少，下跌无量，上涨有量。

（3）底部原则

不管是短线还是中长线，买入股票的最佳时机都是在底部区域或股价刚突破底部上涨的初期，应该说这是风险最小的时候。而短线操作虽然天天都有机会，也要考虑到短期底部和短期趋势的变化，并要快进快出，投入的资金量不要太大。

（4）题材原则

跟中长线投资者不同，短线投资者更关心股票短线是否有大幅上涨潜力，而借助题材炒作成为短线炒作的乐土。所以为了获得高收益，建议短线投资者多参与题材股。

（5）分散原则

在没有十足把握的情况下，投资者可采取分散买入的方法，不要在"一棵树上吊死"，这样可以大大降低买入的风险。但分散买入的股票数量不要太多，一般以少于 5 只为宜，短线投资者还可以根据自己的投资策略和资金情况来适当调整。

例如，投资者可以同时选择一只大盘股、一只小盘股和一只题材股，所属的板块最好也有所不同，一只银行股、一只地产股和一只 ST 股。这样一来不管是大盘涨跌，都有可能会有"惊喜"。

2. 短线选股的要领

（1）成交量

股谚曰"量为价先"，量是价的先行者，股价的上涨，一定要有量的配合。成交量的放大，通常意味着换手率的提高，平均持仓成本的上升，上档抛压因此减轻，股价才会持续上涨。有时，在庄家筹码锁定良好的情况下，股价也可能缩量上攻，但缩量上攻的局面不会持续太久，否则平均持仓成本无法提高，抛压大增，股票缺乏持续上升的动能。因此，短线操作一定要选择带量的股票，对底部放量的股票尤其应加以关注。

（2）图形

短线操作，除了应高度重视成交量外，还应留意图形的变化。有几种图形值得投资者高度关注：W 底、头肩底、圆弧底、平台、上升通道等。W 底、头肩底、圆弧底放量突破颈线位时，应是买入时机。这里有两点必须高度注意，一是必须放量突破方为有效突破，没有成交量配合的突破是假突破，股价往往会迅速回归启动位；二是在低价位的突破可靠性更高，高位放量突破很可能是庄家营造的"多头陷阱"，引诱散户跟风，从而达到出货的目的。许多时候，突破颈线位时，往往有个回抽确认，这时也可作为建仓良机；股价平台整理，波幅越来越小，特别是低位连收几根十字星或几根小阳线时，股价往往会选择向上突破；采取上升通道的股票，可在股价触及下轨时买入，特别是下轨是 10 日、30 日均线时，在股价触及上轨时卖出。此外，还有旗形整理、箱形整理两大重要图形，其操作诀窍与 W 底差不多，这里不再赘述。

（3）技术指标

股票市场的各种技术指标数不胜数，至少有一千以上，它们各有侧重，投资者不可能面面俱到，只需熟悉其中几种便可。常用的技术指标有 KDJ、MACD 等。比如股价底部区域出现 MACD 指标或 KDJ 指标金叉、上升通道良好、量升价增等。短线参与这样技术形态的股票一般风险不大，而且有可能获得不错的短线收益。

例如，在 2009 年 3 月随着中央汇金公司增仓之后，中国银行（601988）进行了两个月之久的横盘整理。期间 MACD 指标出现了两次明显的金叉：第一次出现在 5 月 6 日，如果投资者在当日收盘价 3.57 元介入，后 3 个交易日最高冲至 3.77 元，可以获得 5% 左右的短线收益；第二次出现在 6 月 2 日，如果投资者以收盘价 3.63 元介入，后面十几个交易日再次冲高，一直持有将获得 30% 多的收益。通常两次金叉介入更为保险。

（4）均线

短线操作一般要参照 5 日、10 日、30 日三条均线。5 日均线上穿了 10 日、30 日均线，10 日均线上穿 30 日均线，称作金叉，是买进时机；反之则称作死叉，是卖出时机。三条均线都向上排列称为多头排列，是强势股的表现，股价缩量回抽 5 日、10 日、30 日均线是买入时机（注意，一定要是缩量回抽）。究竟应在回抽哪一条均线时买入，应视个股和大盘走势而定；三条均线都向下排列称为空头排列，是弱势的表现，不宜介入。

3. 短线选股操作思路

（1）炒热点、抓龙头

市场的热点板块是资金做多的集中板块，往往涨幅惊人，对短线投资者来说，要选择热点板块。同时要选择板块龙头股，操作方法比较简单。爆发当日，选择涨幅最大、最早涨停、封的最死、面对大盘当日盘中调整逆市上涨或抗跌的个股。

（2）上市公司公告蕴藏一定的个股机会

投资者可以从上市公司定期发布的年报、中报及不定期发布的公告中发现不少对该公司重大经营活动、股权重组等对股价有重大影响的信息。但是，投资者在决定是否根据相关信息买卖某一股票之前，必须结合相关股票近段时间的走势分析，因为不少个股股价已经提前反应了公开公布的利好信息，此时要相当谨慎。

（3）娴熟应用各种技术分析工具，帮助优化买卖时机

投资者真正领悟了技术分析的精髓之后就会具有识别技术陷阱的经验和方法，在此基础上运用技术分析确定短线个股的买卖时机，是一种有效可行的途径。例如，组合移动平均线的运用、资金流向及成交量分析、形态理论运用等看似十分简单的分析方法，在实践中结合基本分析正确运用，对投资者选股有很大帮助。

（4）有强主力介入

成交活跃，有经常性大手笔买单，有人为控盘迹象，关键处有护盘和压盘迹象，拉升时成交量急剧放大、下跌时成交量急剧萎缩。就是在出现大盘回落的时候，也保持强势，逆市拉升或抗跌，说明主力介入程度比较深，控盘能力强。

（5）避开高风险的"地雷"股

因我国股市的监管体系尚不成熟，上市公司发布虚假信息、机构大户坐庄行为时有发生，常有股票突然变脸引起股价大幅下跌，因此，仔细分析各种个股潜在的风险因素是选股过程中最为重要的一环。另外，有不少家庄股已进入派发阶段时，而庄家也发现跟风投资者达到一定规模，即有可能杀跌出货，使跟风者高位深套，因此，投资者要避开高风险股票，不仅不能盲目跟庄，而且不能仅看股票以往的业绩选股。

19.8 中长线选股

1. 中长线选股的方法和技巧

投资者在进行中长线选股时应注意以下七种方法和技巧。

（1）看上市公司所属的行业

看其是属于纺织等夕阳行业，还是电脑等高科技朝阳行业。中长线投资应选择朝阳行业建仓，这样才能充分分享朝阳行业高速成长所带来的丰厚收益。对所属行业有垄断性，科技附加含量高，市场进入有封闭性壁垒的上市公司，应尤其加以关注。

（2）选有垄断性的公司

垄断包括地理位置垄断、资源垄断、行政许可垄断、技术垄断等。排位靠前的垄断方式可靠性较高，垄断是超额利润的来源。

（3）看市盈率高低

一般而言，选股时市盈率越低越好。但对于朝阳行业，由于未来业绩的高预期会使其市盈率普遍偏高。若目光放长远些，该高市盈率会随业绩的迅速提高而大幅降低，则当前的市盈率就并不为高。因此，对朝阳行业的市盈率高低可适当放宽。

（4）看连续几年每股收益的情况

看其业绩是递增还是滑坡，每股收益高速增长的公司是成长性上佳的公司，值得中长线投资者关注。

（5）主营业务情况

主营业务是指企业为完成其经营目标而从事的日常活动中的主要活动，具体项目可根据企业营业执照上规定的主要业务范围确定，例如，工业、商品流通企业的主营业务是销售商品，银行的主营业务是贷款和为企业办理结算等。

主营是否突出，利润是否是主要来源于主营业务，而非出让资产或股权收益等偶然所得。偶然所得带来的业绩大幅增长，是不持久的，不值得中长线投资者持有。

（6）净资产收益率

净资产收益率又称股东权益收益率，是净利润与平均股东权益的百分比，是公司税后利润除以净资产得到的百分比率，该指标反映了股东权益的收益水平，用以衡量公司运用自有资本的效率。指标值越高，说明投资带来的收益越高。

净资产收益率的高低直接关系到公司的配股资格。一般而言，净资产收益率越高，公司经营状况越良好。

（7）流通盘大小

流通盘是指上市公司流通股本的规模。流通股规模对股市供求力量的对比具有强烈的调节作用，从而对股票价格的水平起着决定性作用。一定量的资金能把一种股票的价格推到的高度，与该资金量（需求）的大小呈正向变动，与该股票的流通盘（供给）大小呈反向变动。一般来说，流通盘小的公司高速成长的可能性大，高比例送配的可能性也大，股东因此可获得较多收益。

2. 中长线选股"十不"

投资者在进行中长线选股时，应注意的是，凡上市公司有以下十种情况中的任何一种，就要一票否决。通过这种方法可以排除95%以上的公司。

（1）有信用污点的公司不选。这包括大股东掏空上市公司、虚假陈述、隐瞒应当披露的信息、内幕交易、提供虚假会计信息等。

（2）整体不景气的行业的公司不选。行业整体不景气，上市公司的经营就会受影响。

（3）母公司经营不善的公司不选。上市公司的母公司常被称为集团公司，如果集团公司经营不善，那么上市公司的经营能力往往也好不到哪里去，而且掏空上市公司的危险性也会上升。

（4）主业不突出，搞多元化经营的公司不选。

（5）企业规模过小的公司不选。规模过小的上市公司没有形成规模效应，经营成本高、抗风险能力弱。

（6）绩差绩平的公司不选。

（7）5年内业绩大幅波动的公司不选。这一条同时排除了许多上市时间短的公司。公司业绩大幅波动说明公司经营不稳定，风险较高。要考查公司的稳定性，5年时间是必需的。

（8）无稳定现金分配的公司不选。稳定的现金分配证明了公司经营的稳定性和业绩的真实性。造假的公司只能造出账面利润而不能造出现金，只能通过送转股分配而不能通过现金分配。

（9）被媒体质疑的公司不选。

（10）庄股、累计涨幅巨大的公司不选。

第 20 章　不同行情中的投资策略和技巧

炒股小词典

抢反弹——在股票市场价格连续下跌一段时间后，价格往往会有一个小幅回升，这种在下跌趋势下的回升被称为反弹，抢反弹是指在股票回升之时抢购股票的行为。

创新低——是指市场做空动能的集中释放和做多能量的重新积累。

20.1　牛市行情中的投资策略

牛市的操作策略分为以下八个方面。

1. 敢于持续看多

在实际操作中，投资者要想正确应对大的牛市，首先是在思想上要敢于看多，克服"恐高症"，摒弃"一涨就卖"的思维方式。因为行情一旦得以确立，在消息面、资金面没有根本改变前，行情就不会轻易结束。在行情得到政策、资金配合，持续走高，如果散户总是不敢看多，势必会失去很多赚钱的机会。

2. 做好操作前的准备

由于在牛市行情中的最主要参与手段是追涨，因此，投资者对于追涨的时机和操作前的准备工作更需要重视。如在软件中进行板块设置，将选出的板块和股票设置到分析软件的自定义板块中，便于今后分析决策，同时对所选股票进行密切的跟踪观察。投资者选择的板块和个股即使是市场热点，也需要注意把握买进的时机，跟踪观察和耐心等待将有助于投资者把握住更好的投资机会。

3. 选择热点板块

散户应选择在未来行情中有可能形成热点的板块。投资者需要注意的是，所选的板块容量不能过大，板块热点的持续性不能太短，板块所拥有的题材要具备想象空间，板块的领头羊个股要具备能够激发市场人气、带动大盘的能力。

4. 紧盯龙头品种

一般而言，在一波上涨行情当中，上涨幅度最大的肯定是领涨品种。因此在牛市操作过程中，一定要紧紧抓住龙头品种，并在资金配置上加大龙头品种的买入比例，只有这样，才能跑赢大盘。

5. 精选个股

选股时，要选择有主流资金介入的个股，投资者特别需要注意的是，这些主流资金得是市场中的新增资金，对于一些长期被套的或入驻时间过长的老资金控盘个股，则要坚决回避。因为在行情启动初期，有新的大型资金介入的股票，其涨升的速度往往都会超越大盘，从而为买入这类股票的投资者带来丰厚利润。

在形态上，要关注那些底部形态构筑坚实、目前正在放量突破的股票。至于底部形态构筑是否坚实可靠，可从两方面进行研判：一是底部形态的构筑时间，要特别关注那些底部形态构筑时间长的股票；二是通过成交量进行研判，只有放量的个股，才能确认底部形态的可靠程度，将来也才有大幅涨升的希望。

6. 中线持股为主

在操作过程中，投资者一旦买入主流品种，就要抱着中线持股的心态，不宜频繁换股，更不宜做短线操作。因为主流品种往往会走出持续的上涨行情。这种股票很少有短线机会，一旦过早卖出，便很难买回，结果会错过极好的获利机会。

7. 及时调换股票

在行情初期，往往很难看清谁是龙头品种。但一旦看清主流板块和品种，就要把自己持有的非主流板块及时换成主流品种。如果一味拿着非主流热点股票不动，不去换股操作，即使大盘涨了许多，也只能落个"赚指数不赚钱"的结果。

8. 阶段性卖出策略

当市场出现"空翻多"现象时，投资者需要实施阶段性卖出策略。牛市中大盘不断强劲上升的走势、不断跟进的市场做多能量以及做多的投资者快速获利的财富效应等现象，使原本看空的投资者纷纷加入多头行列；而当市场中的投资观点呈现一边倒的态势，几乎人人都看多时，往往是形成阶段性头部，牛市将告一段落的信号，而这正是投资者短线卖出的最佳时机。

20.2 熊市行情中的投资策略

熊市中，散户应掌握以下六种投资策略。

1. 熊市中保留胜利果实

很多股民在牛市时是高手，而一旦遇到熊市就又成了"低"手，不仅不能在股市中获利，反而还要把自己在牛市中获得的胜利果实给吐回去。

散户在熊市中不应去搏杀，此时保住自己牛市中的胜利果实更重要。在熊市中保住胜利果实的办法是，对几只自己看好的股票始终进行跟踪，并根据市场情况不断尝试虚拟买卖，不要妄图能够买入历史最低价，当通过虚拟买卖发现升势已经开始确立时，再杀入股市开始进行实盘操作。

2. 要以现金为王

众多股民都知道"牛短熊长"这句话，也就是说，如果股市由牛市转变为熊市，那么调整的时间通常会相当长，而且下跌的速度也会相当大。因此在这种情况下，绝大多数股票一般都会出现大幅下跌，涨幅榜上的股票涨幅很小，而跌幅榜上股票跌幅很大，所以投资者在应对熊市时首先要转变在牛市中持续看多的思想观念，坚定地持续看空，以便把资金安全带到熊市末期或牛市初期。

3. 坚持超短线操作

熊市中所有股票的价格总体趋势与大盘是相符的，会越来越低，所以熊市中买的股票在股市反转前，只会越来越不值钱，若做长线只会被越套越紧。熊市中，所有股票也不会每一天全部都在下跌，也会偶尔出现反弹的现象。所以熊市中每天也会有少数与大盘背道而驰的上涨个股。

熊市中难得上涨几天的少数个股都是庄家拉升的，庄家必须用这种手段才能高抛低吸，达到在熊市中赚钱的目的。虽然有庄家拉升，但个股也脱离不了熊市的下跌大势，所以庄家做的也是短线！因此一般只会上涨几天，又会跌下去！所以熊市中不会有长期上涨的股票！熊市不反转，投资者就不要有做长线的观念。散户只有像庄家一样做短线，低吸高抛，才能赚钱。

所以散户应根据自身的能力进行分析，要抓住庄家已进入的上涨股票，立即跟进做短线，绝不可恋战。

4. 反弹时，要紧盯超跌品种

在牛市中，暴涨之后常会出现暴跌；同样，在熊市中，暴跌之后也常会出现暴涨。在熊市买进股票时，投资者就投资者可以挑选一些暴跌的品种。不过，同样属于暴跌的品种，暴跌得越深，离阻力位越远，将来反弹的力度也就越大。所以，投资者要尽量选择一些超跌的股票，以便抓住更大的反弹，获得更多的投资收益。

5. 抢反弹，要快进快出

在熊市中，因为空方力量明显大于多方力量，所以，及时出现反弹，其幅度较小，时间一般也很短，再者，反弹之后常常还会继续下跌，迭创新低。所以，投资者抢反弹时要眼明手快。

6. 要及时止盈止损

很多股民对于股票下跌所产生的损失一般都会痛惜，总是希望自己的股票价格能再回升，一般都不愿割肉，而对于不断上涨的股票又不愿意卖，奢望能更多地获利。这种想法，有时就会让股民不仅不赚，反而还会损失得很惨。

投资者在熊市中少量参与时，一定要做好随时撤退的准备，如果股价上涨到预先设定的止盈价位，投资者就应及时抛出股票，落袋为安；如果股价不涨反跌，跌至预先设定的止损价位，投资者就应坚决抛空出局，以免遭受更大的投资损失。

20.3 反弹行情中的投资策略

1. 综合认识反弹行情

在参与反弹行情之前，投资者一定要研判反弹的类别、级别和性质，根据这些情况来确定反弹的大致发展空间，分析是否有参与的必要和获利的可能性。股市中有相当多数量的反弹行情是不值得参与的，投资者要有所为有所不为。

对于反弹性质的认识，投资者主要是通过成交量、市场热点和技术因素三方面分析。对于成交量的分析不能从表面上或单一交易日看，而要从量能整体变化趋势分析，研判成交量是否是真正有效放大。如图 20-1 所示。

对于市场热点分析，投资者需要结合不同的市场背景研判。不同的板块热点，对反弹行情所起的作用是不同的。如果在市场外围资金充沛、股市向好的背景下，热点却集中在板块数量少、流通盘小，并且缺乏号召力的小市值投机类股票上，往往会给行情造成一定的不利因素。而在市场萧条，外围资金匮乏、市场内资金存在严重供给不足的情况下，热点集中在大型蓝筹股板块时，将使得资金面临沉重压力，反弹行情往往会迅速夭折。

技术分析在反弹行情的操作中尤为重要，投资者不仅要在参与反弹前根据技术面因素来确

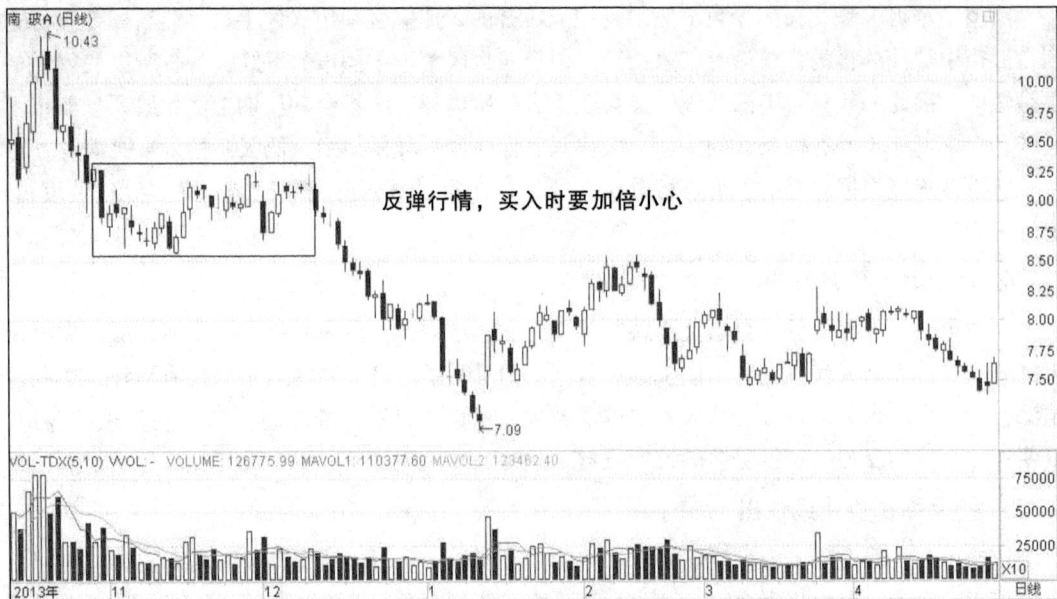

图 20-1　反弹行情

定反弹性质，即使是在操作后，也需要根据技术分析把握卖出时机。在使用技术分析时要重点参考超买超卖型指标，一旦指标进入超买区，投资者就要注意随时获利卖出。

反弹行情中选股十分重要，投资者可以关注一些"压紧弹簧股"，这类个股股价跌幅较深，但是基本面情况较好，股价的实际下跌动力并不强，只是因为受到大盘疲软影响，导致个股如同是被压紧的弹簧一样潜伏在低价区。这类个股所积蓄的反弹动能十分强烈，往往能爆发出强劲的上涨行情。

投资者往往将参与反弹行情称为"抢反弹"，"抢"字就说明了这种操作技巧的关键在于快，通俗的说法就是"抢一把就走"，要求操作中要思维果断，动作敏捷，快进快出，见好就收。投资者参与反弹行情时不能制定盈利目标，为了将风险控制在一定范围内，当股价上涨趋缓时就要果断卖出。

如果买进后该股随即停止上涨，并且在缺乏动力的情况下转为横盘整理时，投资者也需要坚决卖出，不能犹豫，不用考虑是否保本，更不能幻想该股后市可能涨高。由于抢反弹是一种短线操作，投资者不可以长时间地观望等待，否则极有可能陷入套牢。

2. 反弹行情股票操作技巧

要想既把握未来的投资机会，又要避免踏入短期波动的陷阱，就要把握参与反弹行情的投资技巧。参与反弹行情的投资技巧主要包括以下五方面。

（1）分批买入

用一笔资金在不同时段分别买入，这样既可降低投资成本又能降低风险；分批买入的投资标的可以考虑指数型基金。指数型基金大多完全复制并跟踪指数，按照个股在指数中的基准权重进行指数化投资组合构建。相关统计证明，股票价格总体上具有曲折向上增长的长期历史趋势，投资过程中很多投资者都输在坚持上，对于普通投资者而言，最难的是在艰难的时刻坚持正确的方向。通过分批介入，投资者不仅可以克服短期博反弹的投资冲动，也增强自己了长期坚持的动力。

（2）抢反弹的选股方向

投资者必须明确参与超跌反弹行情是一种短线炒作行为，而不是一种长线行为。选股时要重点关注个股的短线投机价值，而非投资价值。因此，尽量不要选择具有投资价值但股性迟钝的蓝筹类个股或低价的大盘指标股，要注意选择流通盘较小、股性活跃的投机类个股；同时，要注意不能选择成交量过于稀少的冷门股，以免因为买卖不方便，导致操作失误。

（3）抢反弹的的买入技巧

对于反弹行情，投资者不宜采用追涨，而要结合技术分析方法，运用 BIAS 和布林线指标的组合分析，把握个股进出时机。具体方法是：当 BIAS 的三条均线全部小于 0 时，股价也已经触及 BOLL 的下轨线，而且布林线正处于不断收敛的状态中，这时如果出现 BIAS 的短期均线上穿长期均线且成交量逐渐放大的情况，投资者可以积极择机买入。

（4）构建"核心 – 卫星"投资组合策略

这一策略是指资产的主要部分选择业绩和风格波动较小的基金，如债券型或主要投资于债券的保本型基金，可占整体投资组合 60% 左右的权重，另外的 40% 可投资于小盘股基金或者进取型的股票基金，这种"核心 – 卫星"策略一方面确保了整个投资组合的风险是可控的；另一方面又可以通过早期布局分享股票市场长期增值。"核心 – 卫星"策略可以根据不同的市场情况进行调整，只要始终保持"60/40"或者"70/30"比例即可。预测市场走势是非常难的，对于一般投资者而言，"核心 – 卫星"策略作为组合的基本方向，是建立和调整组合面对不同市场时期的"综合武器"，这才是建立组合的真正目的。从风险角度考虑，基金组合的总体倾向应与投资目标匹配。如全部投资于股票基金可能风险较大，那么通过配置债券基金或者混合型基金，就可以降低整体风险。

（5）抢反弹的卖出技巧

参与这类反弹行情是通过一种薄利多销的形式，来不断累积利润的操作方式。因此，不能要求一次性地追求过多的利润，而是要求在不计盈利多少的情况下，加快操作节奏，做到快进快出，适时地获利了结。

20.4　反转行情中的投资策略

1. 综合认识反转行情

反转行情是指市场的整体下跌趋势发生根本性扭转，股市重新步入牛市，股指将出现超越前期高点的强势行情。如图 20-2 所示。

反转的最重要投资原则就是"买"。当反转行情出现时，许多投资者都喜欢追涨幅不大的个股，对于股价涨高了的都不愿追涨，这是很多投资者的一种投资误区。事实上在反转行情中越是率先启动的个股，越会有大幅上涨，越可能是未来行情中的热点板块和龙头股，投资者越是有参与的价值。因为反转行情是一种强势上攻行情，其投资理念方法与弱市及平衡市的投资理念方法迥然不同。如同在弱市中股价跌幅的大小并不能决定个股是否止跌一样。在反转行情中股价涨幅的多少，也不能决定该股的未来上涨动力。在反转行情中对于个股是否决定要追涨，关键是看该股后市是否还有继续上涨的动力和上涨空间。历次的反转行情都证明，凡是在行情早期阶段敢于大胆追涨强势股的投资者，都曾经获得过丰厚的利润。

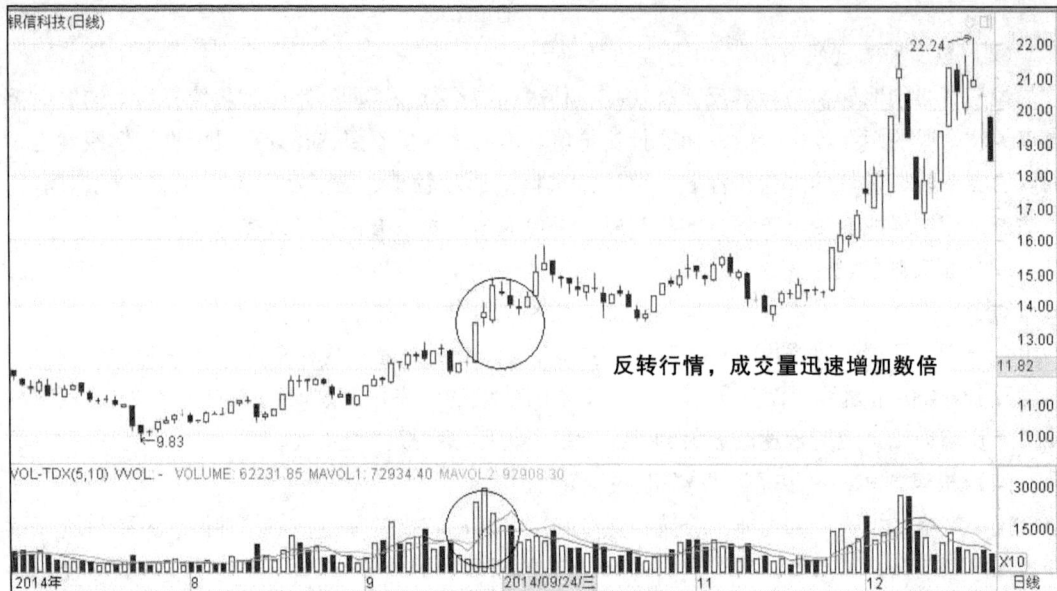

图 20-2　反转行情

2. 反转行情中的投资技巧

反转行情中的投资技巧有如下五个方面。

（1）看底部构造是否坚实。大盘经过大幅下跌后，成交量长期低迷，不少个股股价已跌无可跌，市场对利好和利空的消息已经麻木，在多次利空的打击下几次探底，但下跌动力明显不足，无法再创出新低，底部形态明显，这是反转的首要条件。

（2）从成交量看，是否"量能充分"。如果是反转的话，大盘在完成筑底之后，向上突破时成交量成倍放大且连续放出巨量，此时的量应当接近或超过上一波行情顶部时的量，从底部向上突破时的成交量越大，说明量能越充分，反转的可能性越大。

（3）从领涨板块看，大盘是否有"做多的灵魂"。在反转行情中，必须有"能够被市场认可"的且能激发人气的领涨板块。反转行情需要有一大批强势股起到示范效应，使市场的整体价格重心抬高，将上升的空间完全打开，大盘的热点要持续，而且持续的时间要较长。

（4）从主力的炒作理念看，是否推陈出新。在反转行情中，市场会形成一种"全新"的投资理念，同时还会涌现一些全新的题材和概念。

（5）从技术上看，短、中、长期均线是否形成"多头排列"。在反转行情中，大盘的短期均线上升得强劲有力，中期均线紧随其后，长期均线开始拐头向上，短中期均线有效地穿越长期均线，形成金叉，大盘的整体均线系统构成"多头排列"。

20.5　创新低行情中的投资策略

1. 综合认识创新低行情

面对创新低的市场，有投资者期盼未来的奇迹；有投资者绝望于现状的凄凉；有投资者麻木于过去的伤痛。但现实处于弱势，未来难言拐点，投资者当前唯一能够做的就是防御，从战略的高度拿出应对疲软市场的办法，一个字"守"，从思想上解决如何守的问题。

孙子曰："善战者，立于不败之地，而不失敌之败也。不可胜者，守也；可胜者，攻也。守则不足，攻者有余。善守者，藏于九地之下；善攻者，动于九天之上。故能自保而全胜也。"通俗地解释是，想要不被敌人战胜，在于防守严密；想要战胜敌人，在于进攻得当。实行防御，是因为兵力不足；实施进攻，是因为兵力有余。善于防守的人，隐蔽自己的兵力如同深藏于地下；善于进攻的人，展开自己的兵力就像自九霄而降。所以，投资者只有保全自己才能取得胜利。

2. 创新低行情的投资策略

创新低行情的投资策略有如下五个方面。

（1）正确认识创新低行情。股市中永远存在着机会和风险的循环转化，创新低行情中，虽然跌势凌厉，但股市的向下发展空间已极为有限，而未来的行情中存在反弹上涨的机会，这时市场风险正逐渐向投资机遇转换。

（2）创新低后投资者不宜恐慌性低售。因为股市不可能永远下跌，创新低意味着下跌行情已经发展到非理性阶段，投资者此时盲目低售股票同样是非理性的。这样会使投资者失去廉价的股票，从而也失去将来的盈利机会。

（3）卖出要把握时机。如果在选股方面确实存在问题，投资者需要卖出股票，也应该等待出现反弹的时机，事实上，创新低不久后股市就会爆发反弹行情。

（4）做好投资的准备。精心选择个股，在操作上、思路上和资金等方面投资者都要做好随时买进的准备。因为，我国股市目前的做空机制尚不成熟，所有的投资者都必须低买高卖才能获利，而创新低恰恰是一种低买的机会。

（5）耐心等待趋势的实质转变。选好股后，投资者不要立即买进，也不要预测底在哪里，更不要试图买在最低位。此时投资者唯一要做的就是耐心等待，等待趋势的彻底转向。由于每次大盘转向都能上涨数百点，所以放弃底部启动时的数十点空间并不会影响投资收益，而且会使投资安全性大幅提高。

20.6 横盘行情中的投资策略

1. 综合认识横盘行情

横盘整理后选择突破，是短线参与的好策略。横盘整理往往是变盘的前奏曲，特别是股价经过一段下跌过程后的横盘整理，很容易形成阶段性底部。如图 20-3 所示。

2. 横盘行情的投资策略

横盘行情的投资策略有如下三方面。

（1）下跌行情形成的横盘整理结束时，在绝大多数情况下将选择向上突破，这种概率较大。此时股市往往能形成阶段性反转行情或极有力度的反弹行情。

（2）收敛三角形由于其形态特征是上涨高点不断下移、下跌低点不断抬高。这种形态通常表示投资者的投资心态比较缺乏信心并趋于犹疑，投资行为更加谨慎，观望心理占据上风。这种形态在大多数情况下会延续原有的趋势选择突破方向，只有 1/4 概率会演变成与原来运行趋势相反的走势。

（3）上涨行情形成的横盘整理是最为复杂的整理行情，其最终的方向性选择具有相当大的不确定性，必须根据量价特征，并结合技术分析手段进行具体的研判。

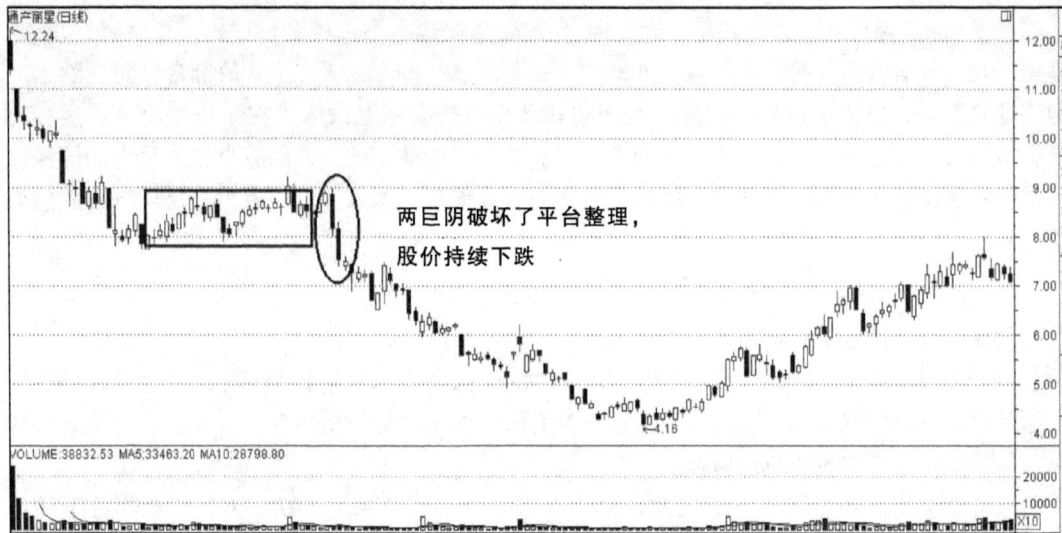

两巨阴破坏了平台整理，
股价持续下跌

图 20-3　横盘整理

横盘走势就是诞生于上涨行情之后的，这时投资者要密切关注成交量的变化，要看上升后的横盘整理行情的成交量是否处于萎缩状态，如果成交量萎缩的不明显或成交量有放大迹象，则往往说明其中有部分主力资金正在外逃，后市极有可能见顶回落。如果成交量是急速萎缩的，则说明做空动能不强。在横盘整理行情结束时，后市仍有进一步上涨的机会。

20.7　筑底行情中的投资策略

在筑底行情中选股的最大优势就在于投资风险远远小于投资收益，选股的主要对象是严重超跌、做空动能明显不足、在筑底过程中有温和放量态势的个股。这类个股介入风险相对较小，并且具有较多的中长线机会，特别是已经脱离原来的下降通道、目前经过反复筑底的个股，更具有投资价值。

1. 筑底行情的形态

值得投资者注意的是，选股并不意味着要立即买进，因为筑底行情的完成大致有三种形态。

（1）单次探底完成底部的构筑过程，这种形态就是通常的 V 形底部，往往在有重大利好消息配合时出现。如图 20-4 所示。

（2）多次探底完成底部的构筑过程，这种形态出现得比较多，如双底、三重底、圆弧底和长期低位横盘的潜伏底等，总体上是反复震荡筑底。

（3）通过最后一跳诱使投资者杀跌的底部构筑过程，这种底部形态的构筑初期是横盘震荡整理，而构筑后期是突然跌破平台后再见底，如 2010 年 11 月至 2011 年 6 月的筑底行情。

2. 筑底行情中的投资策略

筑底的过程往往比较复杂，在经历了长期的深幅下跌之后，无论是大盘还是个股都很难在一次探底中完成底部的构筑，通常后两种底部形态比较常见。这就决定了投资者在筑底行情中不宜过早地买进。需要将选股环节与买入环节脱离，选股之后要耐心等待买进时机。

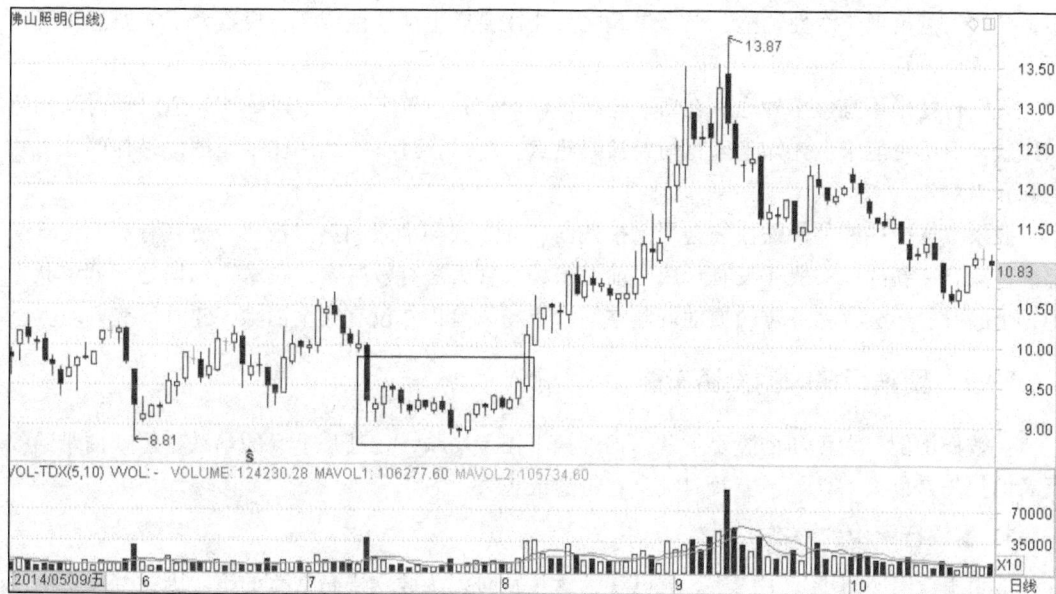

图 20-4　筑底行情

筑底阶段，股价经过长期的下跌之后，跌势由趋缓转为横盘震荡，3 日、4 日均线走平并逐渐转为向上，成交量出现规则性涨时放量、跌时缩量的特征，且量比和下跌时相比略有放大，在短期均线和中期均线形成金叉向上的多头排列时，利用先行指标成交量的放大情况进行买进操作，在整个筑底的过程中对散户而言最好的操作策略就是观望而不是买进。

筑底行情中买进的最佳时机不是在筑底过程中，而是在股票筑底完毕，逐渐恢复上扬趋势的时候。大多数投资者都喜欢在筑底过程中的股价较低时选择买进，但是筑底行情较复杂，股价的变动方向存在较大的变数，有时候新低之后还有更低，所以筑底过程中不是买进的适当时机。

在筑底完成后，投资者可以根据筑底形态和突破力量选择合适的投资方式：如果是 V 形反转，则要注意股价下跌的深度，通常跌幅越深的个股，反弹力度也越大，也更有参与价值；如果筑底过程是复杂的多次探底，则要注意底部阶段的累计成交量和筑底时间；如果底部构筑的时间较长，换手较充分则意味着该股有更好的发展空间。

3. 筑底行情中的心态把握

筑底时间的长短取决于做空能量的消耗状况和市场中是否存在大量不确定的因素。筑底时间的适当延长不仅有助于夯实底部，使未来行情更有爆发力，也为投资者逢低买入潜力股提供了便利条件。但是，长时间的反复徘徊走势，容易对投资者造成心理压力。因此，筑底过程中稳定心态至关重要。这时候，投资者需克服急躁心理，坚定持股信心，耐心等待行情好转。尤其是中长线投资者应以静制动，暂时不要参与底部震荡行情，而是要耐心等待股市形成明显突破，确认上涨趋势之后再进场。

4. 筑底行情中的操作技巧

筑底行情中不宜盲目斩仓杀跌。如果股市的下跌是因为股指抵达前期成交密集区、各项技术指标反复出现顶背离特征、投资者心理上存在压力、后续资金接不上等暂时性或技术性原因，导致大盘出现技术性调整，那么暴跌之后往往会产生恢复性行情，投资者不需要过度恐惧而盲目斩仓杀跌。

筑底行情中不宜急于抄底。在新一轮行情启动前，投资者事前很难确切知道启动时间和启动位置，更不可能未卜先知未来行情的核心热点。所以，过早抄底往往不能把握最佳的介入机会和介入对象。

股票市场中残酷的暴跌往往会严重摧残前期的龙头类个股和热门板块，使其有短期构筑头部的迹象。在新的龙头股还没有形成之前，市场人气无法有效凝聚，技术指标均处于调整状态中，个股股价还会存在一定的惯性调整空间，市场风险仍然没有完全消除，此时不宜盲动。

20.8　暴跌行情中的投资策略

兵败如山倒，大盘和个股要下跌，挡都挡不住。暴跌，尤其是个股的暴跌，短期内带给投资者的损失是巨大的，如不能及时抽身，将遗恨长久。

1. 暴跌行情中的心态

股市上没有不可能发生的事，尤其在大盘暴跌时，个股跌停是常有的事。因此当投资者所持的个股有大跌征兆时，在思想上要予以高度重视，不能麻痹大意，认为不会大跌。要知道股市中没有不可能发生的事情，个股跌停常常是瞬间的事。投资者在股市中生存，永远不能忘记极端的风险意识，些微的疏忽、犹豫就可能造成无法挽回的损失。

2. 暴跌行情中的投资策略

如果个股发生以下情况，及时卖出是投资者明智的选择。

（1）主动大跌4%且不回头。4%以内的调整可以看作正常，但超过4%说明来者不善，尤其是跌势汹汹时要防大跌风险。

（2）大幅低开，反弹无力，不能回补缺口，甚至不能回补缺口的一半，且再次开始下跌时。大幅低开，说明主力有备而来；反弹不能回补缺口，意在形成"关门打狗"的阵势。这时投资者千万不能因认为价格太低而不愿卖出，否则会正好中了主力的圈套。

（3）同板块个股大跌或跌停时。同板块个股大跌，特别是龙头股的大跌，无一例外地将对同板块的其他个股产生重要影响，有时即便主力无意下跌，也无法阻挡市场汹涌的恐慌盘。主力高明的选择是先以出货为主。因此投资者一旦发现同板块个股大幅下跌，并且从技术上助跌，要及时抛出所持个股。

（4）在大跌后的反弹时。如果投资者以上的机会都没有把握好，最后的卖出时机是在反弹时。因为大跌后次日大幅低开低走的概率极大，反弹将是最后的逃命机会。尽管价格较低，但以后还有低价，认赔止损是唯一的选择。

3. 暴跌行情中的投资技巧

（1）抄底看成交量

为什么投资者会屡屡在暴跌行情中大败而归，这并不是他们没有及时割肉斩仓，也不是他们之前仓位极重，而是在暴跌初期，总有不少投资者耐不住寂寞，选择不断补仓，不断抄底，谁料底没抄到反被套。

所以，当反弹力度小于下跌力度时，投资者一定要保持冷静，直到能有效确认短期反弹，再抄底也同样可以获取收益，即使收益不高，但也能避免投资风险。

（2）善观政策之变

一轮行情的启动，除了充裕的资金外，政策信号同样重要。例如，2008 年股市见底，为了恢复经济，国内推出了 4 万亿刺激经济政策，随着企业景气指数的不断攀升以及各项宏观指标的走好，铸就了 2009 年第二、第三季度一波大牛市，然而在 2009 年 8 月大跌前，IPO 重新恢复，中国建筑上市当日就引发市场暴跌，而之后中国中冶加速发行又再次冲击市场信心。大盘股的超速发行导致供给潮来临，这一政策的微妙变化，抹杀了股市持续上冲的动力。如图 20-5 所示。

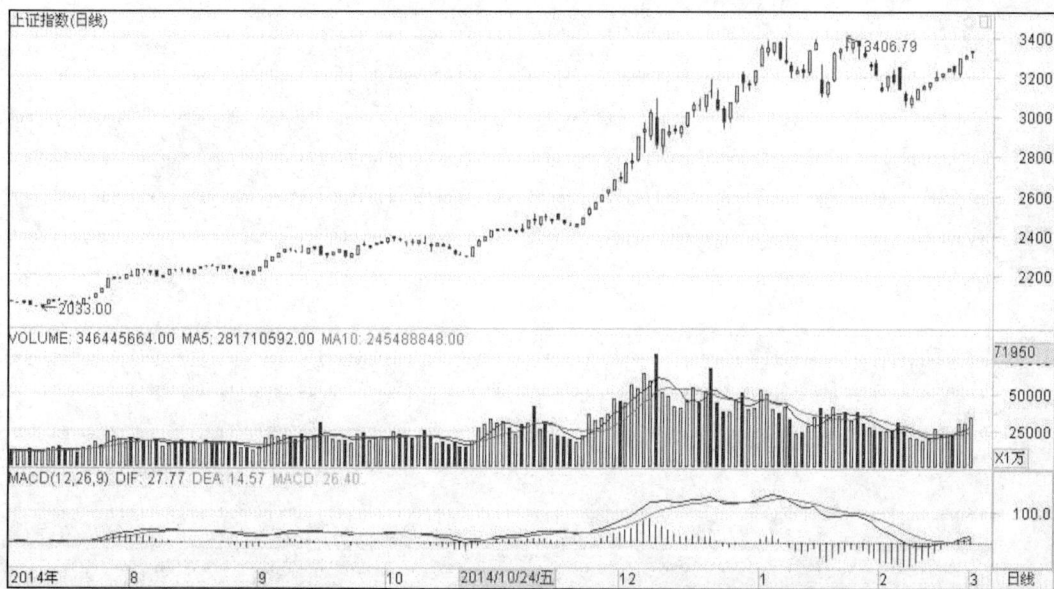

图 20-5　2014 年 7 月至 2015 年 3 月上证指数走势图

此次大跌前，政策信号异常明显，2009 年 11 月 10 日，存款准备金率上调 0.5 个百分点。从危机时期的"超级宽松"到 2009 年 8 月后的"适度宽松"，再到 2010 年 10 月市场预期的转向稳健和中性，央行终于按下了货币政策转型的确认键。而这一转型，明显触痛了资金的神经，一轮杀跌扑面而来。

再比如，2012 年 11 月至 2014 年 6 月末，大盘持续走低在 2 000 点上下盘整，甚至两次破 2 000 点最低下探到 1 849 点。为了恢复经济，国内推出了一系列国企改革、混合所有制改革、工业 4.0、放权让利、自贸区、一带一路和大农业、农村等政策促进经济发展，而且在之后的两年中，国家还多次降息降准……这一切政策面的刺激，都将注定 2014 年 7 月份开始启动的牛市，将会是一轮大级别的牛市，而且从盘整的时间算，这非常有可能是时间周期最长的一轮牛市。

因此，投资者在关注行情之时，认清当前政策环境也是重中之重。

（3）技术分析要重视

半年线、年线……这些图表时常拿出来看看，同样可以起到预判行情的作用。从历史来看，市场并没有真正进入牛市，因此在投资时，投资者需要时刻防备，特别是在市场疯狂之时，谨防被绞杀。

第 8 篇

控制自己的情绪和风险

第 21 章　股市的风险

📚 **炒股小词典**

风险教育——对投资者进行风险教育，是指通过各种行之有效的途径和方式，让投资者掌握证券市场的投资知识，提高风险意识，增强防范风险和承受风险的能力。

21.1　个人投资者的风险

1. 个人投资者的风险

个人投资者进入股市后，可能遇到以下三种风险。

（1）市场价格波动风险

无论是成熟股市，还是新兴股市，价格波动风险都是存在的，因为波动是股市的本质特征，是不可避免的。但在新兴股市，价格波动大，风险也大。在大幅价格波动中，盲目的股票买卖往往会给投资者特别是短线投资者带来巨大损失，尤其是在高位跟进的个人投资者可能长期得不到解套减亏的机会。

（2）上市公司经营风险

证券市场交易的股票本身没有使用价值，仅仅具有交换价值，其交换价值大小由上市公司的经营业绩决定。然而，上市公司本身的经营是有风险的，经营业绩有很大的不确定性。在我国，亏损的上市公司不乏其例，净资产收益率达不到同期银行 1 年期存款利率的更不是少数。这将直接影响其股票的市场价格。有的上市公司在公布业绩后，其股票价格会连续出现几个跌停板，这就是上市公司经营风险造成的。

（3）政策风险

政策风险在新兴股市中表现得尤为突出。一方面，作为新兴市场，从试点到规范运作，通常都有一个政策、法规出台和调整过程。每一项政策、法规的出台或调整，对证券市场都会有一定的影响，有些甚至会产生很大的影响，从而引起市场的较大波动；另一方面，经济政策调整，如银行利率的提高或下调、产业或区域政策的调整、税率的变化等，这些经济政策调整的本意不是针对股市的，但对股市却有较大的影响，股票价格有可能出现较大幅度的上涨或下跌，政策风险也就显示出来了。

2. 风险教育的特点

风险教育是保护投资者利益的需要。保护投资者利益，是我国证券市场发展与监管的重要内容。保护投资者利益，一方面要靠规范运作，防止市场过度投机，避免市场大起大落，减少投资者不应有的损失；另一方面则有赖于加强风险教育，提高投资者自身防范风险和抗风险的能力。这是因为我国证券市场还是一个新兴市场，市场发育与市场监管都还不成熟，影响市场的不确定性因素很大，从而加剧了市场风险。

如果投资者缺乏风险意识和防范风险的能力，就会被市场波动和各种真假信息、传言搞得晕头转向，一有风吹草动，就会惶恐不安，不知所措。这一方面可能会使一些投资者错过难得的投资机会；另一方面也可能造成较大的经济损失，甚至引起不良心理状态，由此会产生不良的后果。

21.2 操纵市场行为

操纵市场行为的表现形式较多，根据《证券市场操纵行为认定办法》（以下简称《办法》），一般有以下九种典型的表现形式。

1. 连续交易

这是指意图抬高或者压低某种证券的交易价格，自行或以他人名义，连续买入或卖出该证券。连续交易有两种形式：一是连续以高价买进而抬高股价；二是连续以低价卖出而压低股价。连续交易最重要的特征是操纵行为具有时间上的连续性与持续性。

2. 约定交易操纵

《证券法》第 77 条第一款规定，"与他人串通，以事先约定的时间、价格和方式相互进行证券交易，影响证券交易价格或者证券交易量"，构成约定交易操纵。

据悉，《办法》进一步细化"约定的时间"包括某一时点附近、某一时期之内或某一特殊时段；"约定的价格"包括某一价格附近、某种价格水平或某一价格区间；"约定的方式"包括买卖申报、买卖数量、买卖节奏、买卖账户等各种与交易相关的安排。

3. 自买自卖操纵

《证券法》第 77 条第一款规定，"在自己实际控制的账户之间进行证券交易，影响证券交易价格或者证券交易量"，构成自买自卖操纵。对此，《办法》细化"自己实际控制的账户"包括当事人拥有、管理、使用的账户。

4. 散布谣言

这是指意图影响证券价格，制造市场假象，恶意散布足以影响市场行情的谣言或不实材料，诱导投资公众做出错误的投资判断，企图获取利益或避免损失的行为。其构成要件是：主观上，行为人须有恶意，即明知自己的行为会影响市场行情、制造市场假象而仍然为之；客观上，行为人须有散布足以影响市场行情的谎言或不实资料的行为。

5. 抢先交易操纵

如果一家券商、一家评级公司提高了对某只股票的评级，开始在研究报告正式发布之前，抢先一步、提前建仓，那么则有可能触犯"抢先交易"操纵的禁区。

严格来讲，抢先交易应该是指，行为人对相关证券或其发行人、上市公司公开做出评价、预测或者投资建议，自己或建议他人抢先买卖相关证券，以便从预期的市场变动中直接或者间接获取利益的行为。在现行的市场环境中，公开做出评价、预测或者投资建议的情形有多种，比如，在报刊、电台、电视台等媒体以及各类电子网络媒介上，利用传真、短信、电子信箱、电话、软件等工具面对公众、会员或特定客户，对股票或其发行人、上市公司做出评价、预测或投资建议。但显然，事实上的公开评价行为并不只这些，所以监管部门执法时也不会限于这些情形。至于"抢先交易"操纵如何认定？应该是，证券公司、证券咨询机构、专业中介机构及其工作人员对相关证券或其发行人、上市公司公开做出评价、预测或者投资建议，而在公开做出评价、预测或者投资建议前后买卖或者建议他人买卖相关证券，并且直接或者间接在此过程中获取利益。而事实上，除证券公司、证券咨询机构、专业中介机构及其工作人员以外的其他机构和人员，在符合下列情形时，也可以构成"抢先交易"操纵：行为人对相关证券或者其发行人、上市公司公开做出评价预测或者投资建议；行为人在公开做出评价、预测或者投资建议前后买卖或建议他人买卖相关证券；相关证券的交易价格或者交易量受到了影响；行为人的行为是相关证券交易价格或者交易量变动的重要原因。

6. 联合操纵

这是指两个或两个以上有较强实力的人联合组成临时性组织，共同运用操纵手段操纵证券市场以牟取暴利的行为。具体形式有两种：一是联合交易操纵；二是期权联合操纵。联合操纵的构成要件是：主观上具有联合操纵的故意，即行为人须存在共同故意；客观上具有联合操纵的行为，即行为人联合运用操纵手段操纵市场，至于联合操纵的结果如何则不予考虑，联合操纵实质上是一种通谋行为。

7. 特定价格操纵

特定价格是指以相关证券某一时点或某一时期内的价格作为交易结算价格，某些资产价值的计算价格，以及证券或资产定价的参考价格。在具体操作中，可依据法律、行政法规、规章、业务规则的规定或者依据发行人、上市公司、相关当事人的协议内容进行认定。拉抬、打压或者锁定，是指行为人以高于市价的价格申报买入致使证券交易价格上涨，或者以低于市价的价格申报卖出致使价格下跌，或者通过买入或者卖出申报致使证券交易价格形成虚拟的价格水平。到底何种情形可以认定为特定价格操纵？应该同时满足三个条件：相关证券某一时点或时期的价格为参考价格、结算价格或者资产价值的计算价格；行为人具有拉抬、打压或锁定证券交易价格的行为；致使相关证券的价格达到一定水平。

8. 虚买虚卖

虚买虚卖又称虚售、洗售或冲洗买卖，是指以影响证券市场行情、制造证券虚假价格为目的，人为地制造证券市场虚假繁荣的假象，从事证券所有权非真实转移的证券交易行为。

9. 特定时段交易操纵

投资者都深知，在二级市场上股票每天的价格走势中，开盘价和收盘价最为关键，然而以往的市场中经常出现操纵开盘价和收盘价的现象，从而制造假象，干扰投资者的正常决策。这种操纵行为又分为尾市交易操纵和开盘价格操纵。

尾市交易操纵是指在收市阶段，通过拉抬、打压或者锁定等手段，操纵证券收市价格的行为。具有下列情形的，可以认定为尾市交易操纵：交易发生在收市阶段；行为人具有拉抬、打压或锁定证券交易价格的行为；证券收市价格出现异常；行为人的行为是证券收市价格变动的主要原因。

开盘价格操纵是指在集合竞价时段，通过抬高、压低或者锁定等手段，操纵开盘价的行为。具有下列情形的，可以认定为开盘交易价格操纵：交易发生在集合竞价阶段，行为人具有抬高、压低或锁定证券交易价格的行为；开盘价格出现异常；行为人的行为是开盘价格异常的主要原因；行为人能从开盘价变动中获取直接或间接的利益。

21.3　内幕交易

1. 综合认识内幕交易

由于投资者对内幕交易要素的认识难以达到统一，反映在证券交易立法上则主要有两种内幕交易行为控制模式。第一种是以美国为代表的对广义内幕交易行为的控制模式，包括行为人知悉公司内幕信息且从事证券交易或其他有偿转让行为，泄露内幕信息或建议他人买卖证券的行为，以及短线交易行为，即《证券交易法》第 16 条 b 款规定的公司的主要受益股东、董事或者官员在 6 个月的任何时间内购买和出售该发行人股票的行为。第二种是以英国、德国为代表的欧盟国家则对狭义的内幕交易行为概念进行立法。例如，英国禁止内幕人利用内幕信息进行买卖，禁止在内幕信息的基础上为第三人提供咨询或推荐，禁止传播内幕信息。

2. 内幕交易表现形式

内幕交易行为在客观上表现为以下三种。

（1）内幕人员利用内幕信息买卖证券或者根据内幕信息建议他人买卖证券。

（2）内幕人员向他人泄露内幕信息，使他人利用该信息进行内幕交易。

（3）非内幕人员通过不正当的手段或者其他途径获得内幕信息，并根据该内部信息买卖证券，或者建议他人买卖证券的行为。这里的内幕人员，是指上市公司的董事会、监事会人员与其他高级管理人员，证券市场和主管机关和证券中介机构的工作人员，以及为该上市公司服务的律师、会计师等能够接触或者获得内幕信息的人员。

2014 年 2 月 14 日，证监会下发了对杭萧钢构内幕交易的相关行政处罚决定书，这一历时 7 年的杭萧钢构内幕交易案才至此结案。如图 21-1 所示。

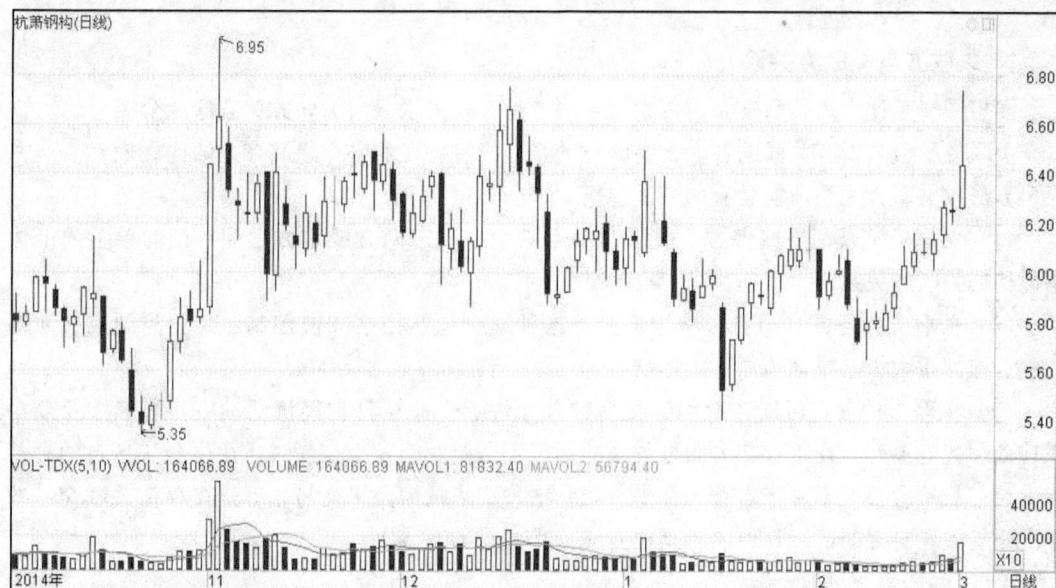

图 21-1　杭萧钢构

3. 内幕交易的交易性质

内幕交易是一种典型的证券欺诈行为，是指证券交易内幕信息的知情人员利用其掌握的未公开的价格敏感信息进行证券买卖活动，从而牟取利益或减少损失的欺诈行为。根据规定，知悉证券交易内幕信息的知情人员或者非法获取内幕信息的其他人员，不得买入或者卖出所持有的该公司的证券，或者泄露该信息或者建议他人买卖该证券。

4. 内幕交易的主要危害

内幕交易在世界各国都受到法律明令禁止。虽然内幕交易在操作程序上往往与正常的操作程序相同，也是在市场上公开买卖证券，但由于一部分人利用内幕信息，已先行一步对市场做出反应，因而具有以下三个方面的危害性。

（1）违反了证券市场的"公开、公平、公正"原则，侵犯了广大投资者的合法权益。证券市场上的各种信息，是投资者进行投资决策的基本依据。内幕交易则使一部分人能利用内幕信息，先行一步对市场做出反应，使其有更多的获利或减少损失的机会，从而增加了广大投资者遭受损失的可能性，因此，内幕交易最直接的受害者就是广大的投资者。

（2）内幕交易损害了上市公司的利益。上市公司作为公众持股的公司，必须定期向广大投资者及时公布财务状况和经营情况，建立一种全面公开的信息披露制度，这样才能取得公众的信任。而一部分人利用内幕信息，进行证券买卖，使上市公司的信息披露，有失公正，损害了广大投资者对上市公司的信心，从而影响上市公司的正常发展。

（3）内幕交易扰乱了证券市场乃至整个金融市场的运行秩序。内幕人员利用内幕信息，人为地造成股价波动，扰乱证券市场的正常秩序。

21.4 关联交易

1. 关联方与关联方关系

要想弄清楚什么是关联交易，首先要弄清楚什么是关联方与关联方关系这两个概念。

关联方一般是指有关联的各方，关联方关系是指有关联的各方之间存在的内在联系。两方或多方形成关联方关系通常具有的特征包括。

（1）关联方涉及两方或多方。关联方关系必须存在于两方或多方之间，任何单独的个体不能构成关联方关系。

（2）关联方以各方之间的影响为前提，这种影响包括控制或被控制、共同控制或被共同控制、施加重大影响或被施加重大影响。

（3）关联方的存在可能会影响到交易的公允性。企业在日常经济活动中，必然涉及众多供应商、代理商等，在不存在关联方关系的情况下，企业间发生交易时，往往会从各自的利益出发，一般不会接受不利于自身的交易条款，这种交易视为公平交易，但是在存在关联交易的情况下，关联方之间的交易可能不是建立在公平交易的基础上。

2. 关联交易的决策程序

利用公司股东权利制衡机制规范关联交易行为，可以更好地维护公司股东的合法权益不受损害。这里的制衡机制主要包括独立董事制度和关联方回避表决制度。独立董事制度在规范关联交易中发挥着积极作用。中国证监会关于独立董事的职权规定中也把独立董事对关联交易的事前认可作为董事会、股东大会决议的前提条件。上市公司在披露关联交易事项时，必须提供独立董事事前认可该交易的书面文件。

上市公司董事与董事会会议决议事项所涉及的企业有关联关系的，不得对该项决议行使表决权，也不得代理其他董事行使表决权。该董事会会议由过半数的无关联关系的董事出席即可举行，董事会会议所作决议须经无关联关系董事过半数通过。出席董事会的无关联关系董事人数不足三人的，应将该事项提交上市公司股东大会审议。交易金额在 3 000 万元以上，且占上市公司最近一期经审计净资产绝对值 5% 以上的关联交易，除应当及时披露外，还应聘请具有证券、期货业务资格的中介机构，对交易标的进行评估和审计，并将该交易提交股东大会审议。上市公司股东大会审议关联交易事项时，关联股东应当回避表决。

3. 上市公司的关联交易

上市公司包括但不限于下列事项：购买或销售商品；购买或销售除商品以外的其他资产；提供或接受劳务；代理；租赁；提供资金（包括以现金或实物形式）；担保；管理方面的合同；研究与开发项目的转移；许可协议；赠与；债务；非货币性交易；关联双方共同投资；交易所认为应当属于的其他事项。

上市公司关联交易的内容如下。

（1）根据交易对公司及权益影响的大小，可分为轻微、普通和重要。

（2）根据交易对象的不同，可分为企业与企业之间的交易，企业与关键人员之间的交易等。

（3）按交易的计价原则，可分为市场价交易、协议价交易和优惠价交易。

（4）按交易是否合法，可分为合法交易和非法交易。

4. 关联交易的信息披露

正是由于关联交易使关联者之间在定价过程中具有一定程度的灵活性，公司的控股股东、实际控制人或影响者可能就会利用关联交易转移利益。因此，全面规范关联交易及其信息披露便成为保障关联交易公平与公正的关键。关联交易信息披露的根本目的就在于使之具备相同于无关联交易的公开与公平性质，确保关联者没有获得在无关联状态下无法获得的不正当利益，以确保该项交易对公司及股东是公平和合理的。同时为投资者对该项交易行使表决权提供信息基础，使投资者在了解关联交易真实内容的基础上做出投资决策，增强对证券市场透明度的信心。

上市公司关联交易披露规则的核心是界定关联交易和关联人的范围。将可能利用关联关系实现在无关联者之间不可能发生的交易活动的人士都包括在内，以维护公平交易秩序。上市公司的关联交易是指上市公司或其控股子公司与上市公司关联人之间发生的转移资源和义务的事项。关联人包括关联法人和关联自然人，在《上市规则》中对关联法人和关联自然人的范围给予了明确定义。同时，规定了潜在关联人的条件，即因与上市公司的关联人签署协议或做出安排，在协议生效或安排生效后，或在未来 12 个月内具有前述关联法人或关联自然人的规定情形之一的；以及过去 12 个月内，曾经具有前述关联法人或关联自然人的规定情形之一的，都被视为潜在关联人。《上市规则》还规定，中国证监会、交易所或上市公司根据实质重于形式的原则，可以认定其他与上市公司有特殊关系，可能造成上市公司对其利益倾斜的自然人和法人为关联人，从而应履行相应的关联交易决策和披露程序。

5. 关联交易的积极意义

（1）关联方相互了解、彼此信任。出现问题协调解决，交易能高效有序地进行，可降低交易成本，增加流动资金的周转率，提高资金的营运效率，可避免信息不对称。

（2）通过集团内部适当的交易安排，可以使配置在一定程度上加强企业间合作，达到企业集团的规模经济效益。

（3）优化资本结构、提高资产盈利能力、及时筹集资金、降低机会成本，通过并购、联合等形式扩大规模，向集团化和跨国公司方向发展。

6. 关联交易的的消极意义

（1）影响上市公司独立经营能力，抗外部风险能力下降。

（2）各方利益失衡。

（3）会损害债权人、中小的利益。

（4）对上市公司的危害。通过不正当的注资，粉饰会计报表，保住了上市公司的壳，或者满足发债的调价，最终还是会在竞争中暴露出来。

（5）可用来规避政府税。关联企业间可能利用协议价格在资产转移、原材料、产品或劳务购销等方面进行收入和费用的调整，有利于高赋税的一方，或者虚构并不存在的交易来转移收入和分摊费用，或者通过互相拆借资金的方式调解利息费用。

投资者需注意的是关联交易在市场经济条件下广为存在。但它与市场经济的基本原则却不吻合。按市场经济原则，一切企业之间的交易都应该在市场竞争的原则下进行，而在关联交易中由于交易双方存在各种各样的关联关系，有利益上的牵扯，交易并不是在完全公开竞争的条件下进行的。关联交易在客观上可能给企业带来或好或坏的影响。从有利的方面讲，交易双方因存在关联关系，可以节约大量商业谈判等方面的交易成本，并可运用行政的力量保证商业合同的优先执行，从而提高交易效率。从不利的方面讲，由于关联交易方可以运用行政力量撮合交易的进行，从而有可能使交易的价格、方式等在非竞争的条件下出现不公正的情况，形成对股东或部分股东权益的侵犯。

第 22 章 股市中的各种"骗局"

炒股小词典

骗线——庄家利用股民们迷信技术分析数据、图表的心理，故意抬拉、打压股指，致使技术图表形成一定线形，引诱投资者大量买进或卖出，从而达到他们大发其财的目的。这种期骗性造成的技术图表线形称为骗线。

22.1 掌握主力"骗线"的手法

股市里真相与假象混杂，馅饼与陷阱同在，主力手法真真假假，虚虚实实，似进实退，欲涨先跌，特别是在撤退过程中经常采用各种骗线手法，以吸引跟风盘，投资者要学会辨别主力的骗线。主力常用的骗线手法如下。

1. 拉尾市

有些个股在整个交易日内都风平浪静，而邻近收市的几分钟主力却突然袭击，连续数笔大单将股价迅速推高，此类揠苗助长式的拉抬，通常表明主力并无打持久战的决心，而是刻意在日线图上制造出完美的技术图形。

2. 假突破

一个整理形态的向上突破，常能吸引技术派人士纷纷跟进，例如，有效突破三角形、旗形、箱形时常会出现一定的升幅，主力往往会利用人们抢突破的心理制造骗线。

3. 假填权

不少个股摆出填权的架式，股价在除权后会短暂走强数天，但很快便一蹶不振。对待除权类的个股能否填权，投资者首先要把握大盘的走势，一般来说，大盘处于牛市时，主力多会顺势填权；而大盘走弱时，填权走势十有九假，此时的假货极多，投资买股时宜特别小心。

4. 影线或高开阴线骗线法

由于市场内大的主力资金可以调控市场涨跌，大盘 K 线经常被主力资金用来制造骗线，上影线长或高开大阴线，并不一定有多大抛压；而下影线长的阳线，并不一定有多大支撑，或许短线过后，将再次下探。投资者不应死守教条，见到拉出长上影线就抛出，见到拉出下影线就介入。这种骗线法又可分为三种类型。

（1）试盘型

有些主力拉升股票时，操作谨慎，股价行进至前一高点时，均要试盘，用上影线或高开阴线试探上方抛压，但股价并未下跌，此行为称"探路"。这种主力利用上影线或高开阴线探路的动向十分明显，"探"是为了"进"。如果认为上影线长或高开阴线有大抛压而卖出，事后都将被证明是个错误的决策。上影线长或高开阴线，但成交量未放大，始终在一个窄幅区域内收的 K 线，是主力试盘，如果在试盘后再度放量上扬，则投资者可安心持股；如果转入下跌，则证明主力试出上方确有很大抛压阻力，此时投资者可跟风抛股，一般在更低位可以接回。注意，当一只个股大涨之后拉出长上影线，无论是阳线还是阴线，下跌的概率都很大，投资者最好马上退出。

（2）震仓型

这种上影线或高开阴线经常发生在一些刚刚启动不久的个股身上，有些主力为了洗盘，震仓时往往用上影线或高开阴线吓出不坚定持仓者，吓退欲跟庄者（如图22-1所示）。这种情况表明确有主力利用影线或高开阴线洗盘。散户操作，要看K线组合，而不要太关注单日的K线。

图22-1　震仓型骗线

这里需要指出的是，大资金机构可以调控个股的涨跌，但在市值不断增大的市场内，没有什么可以调控大盘的机构，所以讲大盘在阶段性高位或低位出现了长上影线或下影线，其指导意义较强。

（3）"关注"型

在个股操作中，有些机构资金实力不是很强，它们往往会在其炒作的股票中制造一个或几个单日的长下影线或高开阴线，方法为某只股票在盘中突然出现一笔莫名其妙的、价位极低、手数较大的成交，而后恢复平静，长下影线或高开阴线由此产生。这是其中主力在向中小散户发出"关注"的信号，一般这种股票由于庄家实力不是很强，表现都不会太突出。其实真正有大主力的个股是不会在底部显山露水，让人察觉到有什么机构在"关注"的。对K线的判断，投资者一定要谨慎、辩证地看。

22.2　辨别主力的诱多与诱空

1. 诱多

（1）了解诱多

诱多在实际盘面的表现就是股价在某个位置（相对高位）横盘已久，下跌可能性渐大，空头大都已卖出股票后，突然空头将股票拉高，使多头误以为股价会向上突破，纷纷加码，结果空头由高价惯压而下，使多头误入陷阱而套牢。如图22-2所示。

（2）识别诱多的方法。

①从盘面上看，诱多为庄家在买盘上不断挂出大额买单时。因为庄家真正想收集筹码时，

图 22-2　诱多

不是挂出买单等着散户抛出，而是不挂买单，只悄悄地购买散户的卖单。散户不抛时，便把速度放慢一点，散户会不断挂出卖单。运用这种方法时，庄家往往手中已有一定的筹码，在股价未进入高价区、维持股价时使用。当股价进入高价区，庄家出货时，庄家既在买盘上挂出买单，同时也在卖盘上有分寸地挂出卖单，然后不断对敲向上买入庄家自己的卖单，吸引散户跟风买入。于此相反，庄家经常用与诱多相反的技术手法进行诱空。

②从股价波动上看，某一庄股已涨到了绝对高位，散户已对其有防范风险心理，不敢买入，这时股价会跌 1 元至 2 元，当天或一两天后股价又上涨到原价位。散户先是认为股价果然跌了，是真的有风险，但股价回到原价位后，散户又认为跌时没有买进而错过了一次获利机会。如此反复几次，庄家通过利益引诱，实际上是麻痹散户的风险意识，使散户在高位买入并获得小利的时候，忘记市场风险。

③从技术指标上看，庄家诱多时技术指标大部分处于很好的状态，发出买入信号。诱多时往往是在高位经过充分整理后，过高的技术指标被修复，重新发出买入信号。

④从 K 线组合上看，庄家诱多时会出现比较漂亮的上升波浪形态，或止跌后即将反弹的形态。在散户眼里，一些 K 线图走得很好的股票，往往是被庄家有意划出来的，是庄家的一种诱多手法，一旦有散户买入，庄家就出货；一些图形走得不好看的股票，庄家往往在买入，庄家建仓时，根本不管图形好坏，甚至越坏越好。

2. 诱空

（1）认识诱空

诱空指的是主力、庄家有意制造股价下跌的假象，诱使投资者卖出，结果股价不跌反涨，让卖出的投资者踏空的一种市场行为。如图 22-3 所示。

诱空的标志就是打压完了→进筹码→拉升回原来价位之上，机构降低成本，获得廉价筹码。通过对主力资金动向的多年追踪，股市中的一轮下跌行情大致上可分为"看空、做空、诱空"三个阶段。当股市经过大幅上涨，缺乏进一步涨升动力时，主力资金会纷纷由多转空；当股市进入下跌阶段以后，更多的主力资金会加入到抛售的行列中；当股市调整到位时，往往还

图 22-3　诱空

会出现一段非理性的下跌行情，这一阶段就属于恐慌盘杀跌和主力资金静静建仓的诱空阶段。跌市末期中的主力资金非常善于运用各种"诱空战术"恐吓投资者，以达到肆意打压股价、迷惑投资者，从而建仓吸筹和震仓洗盘的目的。有很多股票就是在凶悍的暴跌中构筑底部，并最终形成一轮轰轰烈烈的强势行情的。

诱空既可由人为因素造成，也可以由市场因素或政策因素导致。多数的空头陷阱是由主力庄家操纵，其意图就是向下挖出"陷阱"埋葬持股信心不足的中小投资者，以便吸到更多的廉价筹码，并减少上攻时的抛压。而市场或政策因素形成的空头陷阱，普通投资者就更难把握，这多半是由宏观经济风险或突发利空引起的，被市场主力借机利用。

（2）诱空战术主要的手段

主力资金的"诱空战术"主要是通过两种手段来完成的。

①一种是利用利空信息诱导投资者。主力将亏损一次性集中公布，便于下一会计年度顺利实现业绩的扭亏为盈。当亏损严重的业绩公布后，主力可以很轻易将投资者的廉价筹码吓出来，而后，当公布业绩扭亏为盈时，投资者可能发现股价早已高高在上了。

②另一种是利用技术图形诱导投资者，主要包括：连续性阴跌走势，摧毁投资者的持股信心，达到骗筹的效果；短期快速的跳水式暴跌；构筑各种顶部形态，庄家在个股中刻意操纵股价画图，在形态上构筑头肩顶、圆弧顶、M形顶、尖顶、多重顶等形态，达到诱导投资者出局的目的；对要害性的技术支撑位进行瞬间击穿，促使投资者以为股价已经破位，进而做出错误的投资决策，将手中的股票低价斩仓卖出。

（3）识别诱空的方法。

①从消息面上分析。主力资金往往会利用宣传的优势，营造做空的氛围。所以当投资者遇到市场利空不断时，反而要格外小心。因为，正是在各种利空消息满天飞的重磅轰炸下，主流资金才可以很方便地建仓。

②从成交量分析。空头陷阱在成交量上的特征是，随着股价的持续性下跌，量能始终处于不规则的萎缩中，有时盘面上甚至会出现无量空跌或无量暴跌的现象，盘中个股成交也不活

跃，给投资者营造出阴跌走势遥遥无期的氛围。恰恰在这种制造悲观的氛围中，主力往往可以轻松地逢低建仓，从而构成空头陷阱。

③从宏观基本面分析。投资者需要了解从根本上影响大盘走强的政策面因素和宏观基本面因素，分析是否有实质性利空因素，如果在股市政策背景方面没有特别的实质性做空因素，而股价却持续性地暴跌，这时就比较容易形成空头陷阱。

④从技术形态上分析。空头陷阱在 K 线走势上的特征往往是连续几根长阴线的暴跌，贯穿各种强支撑位，有时甚至伴随向下跳空的缺口，引发市场中恐慌情绪的连锁反应；在形态分析上，空头陷阱常常会故意引发技术形态的破位，让投资者误以为后市下跌空间巨大，而纷纷抛出手中持股，从而使主力可以在低位承接大量的廉价股票；在技术指标方面，空头陷阱会导致技术指标上出现严重的背离特征，而且不是其中一两种指标的背离现象，往往是多种指标的多重周期的同步背离。

⑤从市场人气方面分析。由于股市长时间的下跌，会在市场中形成沉重的套牢盘，人气也在不断被套中消耗殆尽。然而市场人气极度低迷的时刻往往说明股市离真正的底部已经为时不远。值得投资者注意的是，在经历长年的低迷熊市后，指数大幅下跌的系统性风险已经很小，过度看空后市，难免会陷入新的空头陷阱中。

22.3 琢磨主力的对敲

1. 主力的对敲方式

主力的对敲方式主要有以下五种。

（1）建仓：以压制股票价格为目的，在建仓时积极对敲，使主力能够在低价位收集到更多的筹码。在个股的 K 线图上可以看到股票处于较低的价位时，股价往往以小阴小阳的形态持续性上扬，这说明有较大的买家在积极吸纳。之后，出现成交量较大的并且较长的阴线回调，而阴线往往是由于主力大手笔对敲打压股价而形成的。从较长的时间上看，这期间股票价格基本是处于低位横向盘整，但是成交量却在静静地放大。这时候盘面表现的特点是股票下跌时，单笔成交量明显大于上涨或者横盘时的单笔成交量。假如投资者能够在这个时候识别主力的对敲建仓，那么就可以踏踏实实买一个地板价。

（2）拉升利用对敲的手法来大幅度拉抬股价。庄家利用大量对敲，制造该股票被市场看好的假象，以提升股民的期望值，减少日后该股票在高位盘整时的抛盘压力（散户跟他抢着出货）。这个时期散户投资者往往有买不到的感觉，需要高报许多价位才能成交，从盘口看小手笔的买单往往不容易成交，而每笔成交量明显有节奏放大。强势股的买卖盘均有 3 位数以上，股价上涨很轻快，不会有向下掉的感觉，下边的买盘跟进很快，这时的每笔成交都会有所减少（因为对敲拉抬股价，不可能像吸筹时再投入更多资金，加上散户跟风者众多，所以虽出现"价量齐升"，但"每笔成交"会有所减少）。

（3）震仓：当股票价格被拉抬到较高的位置之后，外围跟风盘的获利已经比较丰厚，主力随时有可能在继续拉抬过程中兑现出局。为了减少拉抬股价时的压力，主力采用大幅度对敲的手法，使一些不够坚定的投资者出局，从而使持仓者的成本提高。这期间的盘面特点是在盘中震荡时，高点和低点的成交量明显较大，这是主力为了控制股价涨跌幅度而用相当大的对敲手笔控制股价造成的。假如投资者看到这样的走势，除了少数短线高手，一般投资者不宜介入这样的股票。

（4）对敲拉高。在经过高位的对敲震仓之后，市场都非常看好该股的后市时，股价再次放量上攻。这时主力开始出货，盘面上经常出现卖二、卖三上成交的较大手笔；而投资者并没有看到卖二、卖三上有非常大的卖单。成交后，原来买一或者是买二甚至是买三上的买单已经不见了，或者减小了。这往往是主力利用时间差，先大单往下卖，然后以小单往上买，做成大笔向上买的假象，诱骗经验不足的散户，其实主力已将货抛给了散户。

（5）反弹对敲。庄家出货之后，股票价格下跌，许多跟风买进的中小散户已经套牢，成交量明显萎缩，庄家会找机会用较大的手笔连续对敲拉抬股价（这时庄家就不会像以前那样卖力了），较大的买卖盘总是突然出现又突然消失，因为庄家此时对敲拉抬的目的只是适当的拉高股价，以便能够把手中最后的筹码也卖个好价钱。

2. 对敲的基本特征

（1）从每笔成交量上看，单笔成交数较大，经常为整数，如100手、500手，买盘和卖盘的手数较接近，出现这样的情况，通常买卖方都是同一人。

（2）在邻近的买卖价位上并没有大笔的挂单，但盘中突然出现大笔成交，此一般为主力的对敲盘。

（3）5分钟的K线图上连续收出一连串的小阳线，阳线实体相近，没有出现大起大落的现象，且几乎没有回档，明显有人为控制的痕迹，这往往是主力对敲推高股价。但这种连续叠阳的走势不会无休止地延续下去，最后往往以跳水告终。

（4）股价无故大幅波动，但随即又恢复正常，如股价被一笔大买单推高几毛钱，但马上被打回原形，K线图上留下较长的长影线，这种情况多为主力对敲。

（5）实时盘中成交量一直不活跃，突然出现大手笔成交，这种成交可能只有一笔或连续的几笔，但随后的成交量又回到原先不活跃的状态，这种突破性的孤零零的大成交量是主力的对敲行为。

（6）当卖一、卖二、卖三挂单较小，随后有大笔的买单将它们全部扫清，但买单的量过大，有杀鸡用牛刀之感，且股价未出现较大的升幅。这种上涨状态的大手成交是主力的对敲。

（7）从成交量上看，短期成交量成倍放大而股价涨幅有限的个股，通常为主力对敲所致。

（8）从时段成交量看，经前期放量拉高，以后长期进入缩量盘整态势，某日庄家突然呈现放量破位下行，此时应警觉庄家派发进入尾声。

（9）当股价出现急跌，大笔成交连续出现排山倒海之势，往往是主力为洗盘故意制造恐怖气氛。

（10）股票刚启动上攻行情不久，涨幅不大，当天突破以大笔的成交量放量低开，且跌幅较大，此为主力对敲洗盘行为。

（11）整日盘中呈弱势震荡走势，买卖盘各级挂单都较小，尾盘时突破连续大手成交拉升，这是主力在控制收市价格，为明天做盘的典型对敲行为。

（12）上一交易日成交并不活跃的股票，当天突破以大笔的成交放量高开，此为主力为了控制开盘价格的对敲行为。

22.4 规避消息陷阱

股市中的投资者每天都要接收海量的消息，这些消息不仅能对股市大盘产生影响，而且对投资者的自身判断也会产生影响。而如果投资者根据消息而判断出错，那么这很有可能会带来巨大的损失。面对股市各种各样的消息，投资者可以通过以下措施来避免落入消息陷阱。

1. 冷静下来后才动手

投资者刚听到某重大消息时，难免心情会亢奋激动，这时你的头脑已经被贪婪、恐惧等情绪所左右，出手难免会看不清趋势，导致投资上的损失。此时正确的做法应该是对市场保持敬畏，甘做后知后觉者，不在第一时间贸然行动，等冷静下来后再动手。

2. 不要仅根据某专家的一家之言就轻率做出决定

因为当面对同样的消息时，不同的人会有不同的理解，有时甚至会表现出截然相反的态度；有人则会认为这是利空出尽，市场将会上升；有人则会认为这是下跌的开始。但实际情况是，在一个足以影响市场趋势的因素面前，究竟属于利好还是利空，通常都只是投资者和包括专家在内的一部分人的主观看法，市场趋势对此做出何种反应，则完全取决于多空双方相互博弈的结果。

3. 收集股票消息必须全

影响股市行情的信息是多种多样的，重要程度也不尽相同，如果我们根据个人的好恶来研判消息的话，难免会犯以偏概全的错误。所以建议大家要有一套属于自己独有的消息的全面分析系统，对各个信息重要程度进行打分，以确定在综合了所有正反面消息后对市场趋势可能产生的影响。具体做法如下。

（1）收集所有可能影响股票行情的消息。

（2）将所收集到的各种消息按正面和反面的性质分类。

（3）按消息的重要性排主次顺序。如极重要消息、重要消息、普通消息、不确定消息等。

（4）按消息的主次顺序，分别给予加权点：极重要利多消息5点，重要利多消息4点，不确定利多消息1点等；极重要利空消息−5点，重要利空消息−4点、不确定利空消息−1点等。

（5）将所有消息的正负点数加总，以确定在综合了所有正反面消息后对市场趋势可能产生的影响。

（6）将综合研判结论同市场实际表现相结合，考虑你的操作计划：如果消息发布后市场在高开下探后出现逐波上扬，则可选择分批买进，事实定将证明这么做会有不错的获利空间；如果市场摆脱消息面的影响而恢复既有趋势，就应把消息摆在一旁，果断执行原计划。

22.5 看清主力的砸盘、护盘动作

1. 了解砸盘

（1）常见的砸盘方式

常见的砸盘方式一般有以下六种。

①利空式砸盘。庄家在坐庄过程中，遇到不可预见的突发性重大利空消息，大量抛盘涌出，庄家应接不及，被迫加入到砸盘队伍之中。

②诱空式砸盘。庄家出货即将完成时，为了达到更低的价位而采取的诱空式假象，目的是给下一次炒作腾出足够的吸筹空间，因而刻意向下大幅砸盘。

③瀑布式砸盘。当出货接近尾声或遇重大利空消息时，庄家采用连续拉大阴线或跌停板的方法迅速砸跌股价，在K线组合上形成"瀑布式"跳水形态，采用这种手法的庄家看空后市，适逢大势趋淡，人气冷却，且庄家筹码已经不多了，不在乎剩余筹码的利润。

④台阶式砸盘。庄家将股价向下砸一个台阶后，调整一段时间，待散户因判断失误而介入

时，又再砸一截，之后又整理一段时间，再向下砸盘，K线组合形成下行的台阶式。

⑤死叉式砸盘。股价见顶回落一定幅度后，出现短暂的反弹行情，由于庄家出货坚决，反弹结束后股价向下调整，5日、10日、30日均线形成死叉，一旦形成颇具杀伤力。因此，死叉后股价比此前跌得更凶。

⑥惯性式砸盘。由于庄家长期采用盘跌式出货，形成一条下降趋势线，在派发接近尾声时，庄家利用下跌惯性进行砸盘。

（2）主力砸盘的举例分析

以一只15元左右的股票为例，当大盘处于下跌趋势中时，主力如果要运作它（这时候不考虑基本面），可以分为三步走。

①要借大盘之势把该股砸到10元左右，然后做一个平台或拉一个小幅反弹，造成止跌回升的假象，吸引高点被套的投资者补仓，吸引一部分投资者抢反弹。

②当主力感觉跟风盘已达到主力预想的数量时，就把股价从目前价位一口气砸到7.5元左右。在大盘砸出恐惧情绪时，这一步砸盘成本就会很低，少量的抛盘就能引来强大的跟风砸盘，股价很容易就到位。

③许多投资者认为股价已被腰斩，应该有一波像样的行情了，于是举全力满仓，主力就创造机会，用小步上扬满足补仓者的愿望，然后利用外部因素，用猛砸的手法彻底摧毁持股者的信心，砸盘的目标位最好是5元以下。此时，忍受不住割肉的投资者于短时间内恐怕不再敢重新参与，全仓套牢的投资者也没有资金再参与进来，主力就可以悄悄收集筹码了。此时抢筹码的资金已经很少，建仓不会很困难。

2. 了解护盘

大盘下跌时最能体现出个股的强弱，投资者从盘面中观察有无主力护盘动作，从而可判断出主力有无弃庄企图。有些个股在大盘下跌时犹如被人遗弃的孤儿，一泄千里，在重要的支撑位、重要的均线位毫无抵抗动作，这说明主力已无驻守的信心，后市自然难以乐观，有些个股走势则明显有别于大盘，主力成为"护盘功臣"，此类个股值得重点关注。一般来说，有主力护盘动作的个股有以下特征。

（1）以横盘代替下跌

主力护盘积极的个股，在大盘回调、大多数个股拉出长阴时，不愿随波逐流，而是保持缩量整理的态势，等待最佳的拉抬时机。

（2）拉尾市

拉尾市情况较复杂，应区别来分析，一般来说，若股价涨幅已大，当天股价逐波走低，在尾市却被大笔买单拉起的个股宜警惕。此类个股通常是主力在派发后为保持良好的技术形态刻意而为。有些个股涨幅不大，盘中出现较大的跌幅，尾市却被买单收复失地，这种情况是主力护盘的一种形式。

（3）顺势回落、卷土重来

有些主力错误地估计了大盘走势，在大盘回调之际逆市拉抬，受拖累后回落，若线图上收带长上影的K线，但整体升势未被破坏，此类"拉升未遂"的个股短期有望卷土重来。

（4）连续下跌出现经常性护盘动作

某只个股经过连续下跌，出现了经常性的护盘动作，在其买一、买二、买三档常见大手笔买单挂出，这是绝对的护盘动作，但这不意味着该股后市已止跌了。因为在市场中，股价护是护不住的，"最好的防守是进攻"，主力护盘，证明其实力欠缺，否则可以推升股价。此时，该股股价往往还有下降空间。但投资者可留意该股，因为该股"套住了庄"，一旦市场转强，这种股票往往会一鸣惊人。

22.6 识别"黑嘴"和欺骗性股评

1. "黑嘴"的影响

"黑嘴"此类非法行为扰乱了市场，不但严重损害了投资者尤其是中小投资者的利益，而且严重妨碍了咨询行业的健康发展，使真正守法的咨询机构难以正常开展业务。长此以往，证券咨询行业将陷入"劣币驱逐良币"的恶性循环之中，甚至影响到证券市场的定价机制和有效性。

2. "黑嘴"的欺骗手段

（1）高级会员建仓。咨询机构让它们的合作伙伴先建仓，然后高级会员建仓，顺便给他们的合作伙伴抬抬轿。

（2）低级会员抬轿。高级会员建仓后，通知低级会员买入该股，其实就是抬轿和接货。它们通常都是短信群发通知买入。这些低级会员大致都会同时买入，股价被迅速推高。此时，他们的合作伙伴已经开始出货了。

（3）以免费电话送飙升股为诱饵，诱惑散户，让他们继续抬轿或者接货。此时，低级会员开始出货，好一点的咨询机构会这么做。一般的咨询机构是不会管投资者死活的。免费电话送飙升股的另一个目的是获取他们的联系方式，以便游说他们入会，补充因不断亏损而不断流失的低级会员，补充抬轿后备军。

（4）公开点评推荐，让场外资金接货。

3. "黑嘴"的识别

但是，相对而言，大多数股评家还是诚实正直的，他们用自己所学的知识为投资者提供服务。那些为了牟取一己私利，而甘愿充当"黑嘴"的股评家，毕竟只是少数。那么，作为投资者而言，该如何识别股市"黑嘴"呢？

对股市"黑嘴"的识别主要通过以下六个方面。

（1）神话级的股评家不可信。极少数股评家之所以能成为"黑嘴"，其首要条件是要股民信任他，甚至是要崇拜他的预测能力。于是，"黑嘴"往往会与庄家联手，制造种种神话，骗取股民的信任。此外，还有一类股评家喜欢用十分精确的预测获取投资者的信任。投资者知道股市从市场长远趋势或股价大致运行规律等方面都是可以预测的，但具体到特定的时间、价位的精确预测是不可能的。如果有这样的股评家能够精确地预测股价在未来的某日，甚至是某时将产生拐点，能涨跌到某个具体价位。对这样的股评，投资者大可置之一笑。

（2）看其是否"挂牌经营"。按照《会员制证券投资咨询业务管理暂行规定》要求，会员制机构在开展会员制业务时，应在相关栏目及业务发生场所，以醒目的方式公示或公告机构全称及业务资格证书号码、参与栏目的执业人员姓名及其执业资格证书号码。如果没有"挂牌经营"，则其身份可疑。

（3）看其是否招收异地会员。由于异地会员在投诉方面存在着很大的困难，给"黑嘴咨询"以可乘之机，对此，《暂行规定》有明确的禁止规定。因此，一旦有外地咨询机构或人员要求你成为其会员时，那么其身份就十分可疑。

（4）和个股有利害关系的股评家不可信。某些股评家平时发表股评，也比较规矩，但是，一旦所做的股评与自己所在的单位有利益冲突，或与自己有利害关系时，其往往就难以遵守职业道德了。

（5）看合同签订情况如何。合同的格式要统一印制；合同首页应载明投诉电话、收费专用银行账户账号、户名及开户行；合同首页有醒目的风险提示："本公司承诺提供专业服务，不承诺投资者获取投资收益，也不与投资者约定分享投资收益或分担投资损失"及"市场有风险，投资需谨慎"；未签书面合同前不向投资者收取咨询服务费用。如有不符，投资者应将其身份与"黑嘴"挂钩。

（6）看其处理客户投诉的态度。对于客户的投诉，"黑嘴"们往往采取的是推诿的办法。为此《暂行规定》明确规定，会员制机构应设立和安排专门的部门和人员独立处理客户投诉；对于收到的投诉，相关机构应于次月月底前处理完毕。因此，如果投资者的投诉得不到及时处理，而是相关机构推诿的做法；或者在投资者投诉的次月月底前没有处理结果，那么，投资者就有必要将其与"黑嘴"联系在一起。

4. 欺骗性股评

一般来说，股评专家欺骗股民的手段如下。

（1）在大跌中要观察和等待，等稳定后再卖股票。其实熊市开始后，大跌会一直占主导，在大跌开始时或大跌中卖掉股票也是正确的。既然大跌已经开始就不会立即停止，这就像一个物体从高空自由下落一样，不会戛然而止。每次大跌都是新一轮下跌阶段的开始，都是下一个阶段的最高点，投资者在大跌中卖出，绝对是最正确、最明智的做法。

（2）等待反弹出局。股评说的最多的一句话就是"等待反弹出局"，这同样是欺骗和误导。反弹在什么时候出现？在大跌结束后出现，这时股票已经跌到一个新的低点了。投资者等待跌到一个新的低点再卖出股票，不如在下跌的开始或者过程中卖出。投资者等待反弹就是在等待下跌结束，这种做法是很愚蠢的。在熊市中，每天的低点都是以后的高点，越早卖出越好，投资者不要等下跌停止后，卖在这次下跌阶段的最低点。

（3）反弹还会继续。出现反弹了，股评还是不建议投资者卖出股票，他们会建议先看反弹能到什么程度，让股民心存幻想，丢掉卖出股票的时机。

（4）补仓。熊市中要果断地止损出局，保存现金，等待机会。如果投资者补仓，再进入、再投资，必然会被套得更牢，套得更高。补仓从成本上可以降低，但是随着下跌的继续，这些低成本也会成为高成本。投资者补仓不如等待底部出现或者行情启动再执行。熊市需要的是撤离，而不是追加投资。熊市任何时候出局都是正确的。补仓是让投资者犯方向性的错误。

（5）做短线。熊市的趋势是下降的，投资者做长线必然会被套。但是，做短线就可以吗？由于熊市的最大特征就是下跌得快、多、猛，上升得慢、少、缓，所以反弹很难抓住。抢反弹犹如刀口舔血，十分危险。更多的时候，投资者刚刚进入，还没有获利或者获利很少，下跌就又开始了，而且很猛烈、很突然，投资者根本没有逃生的机会，投资者会由做短线做成了做长线，由投机变成了投资，又被套了。另外一个结局就是及时的止损，认错认赔。在赚钱概率远远小于赔钱概率的时候，投资者最好不参与、不投资。快进快出对于高手还有很大的风险、闪失还不小，更何况很多投资者还都是生手呢？

第23章 新股民风险控制的六个注意事项

📚 **炒股小词典**

融资——融资指为支付超过现金的购货款而采取的货币交易手段，或为取得资产而集资所采取的货币手段。融资通常是指货币资金的持有者和需求者之间，直接或间接地进行资金融通的活动。广义的融资是指资金在持有者之间流动以余补缺的一种经济行为，这是一种资金双向互动的过程，包括资金的融入（资金的来源）和融出（资金的运用）。狭义的融资只是指资金的融入。

23.1 学会分散投资

1. 分散投资的定义

分散投资也称组合投资，是指同时投资在不同的资产类型或不同的证券上。分散投资引入了对风险和收益的对等原则，是一个重要的改变。分散投资相对单一证券投资的一个重要的好处就是，分散投资可以在不降低收益的同时降低风险。这也意味着通过分散投资可以改善风险——收益比率。

2. 分散投资的分类

证券分散投资包括四个类型：对象分散法、时机分散法、地域分散法和期限分散法。具体说明如表23-1所示。

表23-1　分散投资的分类

分类	具体说明
对象分散法	对象分散法就是商业银行在证券投资时，应将其投资的资金广泛分布于各种不同种类的投资对象上。
时机分散法	时机分散法是指由于证券市场瞬息万变，人们很难准确把握证券行市的变化，有时甚至会出现失误，为此在投资时机上可以分散进行。
地域分散法	地域分散法是指商业银行不仅仅持有某一地区的证券，还应购买国内各个地区乃至于国际金融市场上发行的各国证券。 这样做的好处是可以避免由于某一地区政治、经济的动荡而可能出现的投资损失。
期限分散法	期限分散法是由于不同时期市场利率的变化方向和变动幅度不同，从而导致不同期限的证券市场的变动方向和变动幅度也大不一样。 实行期限分散化，购买不同期限的证券，就可以减少利率变动对商业银行所持有证券行市的影响，降低利率风险。

3. 分散投资的方法

（1）分散投资品种

这也就是常说的资产配置。投资品种可分为权益类资产（如股票、股票型基金等）、固定收益类资产（如定期存款、国债、债券基金等）、货币类资产（如活期存款、货币基金、银行短期理财产品）和其他投资品种（如黄金、古玩等）。其实，权益类资产与固定类资产具有很强的负相关关系，通俗地说就是股票跌时债券会涨，所以合理的配置这两类资产可以有效地分散投资风险。

（2）分时投资

买股票的人通常都会选择分批建仓，通常的做法是每次投资剩余投资额的1/3，这样比较接近黄金法则，投资风险最小。另外，基金定投也是分时投资的有效方法。

（3）分散投资区域

虽然 QDII 给广大投资者留下的印象不太好，但事实上作为分散投资的一方面，QDII 也是一个较好的投资渠道。只是目前的 QD 大部分投资于与 A 股市场相关性很强的港股，分散风险的作用不明显。相信随境外投资限制的放松，QD 终将会显露出它应有的魅力。

4. 分散投资的步骤

第一步，投资者可以进行不同资产类型的分散投资，主要是在股票型、债券型和货币市场型投资里面进行一个组合。不同类型的资产在投资组合中所占的比例要根据不同投资者的具体情况来确定。

第二步，投资者可以在相同类型资产里面的不同行业中进行分散投资。不同的行业在经济周期中的不同阶段有着不同的表现，它们的股价也会发生相应的变化。

第三步，投资者可以在相同行业的不同公司之间进行分散投资。因为即使是一个行业也不是所有公司业绩都相同。

第四步，投资者可以在不同的投资管理风格之间进行分散投资。有两种相对的投资管理风格，一种叫主动型，另一种叫被动型。主动管理型的目标是通过证券的选择和投资时间的选择来获得超过一个特定的指数或者是业绩比较标准的回报。而被动型投资不期望通过积极的投资组合管理来获得超过市场的回报。两个最广泛被认可的被动投资策略就是指数型投资和购买以后长期持有投资。

第五步，投资者可以通过全球化的投资来分散风险。全球化投资的一个重要好处就是投资者可以通过在全球范围的分散投资来进一步提高投资收益的稳定性。

23.2　切忌借贷炒股

借贷炒股并不是一项"新生事物"，早在 2007 年大牛市时，它就曾盛极一时，包括资产抵押贷款、信用卡套现、民间高利融资、典当、融资融券等手段，一些投资者将其戏称为"借鸡下蛋"。

投资者需要知道，股票市场是高风险、高回报的场所，风险时时刻刻都伴随着投资者。有些人囊中羞涩，其收入仅仅够养家糊口，却希望借别人的"母鸡"给自己生出"金蛋"，靠借贷投资股票，这是极不明智的做法，也是十分危险的行为。

1. 借贷炒股的负面作用

借贷炒股的负面作用有如下三个方面。

（1）借贷炒股利息过高

由于炒股借贷的资金一般是从民间借贷来的，利率要比银行贷款高得多，有的年利率甚至达到30%～50%，这是很不明智的。投资股市的收益并不是像某些人想象得那么容易获取，转手之间就可以赚个盆满钵满，在股市上每年下来能够得到高于银行存款的收益已经不易，年收益要达到30%以上，除非是股市高手，否则是很难达到的。

（2）借贷炒股风险过高

有些人看到自己在牛市中赚到了几笔，就认为股市赚钱的秘诀已为他所掌握，狂妄自大，须知在牛市中三次赚的钱也许不够在熊市中一次失误赔的钱。借钱炒股一般只能做短线投机，而短线投机的风险是众所周知的。投资者有时买进后不幸暂时被套，但借期已至，不得已忍痛斩仓出局，说不定过几天股价又涨了起来，平白割肉，实在可惜。

（3）借贷炒股心理压力过大

在用自己的闲置资金进行投资时，在一定的亏损范围内，是可以承受的，但是借贷资金就不一样了，心理压力就会非常大，严重影响买卖时的心态。

例如，欧阳先生2008年上半年曾有四成多的投资利润，后来，却全部亏回去了。原来，他在自己少量资金操作时，手气较顺，赚了不少钱。亲戚朋友知道后，借钱给他炒，资金放大了3倍。最终由于心态不好，经常斩仓操作，导致亏损。诸如此类的事例很多，用不属于自己的钱，进行过度交易，经常会因为患得患失而在市场中迷失，投资者在借贷炒股时一定要三思而后行。

所以，投资者在投资股票时需要记住一条：拿自己的资金操作，永不借贷。也希望有资金的投资者找正当增值的途径，不要试图借入高利贷，最终落得个害人害己的下场！

2. 借贷炒股的法律风险

（1）抵押房产炒股的法律风险

法律界人士提醒，抵押房产炒股的风险很大。银监会2006年12月31日曾发布《关于进一步防范银行业金融机构与证券公司业务往来相关风险的通知》，明确禁止信贷资金被挪用入市。由于这类投资者往往带着赌博的心态入市，抗风险能力弱，一旦遇到行情调整，哪怕只是短暂的变化都可能给其带来致命打击。2005年11月，最高人民法院《关于人民法院执行设定抵押的房屋的规定》第一条规定："对于被执行人所有的已经依法设定抵押的房屋，人民法院可以查封，并可以根据抵押权人的申请，依法拍卖、变卖或者抵债。"这意味着，如果股市出现下跌，上涨行情结束，那些抵押者很可能因失去房产使生活受到影响。

（2）高息贷款炒股的法律风险

时下，有些人受股市赚钱效应的吸引，在向银行贷款的诸多困难情况下，不惜靠借高利贷炒股。但是，这种借贷行为有可能不受法律保护。最高人民法院《关于人民法院审理借贷案件的若干意见》规定："民间借贷的利率可以适当高于银行的利率，各地区人民法院可根据本地区实际情况具体掌握，但最高不得超过银行同类利率的4倍，超过此限度的，超过部分的利息不予保护。"张先生借贷炒股的年息为30%，明显超过了银行同类贷款利率的限制，一旦借贷双方任何一方违约，极易引发纠纷。

（3）典当炒股的法律风险

据了解，现在典当融资的期限一般为1～3个月，每月交纳综合手续费3%，但若准备长期融资，每年费用将累计超过30%，这说明典当融资投资股市的成本相当高。而且，市民将房产、汽车等高档物品典当后炒股，在目前国内保护当户的法律法规缺失的情况下，一旦典当行和客户发生纠纷，当户的利益就很难得到保护。

新股民源源不断入市，为证券市场带来了资金，使股指出现反弹新高，但风险也骤然加大。近年来，中国证监会多次发出通知，要求证监会各地方派出机构、交易所、相关协会和公司，对个别投资者中出现的抵押房产炒股、高利贷炒股、拿养老钱炒股的情况，加大告诫力度，使他们理解并始终牢记，生活必需和必备资金关系身家性命，切勿冒险投资。

23.3 理智止损

1. 止损的定义

止损也叫"割肉"，是指当某一投资出现的亏损达到预定数额时，及时斩仓出局，以避免形成更大的亏损，其目的就在于投资失误时把损失限定在较小的范围内。股票投资与赌博的一个重要区别就在于前者可通过止损把损失限制在一定的范围内，同时又能够最大限度地获取成功的报酬，换言之，理智止损能以较小代价博取较大利益成为可能。股市中无数血的事实表明，一次意外的投资错误足以致命，但理智止损能帮助投资者化险为夷。

2. 止损方法

从大的方面来说，止损有以下两类方法。

（1）正规止损，正规止损就是当买入或持有的理由和条件消失了，这时即使处于亏损状态，投资者也要立即卖出。正规止损方法完全根据当初买入的理由和条件而定，由于每个人每次买入的理由和条件千差万别，因此正规止损方法也不能一概而论。

（2）辅助性止损。这类的方法就五花八门了，各种常见的辅助性止损方法包括：最大亏损法、回撤止损、横盘止损、期望 R 乘数止损、移动均线止损、成本均线止损、布林通道止损、波浪止损、K 线组合止损、K 线形态止损、切线支撑位止损、江恩线止损、关键心理价位止损、筹码密集区止损、筹码分布图上移止损、SAR（停损点）止损、TWR（宝塔线）止损、CDP（逆势操作）止损、突变止损、基本面止损、大盘止损等。

辅助性止损的方法远远不止以上所说的这些，投资者可以根据自己的操作风格以及每次操作的具体情况，建立和熟练运用自己的止损方法，这才是最重要的。

3. 止损时需要考虑的因素

投资者在止损时需要考虑以下八个方面的因素。

（1）资金管理的硬性规定，即交易损失总金额不能大到持有本金的某个百分比（比如 10%～20%）以及每笔交易所允许的最大损失额度。

（2）制订交易计划时所假定的风险与回报的比例，这也是是否能进行该笔交易的原则。

（3）迅速判断造成套牢的买入行为，是投机性买入还是投资性买入。

（4）迅速判断该次买入操作，属于铲底型买入还是追涨型买入。

（5）迅速判断这次买进是属于短线操作还是中长线操作。

（6）迅速判断买入时大盘指数是处于较高位置，还是处于较低位置。

（7）迅速判断个股的后市下跌空间大小。下跌空间大的要坚决止损。

（8）分清主力是在洗盘还是在出货。如果是主力出货，要坚决彻底的止损。

4. 三种不适宜止损的情况

一般来说，下面三种情况不适宜止损。

（1）在上市公司基本面没有发生明显恶化的情况下，历史低价区的筹码是不适宜止损的。对这类筹码的止损，往往意味着拱手将利润送予他人。

（2）对于上升途中的个股也是不适宜止损的。根据波浪理论的看法，一个完整的上升浪是由五浪组成的，其中第1、第3、第5浪为上升浪，而第2、第4浪为调整浪。而上升过程中的股价下跌，应视为是对上升的调整，是进货的机会，如果这时止损，那么投资者往往会把筹码抛在一个相对的低位上，从而减少了收益。

（3）高位下跌不放量的个股也不宜急于止损。庄家出货往往是在多次反复中完成的，虽然被套了，但如果是无量而跌下来的话，那么投资者可持筹耐心地等待庄家下一次拉起时解套出局或少亏一点出局。特别是对于一些小盘股、涨幅又不是特别大的股票，经过一段时间的盘整后，庄家将股价再度拉起的可能性较大。当然对于那些涨幅巨大、放量下行的股票，投资者一定要及早止损为好，以免庄家跳水出货，给投资者带来惨重的损失。

5. 炒股止损的技巧

止损不光要有当机立断的气魄，还要注意以下两种方法和技巧。

（1）不设止损不进场。没有止损措施是要吃大亏的，一波较大的调整就可以让你损失过半。因此投资者买入股票的第一件事，不是看它会涨到哪儿，而是看它会跌到哪儿，即便是你认为十拿九稳的股票，也要设定止损位。

（2）止损计划必须严格执行。严格执行计划的最好办法是，经常回忆曾经有过的最大失误。对失败案例的痛苦回忆，会坚定你执行计划的决心。

此外，应对不同的市场也需要用不同的方法。在强势市场中，止损位应相对窄些，执行上限；平衡市中，执行中限；弱市中，执行下限。

6. 止损不能有效执行的原因

很多投资者不愿意止损或者设置了止损而没有执行，究其原因，主要有以下五个方面。

（1）侥幸的心理作祟

某些投资者尽管也知道趋势上已经破位，但由于过于犹豫，总是想再看一看、等一等，导致自己错过止损的大好时机。

（2）恐惧亏损

交易者多是在重仓过量交易的前提下，或在经历连续亏损之后，对本次交易的希望过大，从而当亏损发生并触及止损位时，不敢认错！其本源多因重仓而起。

（3）止损致损

止损也会有出错的时候，尤其是止损位设置不当的止损。经常错误的止损会给投资者留下挥之不去的记忆，当连续出现止损失误，就会使交易者产生一种被市场戏弄、羞辱的感觉，从而当止损再次成为现实时，就会动摇投资者进行止损的决心。这多是止损设置技术上的问题。

（4）过于自信

一些投资者太过于相信某种消息或某种基本面假想，认为市场的技术没有多大用处，始终认为市场朝着自己预期的方向发展才是对的，对自己的判断或预期深信不疑！有些投资者甚至逆势加仓，企图孤注一掷，以挽回损失。另一类是新手不知止损，面对突然的损失不知所措，到铸成大损失时，又不愿出局从而只能假以天意了！

（5）止损本身很艰难

执行止损是一件痛苦的事情，是一个血淋淋的过程，是对人性弱点的挑战和考验。事实上，对于每次交易，投资者都无法确定是正确状态还是错误状态，即便盈利了，投资者也难以决定是立即出场还是持有观望，更何况是处于被套状态下。人性追求贪婪的本能会使每一位投资者都不愿意少赢几个点，更不愿意多亏几个点。

7. 止损时需要认清的问题

投资者止损时需要认清以下三个问题。

（1）止损本身不是投资的目的，它只是保障资金安全的手段，不是说学会止损就学会挣钱了，学会挣钱还需依赖其他方法和手段。

（2）止损但绝不是频繁止损，恐惧性进出，更不是没有章法地乱止损，它必须在规则和规范下操作，寻求正确和恰当的止损。

（3）止损也有错误的时候，适时而客观地对市场重新定位，重新对待变化了的市场是理智而正确的选择。

理论上说，止损的最好方法是不需要止损，也就是提高操作决策的正确率和准确率。这方面除了掌握好选股选时的基本功之外，还可以将前面说的止损方法作为限制性条件加入买入决策中。不管投资者根据什么理由和条件，选好了一只股后，还要看看这只股目前是否处于按照辅助性止损方法应该止损的状态。通过把止损方法反过来变为买入决策的限制性条件，可以在相当程度上减少需要止损的情况发生。

23.4　涨时重势，跌时重质

股市中有一句谚语："涨时重势，跌时重质。""涨时重势"指的是当股市上涨的时候，势强的股票涨得快；"跌时重质"指的是当股市跌下来时，质量好的股票跌得少，比较抗跌。由于真正质优、高成长性的上市公司会给投资者带来较丰厚的回报，易受理性投资者、机构投资者的青睐，即使在大盘短暂下调时，这些投资者也不会轻易抛出，他们会长线持有，把它们当作若干年的持有对象。所以，价值投资、长线投资的意义也在这里。

"涨时重势"讲的是短期获利，因此要观察时势，跟随股市，在股市的运动中、波动中，察言观色，"敌"变我变；而"跌时重质"是讲的长线持股，如果在跌下来时也必须持股，那么应该选择质量好的股，也就是选择高成长、有前景的股票。

1. 强势股的特点

一般来说，在股市上涨时，强势股具有如下两个方面的特点。

（1）高换手率

强势股的每日成交换手率一般不低于5%，某些交易日可达到10%以上，甚至可能达到20%~30%。

（2）具有板块效应

强势股可能是一波行情的龙头股，也可以是热点板块中的代表性股票。强势股的涨跌，会影响同板块股票的涨跌。

2. 操作时的注意事项

投资者在操作强势股时应该注意以下四个方面。

（1）紧握龙头股

龙头股一般在大盘低迷时率先放量上涨或第一个封涨停，大胆的投资者如果能够及时介入龙头股，那么就可以持股不动，等待大盘行情结束或龙头股明显形成头部时再卖出。

（2）介入换手率高的强势股

有时候一些投资者不敢追龙头股，或者有时候龙头股股价太高，投资者这时应该及时寻找同板块的、换手率高的强势股。

（3）介入技术性回调过程中的强势股

强势股因为受到市场关注程度高，而且可能有主力操纵，一般上涨迅速，回调时间短、幅度浅。有些仅仅在盘中回调。

（4）强势股出现利空消息时

强势股在一轮上涨过程中，可能会出现基本面的利空消息，这时该股短线会有短线下跌。由于板块热点还未消退，主力资金也还在其中，等该股短暂企稳之后，主力再次拉升的概率很大。这时下跌是介入的最佳时机。投资者需要注意的是，在大盘处在上涨趋势或平衡市中操作。在大盘出现明显头部形态或明显下跌趋势时尽量不要操作。分析与操作强势股，关注要点是换手率、市场热点和主力意图；对于业绩、成长性、行业发展以及利空消息等因素，短线操作不必过分看重。

23.5 切忌赌博心理

1. 认识赌博心理

赌博心理包含以下三种。

（1）贪欲与冒险心理

在拜金主义思潮的影响下，不少人急功近利，追求快速致富，占有财富的欲望恶性膨胀，当无法通过正当途径满足其欲望时，赌博这种冒险手段就成为他们通向发财之路的阶梯。

（2）投机与侥幸心理

由于赌博的胜负是不规则的，带有极大的随机性和偶然性，迎合了人们以较少的投入获取较多的财富，甚至不劳而获的投机与侥幸取胜的心理。赌博的输赢结果，对赌徒是一个强化刺激，易使人失去自制力、欲罢不能、至死不悔。

（3）寻求刺激心理

赌博可以使人们追求刺激的欲望得到满足。它给人带来物质和精神的双重刺激，这种金钱上和心理上的满足会强化赌徒们的赌博行为。

2. 投资者的赌博心理

有些投资者没有正确的投资理念，总把股票投资等同于赌博。带着赌博的心理来参与证券市场的投资。抱着赌博的心理投入股市，这样容易陷入盲目性投资，从而无视支配市况涨跌背后的供求关系、市场心理、经济变化、图表信号、大户手法等基本因素。市况分析靠乱猜、投资方向凭灵感，买卖是以赌博的心态来操作，这就完全变成"盲人骑瞎马"的赌徒心态。

赌博心理过重的投资者，希望一夜间发迹，这些投资者希望能够一夜暴富，寄希望于买卖一次股票后就成为百万富翁，特别是当自己在市场上有所收获后，更容易利令智昏、失去理智，继而把所有的资金，甚至不惜借贷资金，全部投入；反之，在市场失利时，又往往会输红了眼，不惜在市场拼死一搏，而这种人最后往往是输得精光。赌徒型投资者却经常赔钱，因为这种投资者是完全根据直觉行事的，往往把"宝"押在特定的品种和时段上，而想要获利就需要经得起时间的考验。但事实上这种认识是错误的。

股市的特点就是高风险、高收益，投资者如果以赌博心理入市和购买股票，肯定很难获利，而且还可能会被股市的高风险所击倒。所以保持一颗平常心，冷静分析、谨慎入市为好。另外，投资者还应当注意多选择投资渠道，不要把所有资金都投入股市，这样可以分散投资风险，克服赌博心理。

23.6 克服从众心理

在资本市场上，从众现象也叫"羊群效应"。"羊群效应"是指在一个投资群体中，单个投资者总是根据其他同类投资者的行动而行动，在他人买入时买入，在他人卖出时卖出。导致出现"羊群效应"的原因是，一些投资者可能会认为同一群体中的其他人更具有信息优势。"羊群效应"也可能由系统机制引发。例如，当资产价格突然下跌造成亏损时，为了满足追加保证金的要求或者遵守交易规则的限制，一些投资者不得不将其持有的资产割仓卖出。

当市场处于低迷状态时，其实正是进行投资布局、等待未来高点收成的绝佳时机，不过，由于大多数投资者存在"羊群效应"的心理，当大家都不看好时，即使具有最佳成长前景的投资品种也无人问津；而等到市场热度增高，投资者才争先恐后地进场抢购，一旦市场稍有调整，大家又会一窝蜂地杀出，这似乎是大多数投资者无法克服的投资心理。

投资者要克服从众心理，应该注意以下两个方面。

1. 坚定价值投资理念

据统计，巴菲特对其所购买的股票一般都持有8年以上。他曾说，短期股市的预测是毒药，应该把它放在最安全的地方，远离儿童以及那些行为如儿童般幼稚的投资者。从众思想却诱导无数中小投资者追涨杀跌，到头来只是为券商交足了手续费，自己却落得高位套牢、甚至血本无归。

巴菲特的做法很简单，可归纳为八个字：精选股票，长期持有。这就是巴菲特股市投资的制胜法宝。在过去40多年里，巴菲特坚定地持有自己精心挑选的股票，获得了2 000多倍的投资收益，成为全世界投资者顶礼膜拜的股神。

为了选择有真正投资价值的股票，投资者应该：选择能够了解的企业；有良好的发展前景的企业；由诚实正直的人经营管理的企业；能以较便宜的价格买入股票的企业。

具体到沪深股市，我们可将有投资价值的股票理解为能代表中国经济高速增长的优质上市公司，它应该是蓝筹股，也是有高成长性的龙头股。

2. 调整投资策略，提高操作技巧

在证券市场中，机构投资者的资金实力雄厚、收集信息能力强以及专业知识丰富；而中小投资者的资金量小、收集信息能力弱以及专业知识少。在许多机构投资者眼里，中小散户不过是一群容易受其掌控和驱使的羊群。他们依靠强大的资金实力，利用信息不对称的优势，翻云覆雨，兴风作浪，再利用非理性的羊群效应让市场做出极端过度的反应，诱使中小投资者追涨杀跌、超买超卖。

在这样的大环境中，中小投资者应该努力减少投资的盲目性，提高股海搏击的战术水平，争取投资的主动性。中小投资者仔细观察分析某些机构投资者的投资举动，把握好投资节奏，就会取得事半功倍的效果。值得注意的是，机构投资者会千方百计地改变规则，阻止中小投资者抢先获利。因此，聪明的中小投资者也要防止被机构投资者所制造的假象欺骗。

参考文献

1. 王在全．股票投资一本通［M］．北京：科学技术文献出版社，2009

2. 孔德兰．股票投资［M］．北京：科学出版社，2008

3. 杨哲．股市决胜点：买点卖点大揭秘［M］．北京：九州出版社，2001

4. 周阳．股票买卖定式：准确捕捉股票买卖点［M］．北京：企业管理出版社，2010

5. 步高强．从大盘中发现绩优股的技巧与策略：如何把握最佳买点和卖点［M］．北京：团结出版社，2007

6. 钱刚．看盘细节：股价走势分析［M］．北京：企业管理出版社，2009

7. 付刚．从零开始学看盘（白金升级版）［M］．北京：人民邮电出版社，2015

8. 丹阳．创业板投资入门与技巧［M］．北京：经济管理出版社，2010

9. 涂成洲．创业板上市实战：操作流程与案例评析［M］．北京：法律出版社，2010

10. 刘德红．股票投资技术分析［M］．北京：经济管理出版社，2009

11. 左松林．股票炼金术：股票投资理论与实务［M］．合肥：安徽人民出版社，2009

12. 梁红霞．股票投资原理与实务［M］．北京：清华大学出版社，2009

13. 付刚．短线点金速成：散户成功炒短速成法［M］．北京：中国经济出版社，2010

14. 付刚．短线炒股一点通［M］．北京：机械工业出版社，2010

15. 唐伟元．短线赢家：快速套利必知的 45 个操盘细节［M］．北京：人民邮电出版社，2010

16. 尹宏．短线波段战法：被誉为"钻石战法"的波段制胜法［M］．深圳：海天出版社，2010

17. 白庆辉．短线王中王：准确捕捉股票买卖点［M］．北京：经济科学出版社，2008

18. 凯恩斯．凯恩斯看盘：双线制胜操作法［M］．北京：中国城市出版社，2008

19. 张真卿．写给震荡股市中散户的胜经［M］．北京：电子工业出版社，2008

20. 江山．波段是金：震荡市下的股票投资策略［M］．北京：经济管理出版社，2008

21. 伍朝辉．道破趋势天机［M］．广州：广东经济出版社，2008

22. 皖城．K 线戏法：股市逃顶与抄底技巧［M］．上海：上海财经大学出版社，2010

· 好书推荐 ·

《股票投资百年经典译丛》

时间筛选出的百年股市精品
专业人士立足 A 股市场的全新解读
散户股民稳定获利的必读之作

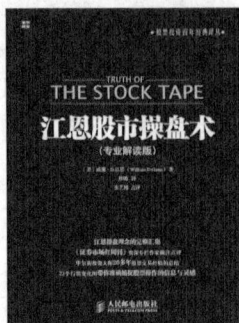

江恩操盘理念的完整汇集
准确捕捉股票操作的信息与灵感
书名：《江恩股市操盘术（专业解读版）》
作者：【美】威廉·D.江恩　译者：唐璐　点评：张艺博
书号：978-7-115-37286-4

华尔街投资大师 10 年投资记录完美解读
系统诠释江恩趋势理论七大原则
书名：《江恩股市趋势理论（专业解读版）》
作者：【美】威廉·D.江恩　译者：张艺博
书号：978-7-115-37621-3

江恩一生投资策略的总结之作，告诉你股市周期循环的每个细节
书名：《江恩华尔街45年（专业解读版）》
作者：【美】威廉·D.江恩　译者：段会青 袁熙　点评：袁熙
书号：978-7-115-38664-9

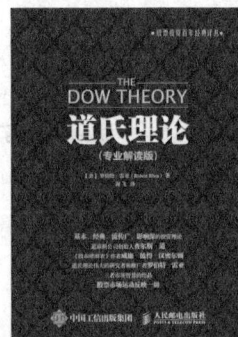

道琼斯公司创始人查尔斯·道、
《股市晴雨表》作者威廉·彼得·汉密尔顿、
道氏理论伟大的研究者和推广者罗伯特·雷亚三者市场智慧的结晶
书名：《道氏理论（专业解读版）》
作者：【美】罗伯特·雷亚（Robert Rhea）　译者：谢飞
书号：978-7-115-39921-2

《华尔街日报》资深编辑一生的著名作品
道氏理论的典藏之作
书名：《股市晴雨表（专业解读版）》
作者：【美】威廉·彼得·汉密尔顿　译者：张艺博
书号：978-7-115-36989-5

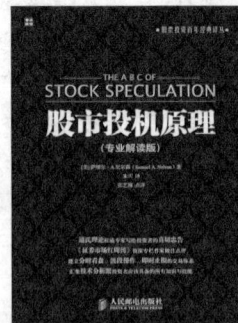

分时看盘、波段操作、立即止损
直指股市本质的投资箴言
书名：《股市投机原理（专业解读版）》
作者：【美】萨缪尔·尼尔森　译者：朱玥　点评：张艺博
书号：978-7-115-37768-5

编辑电话：010-81055647　　读者热线：010-81055656　010-81055657